同济大学经济与管理学院资助出版

同济经管
TONGJI SEM

新时代城乡可持续发展的
关键管理问题

周雅雯 等著

同济大学出版社
TONGJI UNIVERSITY PRESS

图书在版编目(CIP)数据

新时代城乡可持续发展的关键管理问题 / 周雅雯等著. —上海：同济大学出版社，2019.1

ISBN 978-7-5608-8266-6

Ⅰ. ①新… Ⅱ. ①周… Ⅲ. ①城市化—可持续性发展—研究—中国 Ⅳ. ①F299.21

中国版本图书馆 CIP 数据核字(2018)第 294360 号

新时代城乡可持续发展的关键管理问题

周雅雯　闵心茹　王　珏　周梦璐　著

出 品 人　华春荣　　策　　划　吕　炜　陆克丽霞　　责任编辑　宋　立

责任校对　徐春莲　　封面设计　陈益平

出版发行　同济大学出版社　　www.tongjipress.com.cn

(地址：上海市四平路 1239 号　邮编：200092　电话：021-65985622)

经　　销　全国各地新华书店、网络书店

排版制作　南京展望文化发展有限公司

印　　刷　江苏凤凰数码印务有限公司

开　　本　710 mm×1000 mm　1/16

印　　张　15.25

字　　数　305 000

版　　次　2019 年 1 月第 1 版　　2019 年 1 月第 1 次印刷

书　　号　ISBN 978-7-5608-8266-6

定　　价　78.00 元

前言 FOREWORD

改革开放以来，我国经历了世界历史上规模最大、速度最快的城镇化进程，城市发展波澜壮阔，取得了举世瞩目的成就。习近平总书记指出，当前和今后一个时期，我国城市工作的指导思想是坚持以人为本，转变城市发展方式，建设和谐宜居、富有活力、各具特色的现代化城市，走出一条中国特色城市发展道路。

城市是一个国家政治、经济、文化、社会等方面活动的中心，城市发展带动了整个经济社会发展，是现代化建设的重要引擎，一直都是学者关注的重点问题之一。城市是我国各类要素资源和经济社会活动最集中的地方，全面建成小康社会、加快实现现代化，必须抓好城市这个“火车头”，把握发展规律。

本篇汇集了四篇研究论文，各有侧重地讨论了城乡可持续发展问题。

住房商品化之后，封闭住区成为城市主要的住区模式，它是安全和社会地位的象征，也带来了邻里关系冷漠、城市肌理碎裂、城市资源利用效率低下等问题。开放住区与城市高度融合、资源开放共享、空间混合多元，可有效改善封闭住区带来的诸多问题，是一种具有活力的新型住区模式。周雅雯在理论研究的基础上，分析了上海住区封闭与开放的发展状况，实地考察了上海的 9 个社区，基于融合、共享、混合、互动与流畅五个指标层面阐述并比较了封闭住区与开放住区的居住结构、空间层次及实际效果，为城市发展开放式住区提出了五条发展策略：加强空间文化融合、促进服务设施共享、实现多种功能混合、激活内外景观互动、保证人车通行流畅。

城中村是中国在快速城市化进程中形成的特有现象，对城中村进行改造是出于城市发展和建设的需要。然而城中村改造所涉及的利益纠葛使得改造变得复杂和困难，因此，对城中村改造的利益协调机制进行深入研究极有必要。闵心茹基于利益相关者理论，运用多阶段动态博弈对城中村改造的利益协调机制进行抽象和简化，使用逆向归纳法求解博弈模型，试图分析在何种条件下博弈模型均衡解的结果是城中村改造以及每种改造模式的充分条件和每种模式下局中人的支付水平，并以长沙市东岸村的实际情况为背景演示了模型如何在实际情况中运用。

伴随着城市经济发展对智力资源的强烈需求，在城市尤其是大城市中，大学校园的建设成为城市化的重点内容之一。近年高等学校新校园建设出现了规模宏大等共性问题，大学校园的可持续发展问题开始受到关注。王珏以可持续发展理论为基础，构建了大学校园建设与利用可持续发展情况评估体系，从使用者角度对校园可持续性进行评估，希望为学校可持续性自查提供参考，为建设可持续发展的校园提供新思路。

城乡的一体化协调发展是我国城乡可持续发展的重要内容。近年来，上海市进行了农村居民点整理和宅基地置换，农村居民居住环境得到了一定的改善，但也仍存在一些不符合农民意愿的问题。目前上海农村居民点存在规划和配套不能满足需求、整理过程中农民利益难以得到保障以及社会保障体系有待健全等问题。周梦璐在居住区规划和土地产权制度理论的基础上，从农民的角度分析了农村居民点空间承载、资产收益和社会保障三种功能。结合居民的意愿诉求，提出了规划要尊重农民意愿、加强对农民产权利益的保护、完善农村社会保障体系等建议。

本书不仅结合国际学术界的前沿提供了理论研究的成果，更结合上海城市发展和城市建设的具体情况进行了探索，具有很强的实践价值，为中国城乡发展提供了宝贵的经验借鉴。本书的成果既可以为城乡问题的研究者提供理论支持，也为政府部门提供了城乡发展管理实践的思路借鉴。

目录 CONTENTS

第一篇

城市住区封闭与开放之辨析

周雅雯

一、引言

（一）研究背景

1. 现实层面

1）封闭社区蔓延，问题重重

20 世纪 90 年代之后，中国大规模的城市更新催生了封闭社区，并在 21 世纪之后迅速发展，成为中国城市的主流居住模式。从 1991 年到 2000 年，上海 83%的居住小区逐渐以某种方式被封闭起来。我国的封闭社区有占地广、规模大、建筑模式单一等特点，时至今日，它在改变城市生活面貌的同时，也带来了城市交通拥堵、公民社会责任感减弱、社会阶层排斥加剧、公共资源使用效率降低等问题（缪朴，2004）。

2）开放住区需求增加，逐渐兴起

一方面，随着社会生活水平的提高与人们收入的增加，根据马斯洛需求层次理论，人们对居住的需求从生理、安全层面上升到了社交、尊重和自我实现的层面。传统封闭社区虽然满足了安全需求，却无法满足居民精神层次的需求，导致居民对所居住的空间缺乏认同感、人际关系冷漠（邹颖，2000）。日益丰富的生活方式与高层次的需求推动了住区居住模式的多元化发展，对开放住区的呼声也越来越高。

另一方面，城市住区作为主导城市形态的关键因素，是城市设计的基本单元。在日益严重的城市拥堵问题中，人们转向规划层面的城市住区模式寻找解决方案，开放住区的设计理念也逐渐成为人们关注、讨论的热点。2016 年 2 月，《中共中央国务院关于进一步加强城市规划建设管理工作的若干意见》印发，提出我国新建住宅要推广街区制，原则上不再建设封闭住宅小区（新华社，2016）。已建成的住宅小区和单位大院要逐步打开，实现内部道路公共化。这一说法，颠覆了 1998 年后的“封闭小区”主流，引起了社会热议。

近年来，富有连通性、共享性和混合型的开放住区的实践逐渐展开。万科的城市花园（上海、武汉）较早对开放住区进行了尝试，SOM 公司规划设计的天地系列居住项目、北京沿海赛洛城项目均对开放住区做出了一定的实践探索。此外，上海的海上海、安亭新镇、创智天地等项目也尝试了与城市有机融合的开放住区新模式，越来越多关于开放住区的实践项目不断涌现。

2. 理论层面

1）封闭住区问题解决对策多停留在抽象层面

国内学术界的研究焦点主要是封闭住区的利弊问题，如公共设施分割（缪朴，2004）、社会隔离（宋伟轩，2013）、交通拥堵（李向朋，2014）等。为解决这些问题提出的种种对策也多停留在抽象层面，缺少具体的改进方法与实施策略，结合实例提出改良意见的更为少数。

2）开放住区相关研究仍显匮乏

虽然已有部分学者对开放住区展开了研究，对其设计模式（于泳，2006）、空间布局（王红卫，2012）、规划策略（李晓锋，2013）等提出了自己的见解。但是，与住房建设迅猛发展的势头相比较，现有的开放住区相关理论研究仍显匮乏。上海住区实践不断增加，却没有基于封闭与开放视角的关于上海住区的实证研究，开放住区的要素组成、开发手段、规划布局、运营策略和管理模式等方面仍缺乏系统、深入的研究。

（二）研究目的

本篇通过对国内外封闭和开放社区的理论研究与成功实践进行梳理，选取上海的封闭住区和开放住区的住区实例，进行实地调研，深入辨析两者在规划结构、开放层次、路网结构、公共服务设施的布局、景观空间分布与管理模式等方面的差异，评价其各自的优缺点，提炼适合上海住区更新的策略，为上海市将来的住区开发和更新提出建议。

（三）研究意义

1. 现实意义

在城市建设迅猛发展、居住空间模式日益多元的背景下，为解决封闭社区引发的诸多问题，提高生活质量、改善城市肌理、提高资源利用效率、促进城市的可持续发展，研究现有的封闭社区的空间布局与规划结构，在开放住区中寻求改良策略与解决方案，具有一定的现实意义。

2. 理论意义

实现封闭社区的打开不等于简单地拆围墙，它主要针对的是影响城市道路系统的大型封闭小区，封闭与开放的概念也是相对的。本篇对上海的封闭与开放住区进行辨析和实证研究，并非要将封闭社区全盘否定，而是通过对比二者的差异与各自的优缺点，提炼已有的开放社区建设的实践经验，提出更加具有可行性的、可操作性的、贴近实际的开放住区规划策略，充实相关的理论方法，为上海的开放住区建设提供建议与参考。随着上海开放住区的建设需求进一步增加，对开放社区的研究将越发显得意义重大。

（四）研究概念界定

1. 封闭与开放的内涵

1）封闭住区

城市封闭式住区一般通过围墙、栅栏或者沿街商业等手段对居住空间进行围合，往往通过多重门禁来对住区进行封闭管理，隔离住区内部与外界空间；在道路系统与交通组织上，限制城市路网的穿越及城市交通的通行，住区内部常常采用人车分流的交通组织形式；建筑布局与住宅形式较为单一，街道生活空间缺失；住区内的公共服务设施不对外开放，绿化景观设置通过围栏及沿街绿化篱墙阻隔，缺乏与城市空间的互动及联系。

2）开放住区

开放住区的概念是在封闭住区概念的基础上形成的，住区公共空间向城市开放，强调居住空间与城市空间的融合、住区内部居民和谐融洽的社区生活。允许城市路网接入居住区，社区景观资源、公共配套设施等与城市共享，空间布局与建筑设计多元化、街道生活空间充满活力，住区与城市互动频繁、联系紧密。

2. 住区、街区等相关概念

1）住区

本篇中提到的住区概念区别于《城市居住区设计规范》(GB 50180—1993)中定义的居住区。《城市居住区设计规范》(GB 50180—1993)将居住区定义为：“被城市道路或自然分界线所围合，并与居住人口规模相对应，配有一套能满足该区居民基本的物质与文化生活所需的公共服务设施的居住生活聚居地。”并根据与居住人口规模相对应的配套关系，将居住区划分为居住区（30 000～50 000人、10 000～16 000户）、小区（10 000～15 000人、3 000～5 000户）、组团（1 000～3 000人、300～1 000户）三级规模（中国建筑工业出版社，2002）。本篇对住区的定义并不严格遵照上述概念，对人口规模没有限制，更多的是一种区域与功能的概念，可以指居住区、居住小区或居住组团，也可指封闭住区或开放住区。

2）街区

《绿色住区标准》(CECS 377—2014)将“在城市中由城市道路围合成的区域称之为街区，通常以一个居住组团为单位，是城镇居民生活和邻里交往的一个基本单元，是城市生活价值的集中体现”。街区包括城市道路与街区单元两种要素。街区型住区是开放住区的一种模式，以街区作为住区的基本元素，兼具城市街区开放混合与封闭住区要求的私密安全，融合了各种服务功能(尤娟娟，2010)。

3）社区

社区是指聚居在一定地域范围内的人们所组成的社会生活共同体，更多地强调其社会学概念。但是本篇提到的“社区”与“住区”概念不作区分，封闭住区与封闭社区含义相同。

（五）研究内容与框架

1. 研究内容

本篇以国内外关于封闭和开放社区的理论研究与成功实践为基础，调研上海的街区实例，辨析封闭社区和开放社区的差异和利弊，基于实证分析结果，为上海市住区开发和更新提出建议。

第一部分为引言。说明研究背景、明确研究目的、了解研究意义、界定研究概念、确定文章的研究框架与主要内容；指出在封闭社区成为上海城市空间主流居住模式的背景下，交通拥堵、社会隔离等问题已逐步显现，寻求新的、适合上海城市的住区居住模式已经刻不容缓。

第二部分为国内外研究综述。总结国内外已有的对封闭社区和开放住区相关研究，为本篇的研究内容提供理论支撑；通过对已有文献的归纳、分析，提出了评价住区的五个标准：融合性、共享性、混合性、互动性与流畅性，为实证比较分析搭建框架。

第三部分为上海住区封闭与开放的发展状况，为本篇的研究提供宏观背景条件。首先介绍近现代上海住区经历了开放与封闭交替发展的三个阶段，分析了每一阶段住区的形成背景和空间开放特征，为调查实例的选取提供思路；其次对上海住区现状进行了研究：一方面，封闭式住区仍占据主流，另一方面，开放式住区实践增加、开放住区政策导向明确，开放住区成为未来发展趋势。

第四部分为封闭与开放住区的实证分析，是本篇的主体部分。选取了 9 个上海的封闭与开放住区实例，通过实地考察，针对融合、共享、混合、互动与流畅五个方面进行了深入比较分析，总结了其各自的优缺点，并且分析了影响居民封闭或开放意愿的因素,为第五部分策略的提出做好了铺垫。

第五部分为建议与策略。首先提出了要差异化、适度化与均衡化地促进住区发展的三条原则,其次从政府、开发商与居民三个角度提出了宏观建议,最后基于前面的分析内容,从空间文化融合、服务设施共享、多种功能混合、内外景观互动和人车通行流畅五个方面提出了上海住区发展与更新的策略。

第六部分为全文的结束章节,总结了主要研究成果,指出了存在的一些不足。

2. 研究框架

本篇研究的基本思路为:提出问题——分析问题——解决问题,主要研究框架如图 1-1 所示。

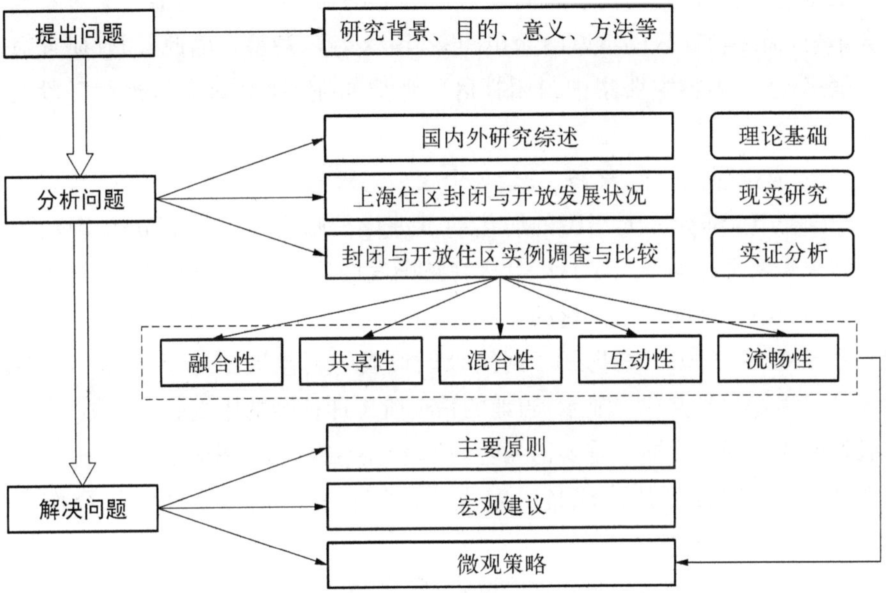

图 1-1　主要研究框架

(六) 研究方法

1. 文献研究

充分收集国内外关于封闭社区或开放社区的相关书籍、期刊论文与学位论文,对相关理论成果和实践经验进行梳理,为本篇的分析提供基础。

2. 实证分析

实证分析是本篇的主体部分,现场调研占据较大的工作内容。选取上海具有代表性的封闭社区与开放街区，通过网上收集信息、现场调查、问卷、访谈、测绘、拍照等方式搜集信息与数据，为本篇的展开提供事实依据。

3. 归纳演绎

通过对实证分析结果进行归纳、提炼，提出适合上海开放社区建设的策略。

二、研究综述

（一）国外研究综述

1. 封闭住区相关研究

近30年来，北美和欧洲出现的封闭社区(gated communities)是为社会精英阶层准备的可防御空间，由于它们的私有化、碎片化和异质性导致了某种程度的社会不公，最终与社区的本原内涵相冲突(Blakely，1997)。因此，国外研究对其批判居多，研究内容主要集中封闭社区的形成机制、社会效应与控制手段三个方面。

1）形成机制：政治、经济、社会与个人共同影响

Blakely和Snyder对居民的居住动机进行了归类，Sarah Blandy则从供应端与需求端两个方面分析了封闭社区在英国发展的动力，并从社会、经济和政治三个层面分析了封闭社区兴盛的原因(Blandy，2006)。Christian Smigiel(2013)和Özlem Güzey(2014)也揭示了封闭社区形成的利益机制，Rowland Atkinson(2004)等学者的研究成果显示，当地的精英阶层即社会的中高收入群体，在封闭社区发展的过程中扮演了重要的角色，他们的利益需求是推动封闭社区发展的重要动力。封闭社区的形成是国家政治、经济、社会与个人动机综合作用的结果。

2）社会影响：住区与城市融合降低、隔离加剧

封闭住区会使住区内部与城市相脱离，与城市的空间融合性降低、社会隔离加剧。在封闭社区兴起的背景下，Rowland Atkinson深刻揭示封闭的社区让居民与社会其他阶层相分离，如果不加以政策上的干预，居住隔离和社会排斥效应将进一步加剧。Christian Smigiel指出，封闭住区面临居民社区认同感不强、社交关系减弱等问题。匈牙利学者Zoltán Kovács(2014)的研究表明，封闭社区已经成了布达佩斯社会隔离的新方式。

房地产商一般将封闭社区的安全性作为宣扬的优势，但是越来越多的实证证明社区的“安全感”更多的是一种幻象。Blakely和Snyder的研究表明，社区

的围墙与栅栏更多起到一种象征性的功能，防控犯罪的作用非常有限，Thuraiya Mohd(2016)的调查结果表明，大部分居民就封闭社区的社会自然环境、社会地位和独占权表示满意，但对安全与防卫表示不满。

3）控制手段：多为宏观政策

英国制定了一系列规划政策来控制封闭社区的蔓延：限制单个住区的开发规模；确保住区内道路与公共交通的连通性；限定住区内的建筑形式；通过环境设计来减少犯罪，等等(Gooblar，2002)。Jill Grant 调研了 6 个市级政府控制封闭社区的政策，总结为规划政策、土地使用制度、开发许可政策和谈判协商等几个方面。国外针对封闭社区的治理较少涉及具体的措施，主要为宏观的政策与制度。

国外对于封闭社区的研究较早且已经形成了一个相对完善的体系，尤其是封闭社区的形成机制，已经达成了五种理论范式与三种发展模式的共识。认为封闭社区对住区与城市的融合互动造成负面影响的观点占据了主流地位，对我国的研究也造成了深刻影响。但是，国外研究较少提出治理封闭社区的具体措施，多为宏观规划政策与控制手段。

2. 开放住区相关理论

1）人文主义理论中的开放住区思想

20 世纪初，工业化、城市化快速发展，社会生活发生剧变。为了解决当时住房短缺、居住环境恶化等居住问题，20 年代，现代主义理念应运而生。它主张与传统文化决裂，提倡大规模清除拥挤杂乱缺少绿化的贫民区，提倡城市功能分区，兴建城市公园及绿化带。在这一理念的主导下，大量新城市和新住宅涌现，城市交通堵塞、城市资源利用率低下、邻里关系冷漠等弊端也随之显现。在 20 世纪后期对现代主义的批判中，强调复兴传统城市形态，关注人的精神交往需求。1961 年，简·雅各布斯在《美国大城市的生与死》中提出了小尺度步行友善街区的模式与“街道眼”理论，并提出了开放住区“多样性”与“功能混合性”的关键特征；1962 年，C·亚历山大的《城市并非树形》批判了现代主义的树形城市结构，提出了一种更符合城市多元化生活的半网络结构；1965 年，科林·罗提出：“重返街道生活，建立有历史感与场所感的全新城市设计范型。”同年，以 Team10 为代表的规划学者建立以住宅、街道、地区、城市四大抽象层次来取代《雅典宪章》现代主义功能分区思想；1975 年，克里尔兄弟从传统的城市形态中提取“街道”和“广场”作为城市空间的重要元素，提倡以小规模街区取代传统现代主义住宅，重建传统城市肌理与公共空间。1977 年，《马丘比丘宪章》提出要创造一个综合的、多功能的环境，在注重生活质量的同时强调与自然环境的和谐。1980 年，克里夫·芒福汀在《绿色尺度》一书中同样主张从传统城市结构中寻找设计灵感，强调街道的价值。1981 年，《华沙宣言》强调人、建筑与环境的密切关系，关注人在社会、精神、物质、生理和心理上的需求，研究人的行为以满足各个社会阶层的不同居民的需求。这些 20 世纪中后期的理论研究，都将目光移向传统的城市格局与街道生活，关注居民的精神需求，对住区的规模尺度、形态结构与活力塑造等方面进行了研究，为 21 世纪的新城市主义理论打下基础。

2）新城市主义理论：强调功能混合

为解决现代主义理念带来的郊区无序蔓延问题，20 世纪 90 年代，新城市主义理论在美国诞生。1996 年，CNU 大会通过《新城市主义宪章》，标志着它的正式成立。该理念提出“绿色社区”“新传统邻里”等概念，倡导将郊区的土地设计成城镇，主张以城市传统模式的场所作为设计基础，包括街道、邻里、社区、场所等。这一理论认为邻里是紧凑的，强调功能的混合以及不同阶层的混合，加强社区的归属感。主要分为两种开发模式：以公共交通为导向的 TOD（Transit Oriented Development）模式与以传统邻里为导向的 TND（Traditional Neighborhood Development）模式。TOD 强调小尺度的步行街区、功能混合的住宅建筑群、以公共交通车站为中心的步行可达领域。它关注城市形态与公共交通之间的资源联系，目的在于减少使用私家车的频率，通过公共交通联系社区与商业区以及不同社区，创造一个适宜居住的混合步行社区。TND 模式主导下的住区更像是一个小型城镇，它以邻里作为社区的基本单元，以 400 米左右为半径，有明显区域边界，将公共设施作为邻里中心，通过网络状道路来联系邻里单元，增加住区可达性，更加注重土地的混合利用、建筑的类型样式与细部设计。TOD 模式与 TND 模式有许多的相似之处，体现了新城市主义理论的四项核心内涵：① 强调步行主导的街道空间；② 道路结构的连通性与公共交通的结合；③ 土地的混合利用与建筑的多样性；④ 住区的开敞空间。新城市主义主张都市文明与自然属性和谐共存，强调充满活力的、邻里和谐的居住环境，在全世界都取得了许多成功的实践，对于上海甚至全国的住区建设也有着重要的借鉴意义。

3）鲍赞巴克“开放街区”思想

法国建筑师克里斯琴·德·鲍赞巴克（Christian De Portzamparc）认为，城市住宅依附于城市街道与城市肌理，并将城市空间形态划分为三个阶段。第一阶段为工业革命之前的传统城镇阶段，街道和广场是重要的空间元素，城市居住形态为被道路围合的街区；第二阶段是 19 世纪末到 20 世纪中叶的现代主义主导的“公园中的高楼”蔓延的阶段；第三阶段则为“开放街区”发展的时期。他提出，开放街区有四个特征：① 建筑物单体保持一定的独立性；② 建立多样化的设计体质，使分区富于个性；③ 不严格限制各建筑物的高度；④ 强调异质性、混杂性和矛盾性。打开由建筑单体围合形成的街区，使其在保持一定的整体性的同时保持各自的独立性。

国外的开放住区理论与研究进程远远早于国内。人文主义理论中蕴含的开放住区思想成功解决了当时住房短缺、居住环境恶化等问题，并推动了新城市主义理论的产生。新城市主义理论是开放住区理论中最重要的一个理论，是全世界许多开放住区的指导理念。上海的安亭新镇、创智坊等项目都是新城市主义理论的体现。鲍赞巴克的“开放街区”思想与新城市主义理论一样强调住区的功能异质性与混杂性，对现在的中国而言仍具有深远意义。

（二）国内研究综述

1. 封闭住区相关研究

进入 21 世纪后，封闭住区已经成为中国主流的居住模式，它带来的社会效应和问题也显现出端倪，封闭住区也成为研究的热点。国内的研究成果主要集中在封闭住区的演变历程与特征、形成机制、社会效应与影响和解决对策四个方面。

1）演变历程与特征

邹颖等在回顾邻里单位模式形成背景及其与城市结构的关系的基础上，将中国城市居住小区的发展划分为三个阶段。何蕾指出了我国的封闭住区的产生有其必然性，是城市演变发展过程中封闭—开放—封闭的轮回中的一环。缪朴总结了我国封闭式小区占地面积广、组织结构和建筑形式单一、多为多高层公寓等不同于西方封闭社区的特点。

2）形成机制：传统观念、外来理念与社会环境共同作用

徐昀(2009)在阐述中国封闭社区的兴起背景及其特征的基础上，重点分析了中国封闭社区产生的社会文化机理；王彦辉(2010)认为，中国封闭住区形成的原因有社会体制变化、经济转型、设计理念的局限性、传统文化的局限、外来消费文化的影响。综合而言，封闭社区是传统居住观念、外来理念与当时特定社会经济环境共同作用的结果。

3）社会影响：侵蚀城市脉络，加剧空间歧视

缪朴、邹颖、徐昀、宋伟轩(2013)等人指出了封闭社区有两个方面的社会效

应：物质空间方面，阻碍了街道-城市生活脉络，侵蚀了城市空间，降低了公共资源利用效率；心理意识方面，放大了居民对外界的恐惧，降低了居民出行的意愿，加剧了空间歧视与排斥。

4）解决对策：主要为抽象层面

邹颖从居住小区规模、居住小区的组织结构以及规划模式三个方面给出了建议。缪朴提议了一个新的设计模式：设立作为防卫单元的建筑群、取消私有街道、将商业街定位于住宅区中心实现街道共享并取消小区。王彦辉从建筑科学的角度对中国城市封闭住区的问题提出了解决对策，他提出利用“小街区”模式实现功能空间及其用地的整合。何蕾从城市设计视角出发提出了封闭住区的空间优化对策。

国内对封闭社区的研究重点包含形成机制与社会影响两个方面，但与国外研究相比，仍未形成较为完善的研究体系，对封闭社区的治理措施多停留在抽象层面，缺乏结合实证的具体措施的提出。

2. 开放住区相关研究

国内开放街区的相关研究主要是参考借鉴国外的理论经验，提出适宜国内的开放街区开发模式。主要研究领域为开放住区的主要特征、社会影响与发展策略三个方面。

1）主要特征：连通性、共享性、混合性等

于波等(2014)基于克里斯琴·德·鲍赞巴克的城市形态三阶段理论，指出开放街区处于“第三年龄段”，并总结出鲍赞巴克认为的开放街区的四个特征。孙辰(2015)对上海市 3 个已初具开放社区形态雏形的案例——碧云花园、浦江华侨城、梧桐城邦展开实证研究，梳理它们潜藏的作为开放社区的空间特质，将开放社区的核心内涵概括为连通性、共享性和混合性。马小凤(2013)认为，开放住区具有公共性、包容性、融合性和相对封闭性。不同学者表达所用的词语不同，但是分析其内涵可发现：连通即融合、可达；共享实现公共空间开放与包容；混合性提升住区活力。开放住区的这些性质彼此相关，互相影响，这些特征大多为住区与城市带来积极影响。

2）社会影响：加强空间融合、共享社会资源

金岩等(2012)提出开放社区具有缓解城市交通压力、激发街道生活活力、共享社会资源等优点。王贵春等(2016)从公平与效率两方面研究开放封闭小区对改善城市交通状况、提高社会资源利用率的影响。其研究认为，开放封闭小区政策有利于公共资源公平分配、改善社会资源利用率。彭燕(2008)从城市空间形

象与功能、社区资源共享与邻里融合三个方面分析了开放式居住小区的优势。

3）发展策略：多借鉴国外经验与理论

国内对关于开放住区的建议发展策略，或直接借鉴国外成功实践，或参考国外开放住区理论指导下的中国开放住区实例。第一种情况有黄政民(2014)借鉴欧洲城市住区形态与设计策略、李锦霞(2005)借鉴日本幕张滨城区的建设实例、金岩(2012)从美国的开放住区建设中寻求启示等；第二种情况更为普遍，新城市主义理论影响深远。吕飞等(2016)以北京沿海赛洛城项目为例，提出了开放社区的规划对策。艾侠(2016)引入社区开放度的概念，从内部功能、布局模式和功能接驳三方面来衡量社区的开放度，解析了社区走向开放的五种模式。彭燕、马小凤、商宇航等也在其硕士论文中提出了开放住区的可能发展思路、设计策略与建议。

国内开放住区的研究仍处于起步阶段，从2000年至今，研究的主要内容仍停留在主要特征、社会影响和发展思路与策略三个方面，较多地借鉴国外的经验与理论。

（三）研究总结与评价

国内外对封闭开放住区的研究涉及建筑学、城市地理学、政治学、社会学与人类学等多个学科。总体而言，无论是封闭住区还是开放住区，国外的研究都早于国内，且更为系统、综合、成熟，给我国的相关研究奠定了理论基础。国内的相关研究缺乏系统的调查与数据，主要的研究观点也直接来自国外研究，相应策略与改良意见因缺乏实证支撑而多流于抽象与宏观层面。国内研究的主要不足有以下两点。

1）多为借鉴国外经验理论，缺乏具体解决措施

封闭社区相关研究较少结合实证，缺乏调查数据，多为定性的宏观分析，因此解决对策也难以深入细化到具体的解决方案。开放住区的研究多借鉴国外的实践经验与理论观点，研究实证也多为蕴含外国开放住区理念的新型开放住区，忽视了传统开放住区中的开放性手段与策略。

2）缺少对封闭与开放住区的系统比较

已有的文献大多侧重于封闭或开放的某一种住区类型，对其利弊呈现出单方面的褒贬评价，缺乏辩证、系统的比较研究。若将封闭住区与开放住区同时进行比较，可更加明晰二者的差异与优缺点，为上海住区的发展提出更为直观的建议。

（四）封闭与开放的要素总结

通过前文的综述，可以发现，封闭住区与开放住区的主要特征几近相反，对城市空间的影响也呈现出较大差异。封闭住区降低了住区与城市的融合性，削弱了住区与城市的互动性，加剧了空间隔离，功能也较为单一；开放住区则可加强空间融合，共享社会资源，强调功能混合。通过上述研究，再结合作者实际考察情况，可将住区的封闭与开放要素概括为以下五点。

1. 融合性

融合性包括两个方面。一方面指住区与城市的空间形态的融合，住区作为城市居住生活的基本单元，它的规模尺度及与城市肌理的结构关系、规划结构及开放层次、路网结构与城市路网体系的接驳等众多因素影响着它和城市空间的功能联系；另一方面则指居民生活与城市文化的融合。第一，居民邻里关系的融合。人作为一种社会性动物，有与外界交往的需求。社区的邻里交往是人们日常生活的一个重要部分。住区的公共空间是居民之间交往的重要平台，是增进邻里交流、促进邻里和谐的重要手段，它的设计与规划影响住区的邻里交往氛围。第二，居住生活内容与城市生活文化的融合。空间上，住区的各项构成要素应根据城市区位的不同而展现出不同特征，时间上则伴随城市的更新发展而演变。

2. 共享性

共享性指的是住区内公共资源是否对外开放，包括社区内的会所、广场、服务设施、道路、景观等资源。封闭社区的公共资源一般由开发商出资建设，仅供业主使用，业主支付的房价与物业管理费即作为占有、享用这些资源的成本。开放社区根据开放层次的不同，表现为不同程度、不同方式与不同资源的共享。道路资源的共享关系着住区与城市肌理的融合、广场等公共活动空间与社区的功能混合程度密切相关，景观资源的共享影响住区与外界的互动关系，将这三点分别置于融合性、混合性与互动性指标中分析其效果，共享性这一指标在本篇中主要指服务设施的共享。

3. 混合性

住区混合性体现在三个方面：第一，建筑布局与住宅形式的多样化、差异化设计，打破传统千篇一律的住宅单元设置；第二，街道生活的功能混合，居住、商业、办公等多种业态互相组合，形成丰富的街道界面，将居住、工作、交友、休闲、娱乐等需求集中在一起，为单调和枯燥的社区生活带来勃勃生机；第三，富有活力的公共活动空间的塑造。

4. 互动性

住区景观空间与城市的互动可从两个方面加以阐述：第一，景观的空间格局与层次，景观的空间格局，或集中或分散，或呈带状或呈点状，决定了其多样性及与城市景观的融合性，优秀的住区空间景观应该注意对原有自然景观资源的保护与发展，实现内部景观与外部自然环境的呼应；第二，景观的可见性、可游性及边界形式，景观要在视觉上与城市贯通互动，实现城市景观界面的连续。边界是决定这一特性的关键要素，边界既是划分领域的手段，也是提供交流的媒介，虽然边界不是判别住区开放或封闭的唯一因素，但是不同的边界处理却体现开放性的强弱，边界的设计、出入口的数量与位置是影响住区可见性与可游性的重要因素。

5. 流畅性

流畅性指的是住区内部道路的通畅程度。一是指车辆交通的出入流畅；二是指步行系统的设计及人车关系的和谐。无论是封闭住区还是开放住区，人车共存的道路系统中，这两个方面是影响居住生活质量重要因素。封闭社区采取人车分流的交通组织形式，在一定程度上可保证住区的交通流畅，提高住区的通行效率，长此以往，不利于活力引入。但如果一味追求开放而采用“窄路网”模式，忽略道路尺度与道路形态的规划，也无法实现真正的开放。

三、上海住区封闭与开放发展状况

（一）开放与封闭交替发展的历程

从封闭与开放的视角观察上海住区的发展历程，可以发现其呈现为三个清晰的阶段，表现为开放与封闭交替发展。

1. 传统里弄：充满活力的开放空间

里弄住宅是上海传统的住宅形式，是上海建筑文化的重要组成部分。19世纪60—70年代后期，政治动荡、战争频发，为了躲避战乱，大批难民涌入较为安全的外国租界，并在租界内兴建大批住宅，这便是上海里弄的雏形。后来，随着政治环境的变化、社会风气的更迭、人口数量的增加、建筑技术的进步，里弄住宅不断发展演变，经历了老式石库门里弄、新式石库门里弄、新式里弄、花园式里弄与公寓式里弄的形式的改进，平面趋于紧凑，功能愈加完善，外观逐渐开敞，形成了空间层次明确、空间序列清晰、空间组成及建筑装饰丰富的特征（罗珊珊，

2007)。

居住阶层的多元化、繁杂互通的巷弄格局、功能混合的商业配置使得向外开敞的里弄街道空间十分富有活力,表现出对环境变迁的高度适应性(李彦伯,2013)。里弄的巷弄空间根据生活需要被逐渐打通,巷弄街道作为城市间穿行的“捷径”对外开放,里弄街区四通八达的脉络“隐形”于城市交通网中,极大地丰富了城市的肌理。里弄街区遍布着各种类型的商铺,售卖杂货,提供洗衣、理发等多种服务,出售的商品与提供的服务都与街道居民的生活息息相关。完善的商业配置缩短了居民的出行距离,密集的街区店铺也支撑起了里弄住宅的鱼骨形架构,使街道生活具有高度活力。它“内部相对封闭而外部开放”的空间特征也创造了频繁、深入、多样化的邻里交往的可能。

虽然随着时代的发展,里弄式住宅拥挤破旧、汽车难以通行、私密空间不足等问题日益严重,使其难以满足现代生活的需求,但是它体现出的对社会环境、经济状况的适应性,自身所具有的包容性,街道生活空间的混合性与活跃性,对上海现代住区的发展具有巨大的借鉴意义。

2. 封闭的单位大院与半开放的工人新村

1) 封闭大院:早期封闭社区的代表

20 世纪 50 年代中期,中国社会主义改造完成,计划经济体制基本确立,中国城市住宅开始大量复制苏联“微型社区”(micro-district)模式,单位大院便是这种模式中国化产物。在计划经济体制下,受苏联邻里单位思想的影响,20 世纪 50—70 年代上海兴建了许多单位大院式住区,它们作为工厂、企业单位的配套设施,往往修建于单位附近。作为单位制的物质层面的体现,单位大院在计划经济时期迅速发展,主导了当时上海的城市发展结构(Friedmann,2005)。单位大院在空间形态上具有封闭性的特征,通过围墙限制外来人员的进出,造成城市连续空间破碎与城市景观单调等不良影响,但是其单一的居民结构又使得居民具有强烈的社区认同感(张旺锋等,2013)。单位大院可以看作是我国封闭社区的早期代表。

2) 工人新村:半开放的邻里单元格局

然而,上海同期最具代表性的单位大院式住宅——工人新村,却呈现出了一些与传统单位大院不同的特点,早期为全开放格局,现在呈现出半开放特征。曹杨新村是全国第一个修建的工人新村(1951 年修建,1952 年 4 月竣工),它没有采取苏联的轴线对称、空间围合、纪念性强的大街坊布局,而是采用邻里单元理念。早期建成时并无围墙,完全对外开放,显现出西方邻里单元规划理念的影响。注重营造小尺度社区空间，以小学为核心，在服务半径约600米范围内布置街坊，7～8分钟的步行范围内布置邮局、澡堂、合作社、文化中心等配套设施（汪定曾，1956）。曹杨新村注重道路的分级设置、住宅成团排布、低密度建筑设计、打破行列式的单调布局、将河滨组织在绿地系统中，使它成为一个迷你型社会。曹杨新村建设之初没有围墙构造，呈现开放格局，在后期加建围墙之后，又转向封闭。现在的曹杨新村的每一小区都有围墙环绕，但是不对行人出入进行限制，也保留了它原有的邻里单元格局、路网结构与公共活动空间设置，表现出半开放的特征。

3. 封闭社区：完全封闭的主流居住模式

1980年后的住房商品化伴随着社会、经济体制改革的深入，延续了几十年的单位大院式住宅开始衰落，封闭社区开始兴起，人们从单位大院的束缚中解放，又全部涌入封闭社区的围墙之内（图1-2）。21世纪后，作为一种新的居住模式，封闭社区开始迅速蔓延，并占据了城市的主要居住空间。缪朴的研究指出，上海83%的新建居住小区均以某种方式被封闭起来（缪朴，2004）。不仅如此，旧城内许多原本开放的住区，也在政府主导的旧城改造运动下被封闭起来，比如“平安工程”。与单位大院不同，封闭社区内部居民多元化、社区归属感比较薄弱。与美国的封闭社区相比，又呈现出占地面积广、居住密度高、住宅单一等特征。它的产生与社会经济环境的转型、外来消费观念的冲击、传统居住观念的

图1-2　封闭社区龙湖郦城一角

影响、政府的支持(出于财政收入、城市形象与社会治安的考虑)、房地产商的广告宣传等密切相关,成为彰显身份、地位的居住选择(王彦辉,2010)。因为其完全封闭的空间结构,给居民带来了安全的居住环境、独享的社区资源,但是随之而来的还有城市交通堵塞、城市肌理割裂、邻里关系冷漠等弊病。

(二) 封闭社区为主流,开放社区是趋势

1. 封闭住区仍占据主流

虽然提倡住区改革与住区开放的呼声越来越高,但在实际情况中,封闭住区仍然占据上海城市居住形态的主流。一方面,除了老城区与中心城区修建已久的旧式封闭住区,新城区与城郊不断新建的中高档社区也往往采用封闭模式;另一方面,上海作为国际化大都市,吸引着越来越多的外国人到中国来长期居住,这些服务于外国公民的国际社区也多为封闭式设计(Wu,2004)。

1) 封闭住区总规模远大于开放住区

上海统计年鉴将居住房屋分为花园住宅、公寓(包括职工住宅)、联列住宅、新式里弄、旧式里弄与简屋五种类型,通过前文的分析,我们可将花园住宅、公寓和联列住宅划归为封闭式住区,将新式里弄、旧式里弄与简屋划归为开放式住区,由 2016 年、2015 年和 2014 年的上海统计年鉴,可得表 1-1,粗略估算上海 2012—2015 年的封闭与开放的住区总量变化①。四年间,封闭住区建筑面积总量稳步增长,2015 年达到 124 505 万平方米。开放住区面积则在 1 500 万～1 700 万平方米之间波动,封闭住区规模是开放住区规模的 70 多倍,上海封闭住区的总量远大于开放住区。

表 1-1 2012—2015 年上海封闭与开放住区总量变化情况

单位:万平方米

类 别	2012 年	2013 年	2014 年	2015 年
居住房屋	56 263	58 940	61 094	63 007
封闭住区	110 998	116 176	120 554	124 505
开放住区	1 528	1 704	1 634	1 509
花园住宅	1 708	1 752	1 790	1 790

① 新型开放住区没有纳入统计,因此上海实际的开放住区规模应大于此估算数据。但由于封闭住区总量远大于开放住区总量,因此这一误差不影响结论的正确性。

续　表

类　别	2012 年	2013 年	2014 年	2015 年
公寓	51 975	54 319	56 429	58 308
联列住宅	1 052	1 165	1 241	1 400
新式里弄	311	311	311	308
旧式里弄	1 206	1 382	1 312	1 190
简屋	11	11	11	11

数据源于 2013—2016 年的上海统计年鉴。

2）封闭住区分布于各区，里弄传统开放住区集中于中心城区

由表 1-2 可以发现，封闭住区在中心城区与边缘城区均有分布，数量上没有因地区的不同而呈现较大的差异。里弄等传统开放住区的分布则具有明显的地域差异性，主要集中分布于黄浦区、虹口区、杨浦区、徐汇区等中心老城区。

上海的封闭式住区在规模、位置、档次、封闭程度、物业管理质量等方面呈现差异，不同于美国"封闭精英社区"模式，成为最大众化的住区形式。通过实地调研发现，老城区历史较久的封闭住区，规模较小，多为中低档社区，缺乏及时、高效的物业管理服务，门禁管理一般较为宽松。新城区，如嘉定、浦东的一些封闭社区，往往定位为中高端社区，规模较大，实施多重门禁，物业管理严格。以嘉定新城板块为例，龙湖、绿地、金地和中信泰富等大型房地产商在此开发的楼盘都为封闭式住区，并将严格的安保服务、安静怡人的居住环境、高质量的物业管理模式作为宣传卖点。这些住区隐藏在围墙与监控摄像头之后，对有限的出入口进行严格的监控，限制外来人流的进入。小区内采用人车分流的道路组织形式，以大规模的绿化环境配备高水准物业服务。

表 1-2　2015 年上海各区、县各类房屋分布情况

地　区	花园住宅	公　寓	联列住宅	新式里弄	旧式里弄	简　屋	居住房屋合计
浦东新区	369	13 871	246	3	112	1	14 601
黄浦区	8	1 355	—	87	288	1	1 740
徐汇区	52	3 286	9	52	28	2	3 431
长宁区	57	2 338	1	18	1	—	2 415
静安区	21	691	1	76	28	—	817

续 表

地 区	花园住宅	公 寓	联列住宅	新式里弄	旧式里弄	简 屋	居住房屋合计
普陀区	13	3 570	23	4	30	—	3 640
闸北区	—	2 139	3	1	71	—	2 214
虹口区	7	1 968	0	60	179	2	2 217
杨浦区	3	3 207	18	5	146	1	3 381
闵行区	304	7 121	181	1	48	—	7 655
宝山区	29	5 414	116	—	49	—	5 609
嘉定区	91	3 387	146	—	24	—	3 648
金山区	17	1 459	42	—	36	—	1 554
松江区	381	3 369	331	—	39	—	4 119
青浦区	301	1 808	171	—	36	—	2 317
奉贤区	98	2 031	87	1	34	—	2 250
崇明区	37	1 293	26	—	41	2	1 399
总 计	1 788	58 307	1 401	308	1 190	9	63 003

数据来源：2016 年上海统计年鉴。

2. 开放住区实践增多

作为一种新型住区发展模式，近 10 年来，上海也出现了许多对开放住区的实践探索，根据它们所处的位置与周边环境的开发成熟程度，可以分为老城区开放型住区与新城区开放型住区。

1）老城区开放型住区：混合程度与开放程度较高

老城区一般处于城市的中心地带，具有开发强度高、交通便利、路网密集、公共配套设施齐全和居住密度大等特征。因为项目周边环境已经开发成熟、城市空间形态已经稳定，因此，老城区开放住区的建设要更多考虑到与周边环境的融合。结合周边城市形态的、功能混合的规划方式是其常用的手段。如古北新区、海上海项目分别采用“大开放、小封闭”的开放格局与“逐级开放”的开放手段，是开放住区在中心城区的成功尝试。位于五角场城市副中心的创智天地以围合式的住宅街区为基本单元，打造成功能混合、交流频繁的开放空间。

2）新城区开放型住区：混合程度与开放程度较低

与中心城区相反，新城区往往分布于城市的边缘地带，具有土地开发强度较低、路网稀疏、公共配套设施不完善、居住密度低、流动人口密集等特点，因此其开放住区也呈现出规模较大、开放程度相对较低的特点。安亭新镇位于嘉定区，运用网格状道路体系与围合式街区结构，封闭规模较大，开放程度相对较低。

3）万科的开放住区探索

万科是较早将开放社区理念运用于实际开发的房地产企业，在上海做了诸多有意义的开放住区的探索。1992 年，七宝万科城市花园将小区道路对外开放，用“开放路网”加“封闭单元”的布局迈出了探索开放住区的第一步；1997 年，万科假日风景采用“开放市政道路”加“封闭组团”的规划结构，开放了住区内的一条市政道路；2005 年，万科安亭新镇是新城市主义理念在中国的尝试，形成了“居住区—居住环境区—街区”的三重开放结构，打造了行人友好的街道空间；现在正在建设的浦东万科翡翠花园依然延续着街区的设计理念，呈现开放的空间形态。万科从开放住区步行体系、向城市开放住区道路到形成较为完整开放结构，对开放住区的规模尺度、规划结构、路网层级等内容进行了许多尝试，为上海的开放住区发展提供了宝贵的实践经验。

上海的开放住区仍然处在探索阶段，在区位选择、规模设置、规划布局、路网结构、开放方式、开放程度等方面呈现多样化与差异化，本篇将对几个典型的开放社区进行分析。

3. 开放住区政策导向明确

1）国家文件明确提出建设开放街区，优化路网结构

《中共中央国务院关于进一步加强城市规划建设管理工作的若干意见》①（以下简称为《意见》）第五点第十六条明确提出不再建设封闭式小区，新建住宅要推广街区制。借鉴新城市主义理念中的“窄马路、密路网”设计理念，提高道路的通达性，提出了 2020 年前要达到 8 公里/平方公里的路网密度；加强慢车道设计，构建绿色出行步道系统，提倡绿色出行。这份文件吹响了全国建设开放式住区的号角，奠定了制定省、市、区级控制详规与细则的基础。

2）上海规划导则构建开放社交生活圈，注重活力街道设计

为贯彻落实上述国家文件，上海在 2016 年 8 月份出台了《上海市 15 分钟社区生活圈规划导则（试行）》②，基于创新、协调、绿色、开放和共享五个理念导引

---

① 中央政府门户网站.《中共中央国务院关于进一步加强城市规划建设管理工作的若干意见》[EB/OL].(2016-02-21) [2017-06-03]. http://www.gov.cn/zhengce/2016-02/21/content_5044367.htm.

② 上海规土局.《上海市 15 分钟社区生活圈规划导则（试行）》[EB/OL]. (2016-08-15) [2017-06-03]. http://www.shgtj.gov.cn/zcfg/ghss/201609/P020160902620858362165.pdf.

上海的开放住区建设。居住层面，构建多样适宜的住宅建筑、包容混合的住宅布局和活力共享的住宅环境；出行层面，注重道路系统、步行网络系统、公共交通布局与停车设施设计；服务方面，建立高品质、多层次、多样化与高效复合的社区服务体系；公共空间方面，打造多类型、高效可达与富有人文魅力的公共空间；就业方面，传承文脉，注重创新，打造更多的就业空间。通过以上五个方面的细则实施，打造轻松易达、绿色活力的 15 分钟开放式社交生活圈。

在 2016 年 10 月 18 号颁布的《上海市街道设计导则》①中，同样对开放式住区的建设作出了回应。该文件以街道作为研究核心要素，对街道空间内与人的活动相关的要素进行设计引导，包括交通功能设施、步行与活动空间、附属功能设施与沿街建筑界面四大类型。明确了安全、绿色、活力与智慧四大街道目标，注重街道与街区的空间形态关系，为开放住区的街道设计与实施策略提供了指导意见。

以《意见》为准则，以两份导则为实施纲领，上海的开放住区发展政策导向十分清晰、明确。越来越多开放住区的相关实践不断涌现，开放住区必将成为上海住区发展的一大趋势。

四、封闭与开放住区的实例调查与比较

（一）调查说明

1. 九个案例的选取及依据

本书选取了九个调查实例，它们具有以下共性。

第一，都具有典型性与代表性。与上海住区发展的三个阶段相对应，分别选取了旧式里弄光启南路街坊、新式里弄静安别墅、工人新村曹杨新村以及同济绿苑和龙湖郦城两个封闭社区。选取的新型开放住区的实例也具有典型特征。

第二，形成了多维对比。上述选取的实例既有时间上的今昔演变，也有封闭开放的辩证分析，更有新老城区的横向比较，通过三个维度的考察实证、探讨研究，为上海的住区发展寻找新的思路。

第三，数据较易获取。考虑到实际的操作与分析可行性，选取的九个实例都可进行实地考察，可查找到相关背景资料，数据较易获取。

---

① 上海规土局.《上海市街道设计导则》[EB/OL].（2016 - 10 - 18）[2017 - 06 - 03]. http://www.shgtj.gov.cn/zcfg/zhl/201610/t20161019_696909.html.

不同选择依据如表 1-3 所列。

表 1-3 九个案例的选择依据

序号	实例名称	封闭/开放类型	入 选 理 由
1	光启南路街坊	开 放	上海老城厢街坊的一部分，未经二次开发、改建，有着原始的里弄景观
2	静安别墅	开 放	上海最大的新式里弄，其"丰"字形巷弄结构为典型的里弄规划结构
3	曹杨新村	半开放	上海工人新村的策源地，也是工人新村中的"标杆"
4	同济绿苑	封 闭	位于杨浦区，老城区传统封闭社区代表
5	龙湖郦城	封 闭	位于嘉定区，新城区中高端、大规模封闭社区代表
6	海上海	开 放	中心城区，新型开放住区，功能混合性强
7	古北新区	一期开放 二期半开放	古北模式是上海开放住区的经典模式，层级开放、组团开放
8	创智坊	开 放	五角场城市副中心，典型小街区制住区
9	安亭新镇（一期）	开 放	边缘城区开放住区的代表，围合式街区结构，网格状道路体系

2. 调查内容与分析框架

为分析住区与城市肌理的融合关系、公共设施与景观资源的共享方式、住区与城市的互动关系、居民的邻里交往氛围与治安情况，主要调查内容与分析框架如表 1-4 所列。

表 1-4 调查内容与分析框架

调查层面	调 查 内 容	分析要素
背景及概况	产生背景、区位、规模、面积等	融合性
空间结构	规模结构、开放/封闭层次、公共空间状态	融合性、混合性
道路系统	道路组织形式、道路密度与尺度、人车关系、与公共交通的接驳、出入口数量、步行系统的设计	融合性、流畅性
公共配套设施	商业设施的种类与分布、教育设施的规划等	共享性
景观空间	层次与分布、可见性与可游性、边界形式、与自然景观的保护、利用与呼应	互动性
管理模式	安保安排、监控门禁、小区治安情况等	融合性

3. 调查方法

调查方式分为案头调查、实地考察与问卷调查。

1）案头调查

通过查阅有关文献，在各大房地产中介网站、项目官网、有关政府官网等获取有关数据与资料，比如项目规模面积、人口等。使用地图导航（比如百度地图）软件获取平面布局资料，绘制平面布置示意图。

2）实地考察

通过拍照、测绘、访谈获取最真实的一手资料，比如出入口分布、住区边界形式、安保设置等。通过实地考察可以更深刻地体会到各个住区的特点、优势与不足，为后续五要素分析充实细节，为住区发展微观策略的提出奠定基础。

3）问卷调查

对每一个住区的居民发放问卷或访谈，旨在了解居民对自己居住区的看法、满意度以及对住区封闭或开放的意愿高低。通过从使用者的角度评价住区的效果，可为住区的改良与发展提供新的思路。

（二）封闭与开放的五要素对比分析

1. 融合性

1）封闭规模、规划结构与开放层次

从表 1-5 可看到九个案例的占地面积与封闭单元规模情况。图 1-3 所示则清晰地表明了各个住区的地块形状、封闭单元分割，通过分析可知，开放性住区的封闭管理单元规模一般为 3～5 公顷，对应着的住区尺度为 150～250 米。

表 1-5 调查实例封闭规模概况①

序号	实例名称	总占地面积/公顷	建筑面积/万平方米	始建年代	封闭/开放程度	封闭管理单元层级	封闭单元规模/万平方米
1	光启南路街坊②	42	—	修建年代不一	开放	—	—
2	静安别墅	4.02	2.5	1928 年	开放	居住区	4.02
3	曹杨新村	214	200 余	1951 年	半开放	住户	3

① 数据来自网站、文献及实地调研，具体信息可参考附录内容。

② 光启南路周边旧式里弄街坊无统一管理单元界限。

续　表

序号	实例名称	总占地面积/公顷	建筑面积/万平方米	始建年代	封闭/开放程度	封闭管理单元层级	封闭单元规模/万平方米
4	同济绿苑	3	9	2001 年	封闭	居住区	3
5	龙湖郦城	35	50	2011 年	封闭	居住区	10
6	海上海	8.5	23	2006 年	开放	居住组团	3.5
7	古北新区	136.6	240 余	1986 年至今	一期开放；二期半开放	街区或邻里组团	一期：0.5(组团)、2(街区) 二期：平均 3.5
8	创智坊	5.2	9	2008 年	开放	街区	1
9	安亭新镇（一期）	25	10.6	2003 年	开放	数个街区联合的居住环境区	7

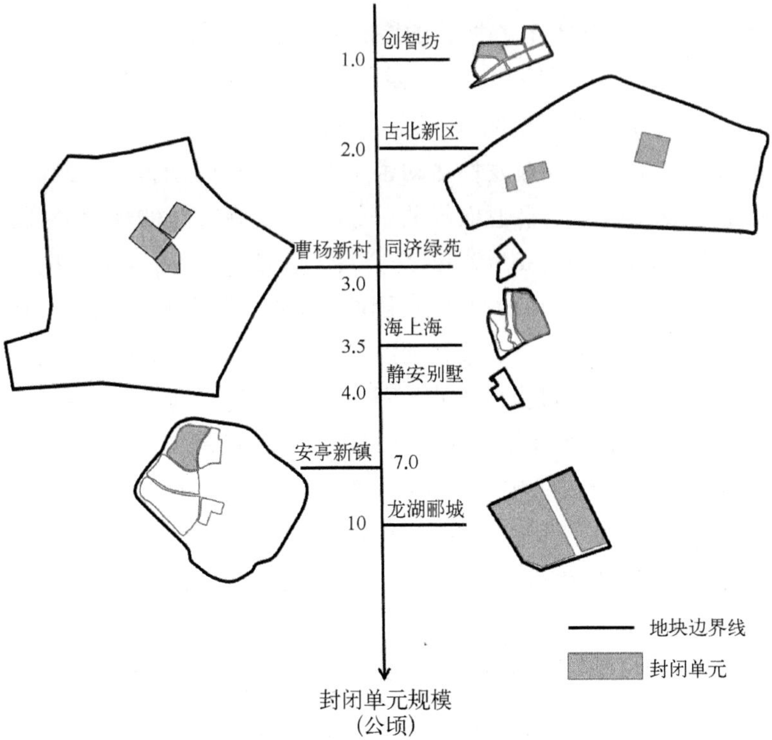

图 1-3　不同住区案例占地规模与封闭单元大小

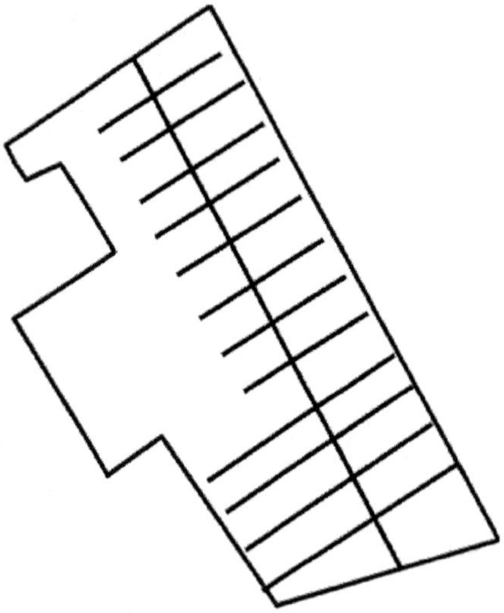

图 1-4 静安别墅的“丰”字形路网结构

(1) 里弄“丰”字格局形成清晰、丰富的空间层次

里弄通常以一条主弄及与其垂直相交的若干条次弄构成“丰”字形结构的交通系统，主弄是连接城市道路的主要出入口，次弄与城市道路间接相连，形成“生活次街”(周俭等，1999)。静安别墅便具有传统的“丰”字形里弄格局(图 1-4)。主弄宽 8.5 米，贯通于南、北两条城市道路(南京西路与威海路)，交通往来频繁，促生了商业活动；次弄宽 6 米，一共 24 条，为尽端式胡同，具有一定私密性。静安别墅城市道路—主弄—支弄的规划格局对应着公共—半公共—半私密的开放层次，主弄与南北城市的交界口设置保安室与大门，是公共区域与半公共区域的分界点。

从点与线两个方面分析，在“线”的层次上，主弄联系南、北两干道，为公共区域，较多行人往来通行，还有摊贩在此摆摊售卖货物，在此空间内，居民主要进行必要性活动①。次弄为半私密区域，既具有开放属性增进邻里交往，又具有私密属性，居民的社会性活动与自发性活动也主要在次弄中进行。常可看见居民在次弄中喝茶、聊天、晒太阳，惬意而舒适(图 1-5)。在“点”的规划上，北边靠近南京西路商业街，人流穿梭较为频繁，是公共性最强的节点。主弄与次弄的交点为半公共区域与半私密区域的交叉点，因此，同时三种活动都有发生，是里弄最具活力、功能混合性最强的节点。尽端为封闭式构造，聊天、交谈等私密性事务在此多有发生，是私密性最强的节点。静安别墅空间序列十分清晰，形成了完善、丰富的开放层次，社区生活较为有序、和谐，居民的私密需求与社交需求、安全感与归属感都得以满足，使静安别墅的邻里氛围优于一般小区。另一方面，里弄经过长久的发展，由一户独居演变为多户混居，人均生活空间被压制，不得不将一部分日常事务外移到次弄等公共空间中进行，如洗菜、做饭、洗衣等必要

① 扬·盖尔将公共空间的户外活动划分为三种类型：必要性活动、自发性活动和社会性活动。必要性活动指的是在各种条件下都会发生的、参与者强制参与、没有选择余地的活动，如上学、上班、生活事务等；自发性活动则是在适宜的时间、空间与外部条件下，人们有意愿参与时才可发生的活动，如晒太阳、散步等；社会性活动则是指在公共空间中依赖他人参与的各种活动，比如交谈、儿童一起嬉戏等。

图1-5 光启南路沿街,居民在街边聊天、喝茶

性事务,增加了居民间接触、交往的频率,延长交往时间,增进了居民之间的感情,也将次弄转变为了半私密领域。

(2) 多重门禁造成邻里疏离

以龙湖郦城西区为例,整片住区只有南、北两个出入口,车辆进入停车库须刷卡通过道闸,住户进入小区也须刷卡通过闸门。与普通住区的大门不同,龙湖郦城的入口类似地铁站的检票机,一卡一人、不许跟随。陌生人(包括外卖)不允进入、访客须登记并经过保安打电话跟业主确认才可进入。公寓的住户需要在住宅单元底部刷第二道门禁。合苑别墅区则以每两栋别墅为一个邻里组团,进入须刷卡通过一单独的小铁门,此为别墅居民的第二道门禁。加上别墅单元的最后一道门禁,龙湖郦城的别墅居民进入住宅内部需要通过三重门禁。首先,这种多重门禁的设置淡漠了社区内的邻里氛围。住区居民进出时行色匆匆,不会与其他居民有多余交流。别墅居民刷开第三道门禁后便消失在重重遮蔽的绿化植株背后,不见踪影,高层公寓的居民进入通向住宅的小道后也难寻踪迹。调研结果也显示小区的邻里氛围较为冷漠,居民彼此之间来往不多;其次,它也割裂了社区内外的正常交往途径。围墙内的生活空间安全有序,围墙外的街道则异常冷清、缺乏活力。电网高墙不仅割断了内外交往通道,还会无形之中增加外部人群的距离感,久而久之,使街道"死气沉沉"、缺少活力,影响住区与城市的精神交流与文化沟通(图1-6)。

图 1-6 龙湖郦城"全副武装"的围墙

(3) 半私密领域开放提升社区"亲切感"

安亭新镇拥有三重"围合"结构。第一重由"护城河"、北安德路与南安德路围合而成,河流与道路取代了传统的围墙。第二重为居住环境区,以城市次干道为划分边界。东西横贯的安智路、安礼路与南北纵穿的安礼路、安诚路和南、北湖泊带将整个新镇划分为 8 个居住环境区①(建设中的未算入),公寓区以"诗经六义"来命名,包括风苑、雅苑、颂苑、赋苑、比苑和兴苑②。每一居住环境区由 5~10 个不同街廓大小的街区组成。第三重为数栋住宅围合形成的街区(即邻里组团),2~4 栋多层住宅围合成绿色内院,布局多样、结构紧凑,密度适中。

安亭新镇的规划结构实现了公共领域对城市交通的开放、半私密领域对行人的自由开放。它的住区—居住环境区—街区的三重空间结构,对应着公共领域—半公共领域—半私密领域的开放层次。通过小镇内穿行而过的城市干道,实现了住区对城市交通的开放,即公共领域对城市的完全开放。在安智路、安礼路上常可看到借道行驶而过的车辆,增强了住区与城市外界的交通联系。虽然安亭新镇以数栋住宅塑造围合式组团布局,但是组团层级并未进行封闭门禁管理,仅在每栋住宅单元入口实施门禁,街区内部的"绿色内院",在名义上归业主

① 9 个居住环境区中德绍豪斯、宾根花园等为别墅项目,本篇分析时不作重点考虑,以"风雅颂"等小区为主。

② 一个居住环境区为一个管理单位,也就是通俗意义上的小区。

私有，属于半私密领域，实际上，其他社区的居民也可无障碍地欣赏、使用这一空间，实现了半私密领域向社区外居民无障碍开放。作者调研、采访时已经接近傍晚时分，遇到了来自几位其他社区的居民，他们表示安亭新镇绿化很不错，经常来这里的河道边散步，无围墙阻挡的社区让他们十分喜欢，很有“亲切感”。采访的几位社区居民也认为社区的开放没有影响它的交通和安静，对来散步、游览的群众也十分友好，完全可以接受社区向城市开放。现今只在住宅楼下设置门禁就已足够，不喜欢“麻烦”的多重门禁。

(4) 层级开放打造活力与私密兼具的住区

中心城区的三个开放社区并非完全开放，而是通过控制不同功能业态开放程度、规划不同尺度的街区与控制不同等级道路的开放层次等手段，实现层级开放，兼顾私密与活力，顺应时代的需求，对接城市脉络。

海上海社区通过控制商、办、住等不同功能业态的开放程度，实现不同程度的开放。从西到东住区功能分别为办公、商业与住宅。商办部分全部对外开放，服务周边区域与城市大众，商业街联系飞虹路与辽源西路，通过街口广场、雕塑小品吸引人流，引入区域活力，激活住宅边界活力。海上海新城住宅组团实行封闭管理，以围墙独立于东侧的施工场地。组团入口有车辆闸道对汽车出入进行管理，社区外居民则可通过无门禁的小区铁门进入，虽然开放程度相较于商业街有所减弱，但是一定程度上保证了住区的私密与安全。

古北新区通过规模尺度的变更与道路间距的变化达到层级开放，满足不同时代背景下的居住需求。随着住宅商品化制度的逐渐成熟，古北新区的三期住宅开放性也逐渐减弱。一期采用“欧陆风格”设计，其丰富的商业街道、密布的底层商业、围合的建筑布局与紧凑的街区设计也是新城市主义影响下的某种产物。一期在设计中运用改四合院与过街拱楼相结合的手法，并以广场绿化来沟通不同街区，打破了传统的邻里隔绝模式。一期水城南路西侧“古北新区”小区开放程度最高，以3～5栋住宅作为邻里组团单元实现封闭管理，住区内道路完全对行人开放。万科商务广场嵌入住区内部，东侧完全打开，公共空间与私人空间互相渗透，实现住区与城市的交叉互动。二期在格局上延续了一期黄金城道的东西主轴设置，路网密度仍然高于周边封闭式小区，住区道路依然由城市共享，同样具有开放特性。但是与一期相比，它的封闭规模相对较大，路网间距加大，每一街区的管理模式基本与传统封闭小区同化，开放程度降低，这是住房商品化发展、全球新自由主义思潮高涨与居住安全感减弱的综合影响。

创智坊对不同等级道路进行开放梯度设置，从而实现住区的层次开放，补充了城市路网。创智坊道路系统一共分为四个层级：住区外的城市主干路、次干路为第一、第二个等级，以机动车交通为主，开放层次最高，并且在局部地段设置公共交通优先；内部的城市支路（一条东西向和三条南北向）与社区道路为第三、第四个层级，开放程度较低，为半开放。东西向的城市支路大学路被打造为以步行为主的商业街，高峰时段允许外部车辆通行。社区级道路则对外部机动车限行，以小尺度步行街道为主。通过四级道路的分层次开放，创智坊不仅保证了其住区的宁静与安全，还疏解了高峰时段的城市交通压力（陈明，2016）。

2）路网结构与道路组织形式

（1）封闭社区割断城市肌理

由图 1－7 可以看到，同济绿苑西北方向有三条平行的南北方向的城市支路，从北至南分别为铁岭路、鞍山路与苏家屯路，分别与东西方向的锦西路、本溪路和控江路相接。东西方向道路路口尺度为 300～350 米，也是上海中心城区较为普遍的街区尺度。但是同济绿苑阻断了苏家屯路往南延伸，封闭的规模结构也不允许公共交通的通行，道路间距扩大到 520 米（鞍山路—打虎山路），增加了绕行距离，割断了均匀的城市肌理。

图 1－7　同济绿苑割断城市道路

处于城郊的封闭社区也存在同样的问题。城郊的道路网络较为稀疏，间距为350～400米。嘉定新城板块已成为嘉定区居住密集区，因此，道路密度接近一般中心城区，为300～350米。其东西方向的封周路被绿地颐景嘉园与龙湖郦城截断，形成双单路与麦积路的500米道路间距，削弱了住区可达性。龙湖郦城东区与西区隔河相望，将城市云屏路的一段纳入住区内部。虽然龙湖郦城未限制这段道路的车辆通行，但是其南边尽端被河流截断，成为“死胡同”，再加上其东西方向支路的缺失，使云屏路该段道路丧失了其存在意义，极少有车辆、行人通行，越发加重龙湖郦城冷清的街道氛围（图1-8）。

图1-8　龙湖郦城双单路沿街，行人稀少，街道冷清

(2) 网格状道路体系增强与城市连通性

安亭新镇采用网格状道路体系，由40米宽的环线道路、东西方向的主干道和15米宽的住宅区道路组成。可划分为两级：第一级为外围环状道路（南安德路、北安德路）与内部井字形（南北向：安诚路、安勇路；东西向：安礼路、安智路）叠合的快速车道骨架；第二级为街区间的慢速车道和人行步道组成的生活街道。除了雅苑有多条专供行人使用的步行道路外，安亭新镇住区内部道路多为人车共行道路。这些网格状街区道路连接街区住宅与井字形城市干支路，又通过这四条道路接入城市路网，与住区三重围合的结构相适应。“井”字形主干路减少了车行交通和人行交通的冲突，提高了行人的交通安全（翁奕城，2008）；住区地下停车库多分布于住区外部或紧邻住区出口处，减少了人行空间和车辆空间的重叠交叉；建筑单体楼下与住区内道路也设有停车位，停车秩序得到了良好的规范，减速带等减缓车速的装置也分布在各条道路与各个出口，保证了行人安全，打造了一个适宜行人的交通环境。

(3)“小街区”与“密路网”实现开放

古北新区、创智坊、安亭新镇三个社区都体现了“街区制”的设计思想，古北新区与创智坊因其中心城区的区位，以更小尺度的街区、更密集的路网实现了更高程度的开放。

古北新区一期以黄金城道为东西向主轴，以金丰·维也纳广场与南面的翠钰路为南北向主轴，各个公寓群中还设置若干副轴，多轴线的规划形成了密集的路网，密集的城市干道与街区道路又将古北一期切割为许多小尺度街区，平均规模为 2 万平方米。创智坊的 7 个街区的平均规模为 1 万平方米，远小于一般的封闭规模尺度。住区内城市支路的间距为 150 米，小间距的城市干道疏解了城区交通压力，密集、较窄的支路与慢车道则是城市交通系统的毛细血管，促进城市路网的交通循环，增加住区与城市的交流途径，促进人口的流动与资源的共享，为住区带来生气与活力。

(4) 开放住区级道路作为城市支路舒缓城市压力

传统里弄住区与后期的开放社区都有将住区道路开放、作为城市路网的补充与完善的经验。

静安别墅的主弄连接南北两条城市次干道，是联系北边南京西路商圈与南侧住宅区的重要通道。对住区内部而言，增加了内外交流途径，促进了不同人群交流与不同文化的融合；对城市而言，分散了商圈人流压力，增强了南部住宅区的可达性，承担了城市支路的职能，加强了与城市功能的联系。光启南路地块的街坊也开放巷弄供非机动车及行人通行，是城市路网中的捷径小道，更是穿梭于城市各个角落的外卖小哥“福音”。传统的里弄街坊便以这种错综复杂的巷弄，隐形于城市肌理之下，融合于现代化的城市路网之中。

曹杨一村拥有与里弄式住宅相似的规划结构。虽然曹杨一村在后期的规划建设中加建了围墙，但是围墙的封闭意义不大，门禁比较宽松，行人可以自由出入。在曹杨一村现有的三块地块中，可以看到类似于静安别墅的“丰”字形结构，主弄连通两条城市支干道，是住区内部居民人车出行的主要途径，也是住区外部行人通行的捷径之一。主弄对行人的开放，增进了曹杨一村居民与外部居民的交流，促进了社区与城市的精神文化的融合。

荣华东道作为古北新区的住区内部道路，同样作为城市支路对外开放，同样的支路在古北新区中仍有很多。荣华东道设计之初为一条市政道路，1995 年因为治安问题将其关闭，在 2008 年之后又重新开放作为城市支路服务（谭峥，2016）。虽然关于荣华东道的产权争议时有发生，但是不容置疑的是它为缓解城市交通压力所发挥的作用。创智坊的大学路也是住区级道路，普通时间段仅供住区内部车辆通行，在高峰时段则向社会开放，缓解高峰期的主干道压力与交通堵塞问题。安亭新镇住区内的井字形城市支路框架也发挥着同样的功效。万科在上海的城市花园、假日风景项目等同样采取了开放住区道路的途径，作为建设开放社区的实验。

3）出入口数量

（1）有限出入口为出行带来不便

龙湖郦城西区只有南北两个出入口。东区安泾河以北四栋公寓、安泾河以南两栋公寓与蓝湖香颂别墅区各有一个入口。西区整个小区在南北各设一个出入口。这些入口作为车辆和行人的分流口，也是居民们出行的唯一选择。在实地考察过程中，笔者发现安泾河两岸、温泉路、胜辛路一侧，有许多可供行人出入的小铁门，但都上着锁，锈迹斑斑，长久未经使用。保安人员表示为了集中安保力量、方便对社区的管理、维护社区安全，这些小出口都已经废弃（图 1-9）。龙湖郦城有限的出入口不仅会增加居民出行、绕行距离，给日常生活带来不便。久而久之，也会降低他们出行意愿，使本就僻静的社区跟外界的交往越来越少、社区隔阂感愈加严重（缪朴，2004）。

图 1-9 龙湖郦城被封闭的出口

(2) 多个均匀分布的出入口加强社区可达性

密集的网格状街道为安亭新镇创造了多个均匀分布的出入口,每一个居住环境区在东、西、南、北四个方位都设置出入口,入口与入口的间隔不超过 75 米。紧凑的出入口均匀分布于各大城市支路上,不仅方便了社区居民的出行,也增强了住区的可达性。街道直接联通多个居住环境区,促进了不同街区的交往和联系。如风苑、兴苑之间便有三条东西方向的街道,风苑、雅苑、颂苑三苑之间由三条南北街道联系,包括一条绿色河流滨道。站在其中一个小区的出口,视线可沿街道穿过城市干道到达另两个街区,城市街道生活一览无余。同样,站在安智路的行人也可看到住区内的街道生活,住区内外情感联系增多,视觉互动性增强。

4) 小结

(1) 住区与城市空间形态的融合

同济绿苑、龙湖郦城等封闭社区虽然规模不一,但是均有增加居民步行距离、削弱住区可达性、截断城市道路、割裂城市肌理的弊端,龙湖郦城这般的大盘还会直接影响区域交通状况、弱化内部城市道路功能,使住区脱离城市空间形态。

里弄住区则与城市空间联系紧密,入口设置在面对城市的商业界面中,既满足了住区内外交往的需求,又维持了城市街景空间的连续性,且节约了土地,是一种高效规划土地的方式。里弄住宅地块较小,用地紧凑,有利于形成合理的城市路网密度,主弄作为城市支路,起着疏通城市交通、增加交通效率的作用。里弄住区实现了与城市的紧密联系。

开放社区也与城市肌理高度融合。海上海、古北新区与创智坊以不同的层级开放策略保证社区私密,引入城市活力。后两者还以"小街区、密路网"的规划方式、开放住区道路的设计策略,让住区与城市得以高度联通。安亭新镇以网格状道路体系、多个均匀出入口高度融入城市肌理。

(2) 居民与城市内外情感的联系

调研结果显示,封闭社区居民的居住安全感没有明显高于开放社区,说明封闭与否并非安全的决定性因素。相反,他们对社区的归属感则显著低于里弄式住区与开放社区。

上海传统里弄居民表现出较强的社区归属感,形成了邻里互助、亲和的氛围。划分清晰的空间序列、连续沿街界面的对外阻隔效应,增强了居民的安全感,进一步加深了对社区环境的认同。支弄安全、半私密的空间为他们提供了相对安全的活动场所,为居民之间的交流提供了物质条件。多户杂居的居住形态产生了多元化的居住体验,使里弄居民与城市往来人群的交往更为轻松、热情,形成了独特的里弄邻里文化。曹杨新村作为上海市第一个工人新村，有着独特的历史意义，住户多为工人劳模后代，居住年限长，彼此熟悉，本地居民对住区拥有强烈的自豪感与归属感①。

开放社区的居民也拥有较为和谐的邻里氛围，社区归属感较强。古北新区的居民公共事务参与度高，海上海和安亭新镇的居民对外较为友好热情。

2. 共享性

公共服务设施包括教育、医疗卫生、文化体育、商业服务、行政管理和社区服务和绿地等。教育、医疗的规划等公益性设施取决于政府的主导，往往服务于整个区域。商业服务设施与社区的规划布局及封闭/开放层次密切相关：社区的开放方式决定了商业设施的位置与分布，商业设施的布局模式与共享程度又会反过来影响社区的开放与活力。

商业设施根据区位特点、居民的实际需求、服务半径与集聚规模可分为区域级商业、住区级商业与邻里级商业三个层级。不同等级的商业设施的主要特点如表 1-6 所列。

表 1-6　不同等级的商业服务设施

商业分级	服务对象	服务半径	主要项目	主要特征
区域级商业	城市片区	800～1 200 米	大型购物中心、商场等	辐射半径大、公共性强
住区级商业	本住区及周边住区	400～500 米	市场、餐饮店、健身房等	一般聚集成商业街
邻里级商业	住区内部居民	100～150 米	便利店、药房等	与居民生活密切、使用频繁

1）封闭社区商业分布的两种模式

封闭社区的商业设施分为两种模式。第一种，中小规模封闭社区内多只具有邻里级商业，依赖于外部商业设施。大规模、高层级的商业设施的形成需要足够丰厚的客群，而封闭式社区的商业设施只服务于社区内部居民，客群数量有限，难以形成一定气候，社区内多为便利店、小超市、药房等。居民如有其他需求，须到社区外的大型购物中心、菜市场等进行采购。这时，封闭社区的角色类似于开放街区中的街区单元，那些大型的区域商业设施与住区商业设施由多个

① 现在曹杨新村居住用户中有一大部分来自外地租户，这类居民对社区无特别归属感。

中小型封闭社区共享,利用效率较高。如同济绿苑的居民与周边的鞍山新村众多小区共享鞍山路商业生活街,实现了资源的高效利用。第二种,超大型封闭社区会在社区内部设置住区级甚至区域级商业中心,但是缺少消费流动人口、消费基数不足,造成资源的浪费。

2) 开放社区采用不同商业共享模式

开放社区的商业布局主要受住区的道路层级与路网结构的影响,向心式邻里单元布局会催生中心式商业布局,网格状道路体系促进网格状商业分布模式,开放住区级道路形成穿越式商业布局。

(1) 中心式商业布局

曹杨新村社区的商业设置集中于曹杨影城,位于社区中心,影响力介于住区级商业中心与区域级商业中心,有调查结果显示,其服务人群更多地来自曹杨新村外居民,商业设施得到高效利用。曹杨影城于 2004 年改建,建筑面积达 14 650平方米,长时间的服务、较大体量的商业设施、较为完善的业态组成使曹杨影城成为超越社区商业中心的定位。曹杨新村在规划上采用向心式邻里单元布局,各类设施在空间布局上的集中,使曹杨影城的集聚效应成倍增加,扩大了潜在使用群体(袁也,2013)。其中心式布局的商业共享同样依托于城市支路的联系。兰溪路、枣阳路分别连接了武宁路、曹杨路和金沙江路三条城市主要干道,配合城市公交与地铁,增强了曹杨影城的可达性,使商业服务半径扩大到 700～800 米。

(2) 穿越式商业布局

静安别墅的开放主弄自然催生了穿越式"商业街"。静安别墅的主弄引入了南京西路商业街的人流,里弄内安静的氛围放慢了过往行人的步行速度,创造了商业氛围。久而久之,有摊贩在主弄周边集聚,渐渐固定的摊位形成了穿越式商业街的雏形。

创智坊则是主动开放大学路作为商业街,从西到东依次连接复旦、大学城中心与江湾体育场,将城市外部交通与附近的人群引入住区内部,在商业街两边设置咖啡店、书店、餐饮店等,形成特色休闲商业文化街,在上海颇有名气。

穿越式商业布局利用了城市支路,注入城市活力,在实现高程度共享的同时减小了对住区的干扰。

(3) 嵌入式商业布局

古北新区一期的万科广场面向城市支路——水城南路,内嵌于古北新区中。其商业层级为住区级商业,集中了较多日式与韩式餐饮店铺、超市等,店铺主人也多为外籍人士,主要服务于古北新区与周边住区的日、韩籍人士。嵌入式布局平行住区的入口方向，顺应人流，既方便于本社区居民，又可以吸引外部消费人群。

(4) 沿街式商业布局

海上海的商住混合区独立于居住组团，可算作沿街式商业布局。海上海休闲广场商业体量大，以金逸影城作为主力店，目标定位为区域级商业中心。其商业设施沿大连路一侧布置，可最大程度地吸引过街人流，商住分区又实现了动静分离，保证了住区的安静与私密。但是因为海上海商业业态以中高端餐饮为主、主要服务于周边的办公人群，略超过周边居民的承受能力，因此消费客群基数较少，广场缺少人气。

(5) 中心式与网格式结合商业布局

安亭新镇以中心式集中商业与网格式沿街底商向城市开放。

集中商业广场是住区级商业中心，服务半径约为500米，覆盖整个新镇。共有四栋住宅，包括办公、商业、文化等业态，是整片住区的核心。一方面，安亭新镇作为“新城市主义”在中国的实践，体现了“公共领域占据主导地位”的原则，将大型开放的公共建筑和开敞空间放置于显著、中心地位，引入中世纪的欧洲城镇要素，在四周包围着图书馆、教堂、音乐厅和影剧院等文化设施。另一方面，作为住区的居民活动中心，广场发挥着联系街区住户、沟通社区与城市的职能，是住区社交最为活跃、频繁的区域，它也聚集着咖啡店、便利店、健身房和儿童娱乐设施等现代商业元素。在广场上可以看到家长带着孩子出来玩耍、互相交谈的场景。但是，因为整体居住密度低，新镇的商业综合体没有达到预期的效果，图书馆等设施没有得到完善，出现商铺空置、无人问津的情况。

依附于网格状的道路系统，安亭新镇的沿街底商也呈网格式分布。井字形城市支路骨架两侧同样为住区级商业街，服务与不同的居住环境区。安礼路靠近住区入口，沿街多为房地产中介商铺，安智路以餐饮居多，安礼路则以生鲜超市、生活用品、美容等商铺为主；居住环境区内的街区道路旁也有少量底商，主要分布在河滨绿化带两侧，出售生活日用品为主，为邻里级商业格局。

不同开放社区商业布局模式见表1-7。

表1-7　不同开放社区商业布局模式

序号	实例名称 商业布局模式	商业设施 层级	说　　明	效果及评价
1	曹杨新村 中心式布局	区域级	商业设施布局在社区中心	集聚效应好，人气高

续　表

序号	实例名称 商业布局模式	商业设施层级	说　明	效果及评价
2	静安别墅、创智坊 穿越式布局	住区级	商业设施贯穿整个住区	结合城市交通，引入城市活力
3	古北新区 嵌入式布局	住区级	商业设施沿社区开口嵌入住区	顺应人流方向
4	海上海 沿街式布局	区域级	商业设施沿街布置	商业、居住动静分区，保证住区私密，商业街人气稍显不足
5	安亭新镇 中心式与网格状相结合	住区级与邻里级	商业设施除分布在住区中心外，还沿网格状道路体系布置	分级服务不同人群，商业体量略微过剩，商业中心人气不足

3. 混合性

相对于单一功能而言，以相互之间的关系作为基础的两个或两个以上的功能组合在一起，并被共同使用即为混合功能。物质空间层面，社区的混合性通过住宅类型、建筑形式与空间布局的多样性得以实现；功能空间层面，由居住、商业、办公等多种功能的分布与使用情况决定；交往空间层面，公共空间是多元化交往体验的发生场所，住区公共活动场所的塑造影响住区的活力与邻里氛围。

1) 建筑类型、建筑风格与空间布局

(1) 建筑类型的多样化

封闭社区的建筑类型较为单一，如同济绿苑全部为高层公寓，龙湖郦城主要建筑类型为高层公寓联排别墅。作者调研的其他封闭社区也呈现出这一特征。封闭社区为开发商主导开发、建设，内部设施、道路以及物业管理服务与住宅类型相匹配，使目标客户集中于某一固定收入阶层。开发商也往往将“居民阶层、职业、收入的相似性”作为社区的优势之一，在新建的中高端楼盘中尤为常见。单一的建筑类型单一化了居民的构成，不利于多元化的社交体验。

开放型社区的建筑类型相比较而言则较为多样。光启南路街坊建筑类型繁杂，包括古街坊、旧式里弄、新式里弄等；居民背景多样化，籍贯、职业皆不相同。居住生活充满不同文化的碰撞，促进了住区的高度开放。古北新区与安亭新镇的住宅类型较为多元，集中了别墅、多层住宅、中高层住宅与高层住宅，住区内部从西到东，建筑层高由高到低，建筑天际线和谐划一。海上海三栋高层办公楼宇排布、高度不一，商业街多层建筑群实现空间的错落搭配，与居住组团的高层公寓一起，形成了富有节奏感的建筑景观。

（2）建筑风格的多元化

建筑风格的多元化体现在立面、材料等方面。在大规模建造的背景下，封闭社区的建筑风格也趋于单调、统一，城市中随处可见单调、沉闷的"筒子楼"。开放社区则大多运用不同的建筑风格，重塑城市建筑景观，赋予街区活力。古北新区在设计之初，采用欧陆风格，又融入中国传统四合院与里弄邻里中的"过街拱楼"等建筑手法，建筑景观新颖、独特，被媒体评为20世纪90年代的十大新景观之一（图1-10）。创智坊的建筑外立面也各不相同，色彩独具特色，外部装饰风格突出，使创智坊的建筑风格形成了丰富的差异性。安亭新镇则遵循德国风格，建筑外立面大胆采用红黄蓝等艳丽色彩，与周边围合的街区布局共同凸显德国风格，颇具欧洲小镇风貌（图1-11）。

图1-10　古北一期体现出来的欧陆风格

（3）空间布局的差异化

封闭社区、传统里弄与工人新村一般都为行列式布局。行列式布局的存在有其优点：建筑空间序列清晰、规划设计要求简单、房型周正、朝向较好。但是，当行列式布局的住区成为城市住区的主流模式之后，城市景观也趋于僵硬、单调，须寻求更富有变化的建筑空间布局模式。

安亭新镇与创智坊都为围合式布局，通过整体组团和住宅单元建筑的形态变化，创造了不同强度的围合效果，实现了不同的开放程度。除了一般的正

图 1-11　外立面色彩丰富的安亭新镇

方形围合形式，安亭新镇与创智坊也采用了三角形、多边形的围合形状，空间布局多变，活跃了居住氛围。围合式布局还在东、西、南、北四个方向都保证了建筑界面的连续性，可以清晰地界定私密与公共领域，明确了空间属性，如图 1-12 所示。

图 1-12　安亭新镇的围合式布局

2）功能混合布局

混合的社区功能可以通过混合的居住体验实现。多样的住宅类型可以满足不同收入阶层的需要，促进多元的文化体验；丰富的建筑形式可以打破建筑视觉空间的单一与枯燥，增加居民的社区归属感；差异化的空间布局则可创造多样化的居住空间。

(1) 基本不混合

在上文中提到,在一般规模的封闭社区中,商业设施呈零星状分布,办公设施更属罕见。封闭社区一般只拥有单纯的居住功能。这种功能布局造成了城市人群的"钟摆式"生活轨迹,办公、居住、商业区域完全分离,居民每天往来于社区与办公点之间做钟摆式运动,生活枯燥,缺乏乐趣。开放社区功能混合模式为解决这一问题提供了可能的思路。

(2) 局部混合

嵌入式、边角式与中心式商业布局皆为局部混合形式。如古北新区的万科商务广场,以局部的商办功能带动其余居住区域的活力,安亭新镇社区中心的商业广场为居民提供了就职机会,缩短"钟摆"时间,也降低了居民的娱乐出行成本。现已建成的封闭社区,也可考虑开放边角建筑作为公共商业设施,实现功能的混合,增加住区活力。

(3) 并列混合

海上海通过办公、商业与居住三种不同功能的分区组合,完成了从城市空间到建筑内部空间的过渡。商、办、住功能分区彼此互有联系,实现了整体的功能混合。海上海办公、商业、住宅的开放性逐渐降低,商业街联系办公与居住布局,在实现内部配套功能的同时,不影响对外的营业和服务,对城市整体来说,是个功能混合型社区。三类功能业态相对独立,结构并列,分区明确,以商业街实现过渡与功能独立。

(4) 完全混合

创智坊以围合式街区组团为基本单元,每一个单元都由办公、住宅与商业三种功能混合搭配,再通过基本单元的形态变化,实现整个住区的功能混合。海上海与创智天地等开放社区都表现出较强的功能混合特点。以住宅功能为主的同时,规划了一定规模的办公与商业业态。

海上海与创智坊的各种业态的指标数据如表 1－8 所列。

表 1－8　海上海与创智天地商、办、住业态指标

指　　标	海 上 海	创 智 坊
占地面积(公顷)	8.49	5.2
容积率	2.44	1.73

续 表

指　　标	海 上 海	创 智 坊
建筑面积(万平方米)	23	9
住宅面积(万平方米)	9.5	5
办公面积(万平方米)	7.5	3
商业面积(万平方米)	3.5	1
住宅占比	52%	58%
办公占比	33%	37%
商业占比	15%	5%

3) 公共活动空间的塑造与活力

(1) 公共活动空间的必要性

根据扬・盖尔的理论，一方面，“当户外空间的质量不理想时，就只能发生必要性行为；当户外空间具有高质量时，尽管必要性活动的发生频率基本不变，但由于物质条件更好，它们显然有延长时间的趋向”。另一方面，当场地和环境布局适宜人们驻足、小憩、饮食、玩耍等活动时，大量的各种自发性活动会随之发生。因此，引入丰富的公共空间物质元素，可以保证必要性活动，增加自发性活动，从而激发社会性活动。

在里弄和工人新村中，居民的主要公共空间为主弄与次弄。居民们在巷弄中晒太阳、乘凉、聊天已经成为里弄与新村的经典生活场景，也增强了居民们的社区归属感，形成了和睦、亲切的邻里氛围。但是这种邻里氛围的形成是居住空间压缩条件下人们的“被动”选择。传统里弄与工人新村往往都是许多户人家居住在一个小隔间之内，居住条件差、人均居住面积小，人们只能在公共空间中寻求平衡。再加上里弄的传统设计中与工人新村“邻里单元”的设计思想没有规划专门的公共空间，人们便只能将巷弄、道路当作公共空间使用，赋予其新的功能。在曹杨新村中，社区内公共活动空间的缺乏使得区域级绿化公园——曹杨公园与兰溪青年公园“沦为”社区级公共活动空间。曹杨一村—九村的居民多为劳模及其后代，居民老龄人口比重大，这些老年居民大多在公园中静坐、下棋、聊天、打拳、跳舞、打牌，消耗一天的时光。里弄与曹杨新村的例子都说明了公共活动场所对住区的重要性。

再看封闭社区，对它们的规划也往往忽略了公共空间的重要性，现代的封闭社区的居民却不会像里弄和新村的居民一样去"人为"创造公共社交空间。因为与它们相比,现代封闭社区的人均居住空间增大、互联网时代与电子化娱乐形式日益丰富、物业管理较为严格、交通更加便捷,当公共空间缺失的时候,人们往往选择足不出户上网娱乐或者到区域级商业中心进行休闲娱乐,因此社区的氛围日益疏离。

封闭社区的公共空间主要以组团绿化和行人散步通道为主,同济绿苑与龙湖郦城也有意识地塑造居民活动空间。同济绿苑在中央组团绿地周边设置了一条仅容一人通过的人行小道,居民一般在此散步。龙湖郦城通过人车分离在住区中央保留了一条宽约 8 米的人行通道,连通南北两个出口。在高层公寓的小团绿化中也设置了散步的通道小径。但是这些公共空间都以通行、散步为主要职能,不具有发生社交性活动的物质条件,因此难以给社区带来活力,公共空间的存在意义有限。

(2) 街道与广场重塑公共空间活力

里弄一般用地紧凑,所以不含任何公共设施,主弄便成了唯一的公共活动中心,发挥着街道的作用。里弄的每一空间要素都是多功能混合的,可以满足居民的多种需求,是一种方便的、鼓励步行的、高效使用土地的空间模式(缪朴,2004)。一个里弄相对封闭的小区,但是有多个大门始终对外开放,靠近街道的单元直接将出口开在人行道上,出入口旁的杂货店是"街道眼",对里弄的居住空间形成日常监视。这样细密的城市结构为街道创造了频繁的步行入口,再加上沿街的商店、阅报栏、袖珍绿地等社区设施,传统的里弄充满了活力。创智坊的大学路作为一条商业文化街道,注入了城市活力,实现了高度混合。曾有研究统计大学路行人的主要活动类型,包括路过、散步、驻足、戏耍、遛狗、儿童游戏、聊天与跳舞等(李晴,2014),街道的公共空间氛围营造得非常成功。安亭新镇的街道同样具有相当的活力。

除了街道外,广场也是开放社区用来重塑公共空间活力的重要手段。"街道"和"广场"是新城市主义的两个核心设计元素,安亭新镇和创智坊都将广场的功能体现得淋漓尽致。以安亭新镇为例,它模仿欧洲中世纪的"生长型城镇模式",将广场作为住区功能混合的核心。社区中心的商业广场是整个新镇的功能混合核心。商、办、住多种功能混合,吸引社区内外人流集聚。儿童娱乐设施吸引许多儿童与家长到此游玩,带来许多人气。宽阔的开敞式广场安全、舒适,是整个新镇居民散步、休闲的最佳选择;围合式街区结构形成的绿色"内院"是小型的绿化广场,也是邻里级的功能混合中心。与住区级功能核心相比,它多了一份安静、私密与安全，是街区居民休憩的主要场所。安亭新镇又以其网格状街道体系将住区中心广场与邻里级广场联系起来，实现整体功能的混合。对行人开放的步行系统使各个广场可以承接城市人流，又促进了住区与城市的交流沟通。

4. 互动性

1) 景观的空间格局与层次

封闭住区绿化景观全部封锁在住区内部，开放程度几乎为零。开放住区的绿化景观，可以根据服务人群和规模大小分为区域级、住区级与邻里级三个层次。不同层级的绿化景观的特征见表1-9。

表1-9 不同等级的景观设施

景观分级	服务对象	主要项目	居民活动内容	开放程度
区域级景观	本住区与住区外居民	大型公园等	健身、聚会等大型活动	高
住区级景观	住区内居民	街心公园等	散步、休息、小型活动	中
邻里级景观	邻里组团内居民	小块组团绿地	休　憩	低

(1) 集中式中央景观

封闭式社区都为集中式中央绿化景观，或在建筑间隙搭配若干小型组团绿地。封闭的中央景观只服务住区内部居民，维护管理成本低，结构也偏于小巧、精致，与开放的景观相比品质更高。但是，住区内部的景观空间丧失了公共性，层次偏于单一、是对城市景观资源的浪费，无法与住区周边景观形成互动，造成城市绿化景观界面的不连续。同济绿苑的中央绿化景观规模较小、层次单一，孤立于整个城市景观系统中。龙湖郦城以安泾河为界区分东西两块地块，但是每一地块沿河都设置围墙、栅栏，先前存在的几个行人入口也被封闭，河滨景观资源不能被住区居民利用，因为其处于楼盘中，更无法供住区外居民使用。安泾河河滨绿化资源被空置，成为开发商"河景房"的景观背景，造成景观资源利用效率的低下、景观界面的断裂。

(2) 层次丰富的景观

开放社区因其开放式构造，可以塑造不同开放层次的景观系统，服务本住区与住区外的居民。安亭新镇同时具备"区域级—住区级—邻里级"三个等级层级的景观。德绍豪斯别墅群旁的大型绿化公园为区域级绿化中心，各个居住环境区内的带状绿化是住区级绿化景观，围合的邻里组团内部的绿化内院则为邻里级绿化。三个层次的绿化景观开放层次由强到弱，实现了公共空间到私密空间的过渡，也成功衔接了内部绿化空间与安亭新镇外的自然景观(安亭郊野公园)。

(3) 分散却又连续的景观

新镇的绿化系统总体上呈现一带六点的格局[①]，位置分散功能连续。一带指的是一条 120 米宽的在井字形结构中央穿行而过的南北向变截面绿化带，六点则指的是分散在各个居住环境区内的绿化景观。住区内部的绿化空间作为独特的广场元素，在塑造其绿化景观的过程中也发挥着重要的功能性作用(张婧等，2007)。虽位置分散，但功能连续。创智坊绿化系统同样采用此种形式，利用合流污水走廊，规划了大小、形状不同的绿地来连接住区绿地与河边绿化带，使整个住区的绿化系统与水域系统融为一体，既整合了区域资源，又营造了良好的景观环境。

2) 景观的可见性、可游性及边界形式

(1) 开放社区拥有较好的景观可见性、可游性

开放的规划格局也保证了开放社区的绿化景观具有较好的可见性与可游性。在安亭新镇，采访的 5 位居民都对新镇的绿地景观印象良好，并表示十分乐意与附近居民共享住区内的设施及景观。绿化带缓冲了一期的公寓式住宅带来的视觉密集感，将它们与德绍豪斯别墅区分隔开，塑造了更为安静的居住空间。绿化带中央还设置了数个小型广场，也是别墅区居民和小孩的聚集、休息之地。安亭新镇住区内绿化景观主要住宅底部、沿住区内部道路、河流分布，雅苑内还有数个组团绿地。住宅底部栽种的绿植蓊蓊郁郁，营造了一种安静的绿色生态空间。公共绿地空间成为有效的邻里交往空间，社区居民们增进了对彼此的了解，并逐渐熟悉，营造了良好的邻里氛围。差异化的景观设计和清晰的景观空间，增强了居民的社区归属感。开放式、可达性高的景观布局为原本居民较少的社区提供了更多与外界交流的机会，社区与城市的互动更加密集(黄斌全等，2013)。

(2) 不同封闭程度的边界模式

封闭社区景观空间的可见性主要通过社区边界渗透，因此其可见性强弱与边界的形式有关。按边界的效应，其可分为空间上的物质边界与心理上的精神边界。空间上的边界[②]，根据其物质组织形式可分为沿街商业、人工绿化带、围

---

① 不包括外围郊野公园。
② 在此专指人工建造的边界，不包括河流等天然边界。

墙。根据视觉通透的效果又可以将围墙分为实体围墙、栅栏(栏杆)以及二者相结合的围墙。

城市沿街商业可形成连续界面的城市景观效果,这种连续的且有利于人街互动的建筑形式也往往可以激活街道的经济和社会活力,是一种较为积极的边界形式。传统的里弄式住宅以沿街住宅底部开设商铺,增加城市道路活力。创智坊的封闭组团,也采用此种边界形式。可供居民使用的人工绿化带同样是一种对城市造成积极影响的边界形式(袁野,2010)。林奇曾谈到,对于一个边界地带来说,如果两边的区域能够形成一种互构的关系,那么边界就不是一种突兀的存在,而是一个缝合线,将两边的区域天衣无缝地连接在一起。安亭新镇便以绿化带串联一期和二期,弱化了边界的分隔效应。围墙则是一种相对消极的边界形式,其具有封闭性和隔离性,将城市的空间隔离开来,破碎城市肌理、割断城市景观。现在上海市的封闭社区多为此种形式。不同边界形式的主要特征见表 1 - 10。

表 1 - 10　不同边界形式的主要特征

边界形式	应用实例	对城市的影响
沿街商业	静安别墅、创智坊	积　极
绿化带	安亭新镇	积　极
围　墙	同济绿苑、龙湖郦城	消　极

龙湖郦城边界多为围墙,根据景观空间的通透性由强到弱分为:全栅栏、围墙与栅栏、全实体围墙、全实体围墙与高绿化遮蔽。东、西两区北侧临双单路,社区边界全部为底端低矮围墙、中端栅栏与顶端高压电网的形式,每隔一定距离,监控摄像头记录着栅栏内外的场景,虽隐隐可看到社区内部的绿化景观,围墙电网却宣示着这一社区不可“侵犯”。东、西两区高层公寓沿安泾河两岸,围墙为全栅栏形式,偶尔可见几个铁门出入口,都被后期加锁封闭废弃,不允许住户出入,连通两边住区的一座拱桥也形同虚设,无人问津。东、西、南三侧为别墅区域,边界变为全实体围墙,围墙内侧密植高 3 米的竹子,将内部景观牢牢遮蔽。除了小区外侧围墙,住区内部别墅与高层公寓之间还有一层矮墙作为边界,掩映在低矮绿化带之后,淡化了住户之间的隔离感。小区内部的绿化景观与公共资源全部归业主所有,为半私密领域,不具有开放属性。不同围墙的景观通透效果见表 1 - 11。

表 1-11 龙湖郦城不同围墙的景观通透效果

围墙形式	使用位置	景观通透效果
全栅栏	安泾河两岸	较好,基本可见住区内外景象
实体围墙与栅栏结合	公寓沿双单路一侧	一般,隐约可见住区内外景象
全实体围墙	公寓临高架两侧	差,低处景观全部遮蔽
实体围墙与竹子绿化	别墅外墙	极差,低处与高处景观全部遮蔽

一方面,边界不是决定住区开放与封闭的唯一因素,所以我们不能根据有无"围墙"来简单判定住区的开放或封闭。如曹杨一村,虽然其住区周边有围墙,但是其开放的住区道路、功能混合的居住空间、较为稠密的路网依然让它呈现出半开放特征。围墙也不是影响住区治安情况的唯一因素,安亭新镇为无围墙社区,但是治安情况却优于同区域其他住区。另一方面,住区不可一味追求景观的多样性、可见性与可游性,需辩证思考,景观空间的设置仍须和区域环境相协调,且保留住区非公共领域空间的私密性。

5. 流畅性

流畅性指的是在小区内通行的顺畅程度,包括车辆交通与步行环境两个方面的通畅。车行交通的顺畅由社区的路网结构与空间层次决定,又会对住区的居住质量产生影响。行人通行的顺利则取决于住区步行系统的设计。

1) 道路通畅程度

(1) 过度开放堵塞街区道路

在光启南路的街坊中,路网较为密集,除主弄外所有支弄也对车辆行人全部开放,表现出了高度的开放特征。但是,高度的开放却也带来了道路堵塞、街区人流车流动线凝滞的问题。一方面,支弄的宽度较窄,部分空间被居民私有化为日常生活场所,道路的通行功能被部分地侵蚀;另一方面,高度开放的支弄将城市的机动车、电动车、行人全部引入:机动车随意停靠在光启南路路边,电动车随意穿行、行人多在此抄小道,而光启南路又因为年代久远,缺乏清晰、合理的路网疏导结构,使得街区道路拥堵不堪。

(2) 适度封闭保证顺畅通行

成功的开放社区,比如创智坊、安亭新镇、古北新区等社区,都对居住组团进行了封闭,限制了机动车与电动车的随意行驶。对道路开放层次做了明确的划分,往往封闭街区级道路仅供内部使用,开放住区级道路疏导城市交通脉络。有开有闭、有开有疏，才能形成较为流畅的车流动线。

2）步行系统设计

（1）人车分离

封闭社区通过人车分离，在住区内部打造人行通道。龙湖郦城在入口实现人车分离，车辆全部驶入地下停车库，步行居民由行人入口直接进入住区内部。龙湖郦城西区内部道路由一条5米宽的南北方向的主要步道与住宅间人行小道组成，步道东侧为高层公寓区，西侧则为封闭别墅组团。东区内部道路主要为住宅间小道。地面不配备停车位，内部为全步行空间，道路尺度窄，更显安静私密。这种方式较为普遍，操作模式较为简单，但是不利于社区的功能混合，缺少车流的街道也难以具有活力。

（2）开放社区的慢行友好设计

具有城市性质的道路往往提倡人车混行，甚至在交通流量小的地方设置地面停车位以方便停留。开放社区在开放住区级道路，允许城市车辆穿行，同时也注重步行环境与慢行系统的设计。通过道路形态、转弯半径、铺地材质、减速装置等达到车辆减速的目的，创造和谐的人车共行系统。安亭新镇各个居住环境区虽然不设围墙，但是禁止外来车辆驶入、在小区外设置停车库、行人步道控制道路宽度和行人出入口设置立柱或石墩使车辆只能由固定的入口刷卡通过道闸进入，严格控制了小区内的停车数量，保证了充足的公共活动空间，创造了行人友好的步行空间。安亭新镇虽然以居住环境区作为管理单位，但是只针对车辆的进出管理，对行人的出入没有任何约束，风苑、兴苑等居住环境区的行人自由出入口便达6个，小区内每个道路交叉口伫立着出入口指示牌，为不熟悉住区的游人指明不同道路的出入口。创智坊在步行道交叉口采用较小的转弯半径来保持步行的连续性，降低车辆的转弯速度，实现慢行系统的设计。

（三）调查结论

1. 九个案例的优缺点分析

通过五要素的对比分析，可将九个案例各自的优缺点、可借鉴与可改进之处归纳为表1-12。结合前文的分析，可发现开放住区更加适合当今城市的脉络发展，但是，封闭式住区也有其存在的意义与价值。这九个案例并非个例，同济绿苑的停车位短缺问题、龙湖郦城的人际关系冷漠问题在全上海屡见不鲜；静安别墅等上海里弄邻里和谐、包容混合的特色也远近闻名。九个案例的优缺点代表上海绝大部分住区的优缺点，对它们进行分析，是后文建议与策略提出的基础。

表 1-12 九个案例的优缺点归纳

序号	实例名称	缺 点	改 进 方 式	优点与可借鉴之处
1	光启南路街坊	过度开放，治安差、秩序乱；交通凝滞不通畅	明确公私界限；合理规划道路系统	功能高度混合；街道充满活力
2	静安别墅	—	—	明确清晰的空间格局；邻里分为和谐、融洽；开放住区内道路
3	曹杨新村	缺乏足够公共空间；住区治安秩序较为混乱	将公园重新定位为住区级活动空间；加强物业安保管理	
4	同济绿苑	割断城市肌理；功能混合性弱；停车位资源紧缺	开放部分住区道路；采用边角开放的商业资源共享布局；与周边写字楼互享停车位	住区内有行人散步通道与集中式景观
5	龙湖郦城	割裂城市景观界面；邻里关系冷漠，住区缺乏活力	打开沿河铁门，将城市人流导入安泾河两岸；通过后期活动运营与策划，重拾街道活力	住区内较为安静；安保管理严格，安保系统完善
6	海上海	居住组团边界封闭程度较高	可拆墙透绿，采用封闭程度更低的边界形式	层级开放策略；商、办、住分区独立，整体功能混合
7	古北新区	一期开放程度过高，不符合当时社会环境	二期、三期逐步增加封闭规模，降低开放性	开放住区道路；商业与居住的嵌入布局；小街区、密路网模式
8	创智坊	—	—	小街区模式；将城市支路引入，打造为商业街道
9	安亭新镇（一期）	住区级商业中心大部分空置，未达到预期功能混合要求；周边环境不成熟，无法实现真正的融合	更改部分物业形态	网格状道路体系；围合式街区与广场组合设计；住区景观互动性强

2. *居民对封闭或开放的意愿分析*

根据问卷的调研结果，居民对封闭或开放的意愿因住区特征的不同而不同。新住区、中心住区与开放住区的居民更乐意接受开放住区；而老旧小区、小区住区与封闭住区的居民还是更倾向于选择封闭住区。现分析其原因如下。

1）居住条件不同影响居住意愿

光启南路街坊、曹杨新村与静安别墅等建造年代久远，与其他住区相比，居住物质环境条件较差、绿化较少、规划设计比较落后、居民人均居住空间小、居住质量较差，居民居住质量较低，表现为治安问题较多、卫生情况较差、住区内道路较为拥挤，尤其是光启南路旧里弄与曹杨一村的居民，表达了对房屋改造、搬迁的渴望。因为这些住区的居住人口构成较为复杂，人员流动频繁，没有成形的物业管理措施，曹杨一村的物业管理费现在仍为 0.50 元/（平方米·月），居民基本已不再缴纳，物业服务形同虚设，因此安全无法得到保障，他们对封闭式管理模式和门禁系统也较为渴望。

2）区位环境不同影响居住意愿

中心城区的住区与郊区的住区因为区域环境的开发程度不同，也呈现出了一些差异，主要表现在两个方面。第一，规模的差异。中心城区的城市肌理比较细密，街区尺度较小，住区规模也偏小。郊区路网比较稀疏，相应的街区尺度也较大。许多开发商在郊区新建的住区尺度也普遍偏大。第二，公共交通与其他市政服务设施差异。龙湖郦城依托于 11 号线的嘉定新城地铁站，安亭新镇沿线则只有一条公交线路通过，公共交通便捷程度远不如中心城区，不利于居民的出行，对社区的活力也造成一定影响。区域环境的其他市政服务设施，比如医疗设施、教育设施的分布也会对住区与城市的互动、住区的功能混合性造成影响。开放住区的许多优势被郊区区位弱化，安全成为居民选择住区类型的首要考虑因素。因此，居住在郊区的人们更愿意接受“安全”的封闭住区。

3）住区模式不同影响居住意愿

问卷结果显示，封闭式住区居民更加青睐于封闭式住区，希望在整个小区的层面实行封闭管理，即使他们认为封闭式管理手段维护住区安全、促进邻里交往的效果并不显著。相对地，半开放与开放式住区的居民则对住区对城市开放持积极的看法，更多地赞成在居住组团层级实行封闭管理①。传统观念里，封闭式住区的安全状况能够得以保障。但是经调查后，作者发现封闭与开放的社区治安情况没有呈现出明显的差异，治安的稳定更多地依赖于安保的巡逻频率、住区的居住人口环境、居民素质等因素；在交通状况上，许多封闭住区因建造时间较

---

① 造成这种现象的原因，作者认为有两点。一是居民已形成了对封闭/开放住区的态度，才选择了开放/封闭式住区；二是经过长期的居住，两种住区的居民都已经习惯此种模式，因此会倾向于现在的居住模式。

久，停车位不足，导致的内部道路停满私家车，影响道路通畅，同济绿苑便是如此。还有许多封闭社区甚至选择挖掉绿化带新造停车位的方式来解决这一问题，比如奉贤金山阳光家园，浦东曹杨镇一小区①；在景观资源上，封闭住区内部景观较为单一，开放住区则较为丰富；在邻里氛围上，同济绿苑与龙湖郦城两个住区的邻里氛围都较为冷漠，缺乏活力。

3. 住区封闭与开放机制分析

1) 平衡私密与公共的必要性

无论是开放住区还是封闭住区，都有着私密与公共空间的相对矛盾。就成因而言，住区的私密与公共空间模式由其封闭或开放层次决定，可分为半私密—私密、公共—私密或者公共—半公共—半私密—私密等结构层次。就结果而言，私密与公共领域的空间比例会影响人们对于住区安全的信心和邻里交往的活跃程度。私密领域的缺失，会造成住区生活混乱无序，住区安全难以保证；公共领域的缺失，则会导致邻里关系冷漠、居住生活隔离。对人来说，既不能缺少安全的私密空间，也不能缺少充满活力的公共空间。因此，单纯地以封闭或开放的二元法来规划住区是不可行的，只有平衡私密性与开放性，区分出相对的空间层次，才可营造舒适的居住空间。

(1) 半私密—私密

封闭社区的住区则缺少公共领域，住区内部空间全为居民私有的半私密领域。公共领域缺失，导致住区活力的缺失。

(2) 公共—私密

光启南路街坊道路流畅性差、居住秩序较为无序，主要原因便是半公共与半私密领域的缺失、公共私密领域界限不明。居民将私密性活动，如做饭、洗衣等都置于巷弄的公共空间中，使整个街区看上去较为脏乱。

(3) 公共—半公共—半私密—私密

无论是传统里弄，还是开放社区，都有较为明晰的公共、私密领域空间序列。安亭新镇的住区—居住区—街区—住宅便分别对应着公共—半公共—半私密—私密的序列，因此也形成了较为均匀的居住空间状态。

2) “大开放与小封闭”的管理模式

保证居住空间的私密是实现住区开放的前提，开放社区往往通过对居住组

---

① 浦东门户网站. 曹路镇老小区绿化保住了 车位增加了[EB/OL].(2017-01-09)[2017-05-24]. http://www.pudong.gov.cn/shpd/news/20170109/006004_22eee15d-0fd2-402a-b551-f07037c51e4d.htm.

团或街区实行封闭管理来实现整体的开放，此种管理模式即为“大开放、小封闭”的管理模式。创智坊、安亭新镇等较为明显的“街区制”开放社区街区规模在0.5～1公顷，前者以街区作为封闭管理的单位，后者则以5～10个不同街廓大小的街区联合起来作为居住环境区作为封闭管理的单位。综合分析其他呈现开放的住区，大部分开放住区封闭管理的单元规模集中在3～5公顷。封闭管理单元对应限制外来车辆进入的空间层次，门禁系统的设置层次则对应着限制外来行人进入的空间层次。由表1-13可以发现，开放住区的开放性还体现在门禁系统设置层次较低，大部分集中在住宅单元，不限制行人进入住区/街区内部。它们中存在以下几种较为典型的开放社区封闭单元管理模式：

(1) 住区—街区—住宅单元

创智坊、古北二期便采用此种管理模式。街区基本单元规模比较适中，且建筑布局比较完整，以围墙、沿街商业、绿化围合式布局打造封闭的街区单元，每一街区配备门卫岗与车辆管理闸道，在住宅单元安装门禁系统。

(2) 住区—居住环境区—街区—住宅单元

安亭新镇采用此种模式。将许多个相邻紧密的街区单元划分为一个封闭管理单元，配备安保管理、车辆闸道、监控系统，只在住宅单元下安装门禁。安亭新镇为无围墙社区，以道路与河流作为划分居住环境区的边界，虽然封闭单元较大，但是顺应了郊区“稀路网”结构，步行系统对行人开放，也增强了住区与城市的融合。

(3) 住区—街区—邻里组团—住宅单元

古北一期采取的是此种独特的结构。一般适用于街区规模较大的住区，将街区再分割成由2～3栋住宅组成的小型组团，对组团进行封闭，每一组团配备一个固定门卫岗，组团入口设置门禁。组团仅供内部住户进入，车辆则停在街区的停车场所中。古北一期的多个组团，如金象公寓、金狮公寓等都由同一个物业管理公司——古北物业统一管理，有流动安保人员对整个街区进行巡逻，街区限制外来车辆进入。

(4) 住区—邻里组团—住宅单元

海上海属此种情形。住区混合性较强，涵盖了商、办、住功能，将数栋住宅组团进行封闭管理，作为居住功能区。邻里组团周边以围墙、绿化作为边界，限制车流，不限制人流。

开放社区封闭单元管理的不同模式见表1-13。

表 1－13　开放社区封闭单元管理的不同模式

管理模式	特　点	封闭单元	外来车辆/行人限制层次	门禁系统层次
住区—街区—住宅单元	街区规模适中 建筑布局完整	街区	车辆：街区 行人：住宅单元	街区与 住宅单元
住区—居住环境区—街区—住宅单元	适用于路网较为稀疏、住区规模较大的边缘城区	居住 环境区	车辆：居住环境区 行人：住宅单元	住宅单元
住区—街区—邻里组团—住宅单元	街区规模较大	邻里组团	车辆：街区 行人：邻里组团	邻里组团
住区—邻里组团—住宅单元	住区居住功能分区	邻里组团	车辆：邻里组团 行人：住宅单元	住宅单元

五、发展开放式住区的建议与策略

以选取的九个案例为代表，上海的封闭式住区与开放式住区在融合、共享、混合、互动和流畅五个要素上具有不一样的特征。为解决封闭住区带来的种种弊端，结合上海的住区现状与政策背景，仍可从这五个要素上寻求解决策略。

（一）主要原则

由前文调查结论可知，居民对封闭或开放住区的意愿因住区居住条件、环境区位与住区类型息息相关。因此在发展开放式住区时也应注意差异、适度与均衡。

1. 差异原则

开放性和封闭性住区各有优缺，应采取差异化的住区发展策略。

对于新建住区而言，中心城区城市肌理致密，路网密度较高，街区尺度较小，环境发展成熟，对功能混合性要求较高，比较适合建设“街区制”开放性住区。选取的调研实例中，大部分开放社区都位于中心城区或城市副中心。郊区城市对景观资源、城市道路以及功能混合性的需求程度比较低，可以建设半开放半封闭型住区，配备严格的安保管理、齐全完备的生活服务设施、比较便捷的公共交通网络，使住区具有活力。对于已建成小区而言，如果其封闭已经显著影响了现有的城市肌理且公共效率低下，应综合分析其微观环境性质，采取不同的开放手段，解决已经造成的问题。虽然提倡建设开放住区，但是我们仍应“具体情况、具体分析”，根据住区的宏观环境区位、微观环境因素采取不同的住区发展、改良模式。

2. 适度原则

封闭或开放是相对而非绝对的，应遵循适度开放、适度封闭的原则。建设真正完全开放的小区并不被当前上海的社会环境所接受，只有规划结构清晰、层次丰富的“公共—半公共—半私密—私密”的空间序列，“开中有闭”，保证居民的领域感与安全感，才能建设与城市空间形态融合、与城市空间文化贴合的优秀住区。因地制宜、因时改变，采用不同封闭或开放策略。

3. 均衡原则

住区的封闭或封闭应与住区的硬件设备、软件服务相匹配，均衡配置，缺一不可。光启南路街坊开放程度高，但是居住硬件条件差，无法满足居民的生活需求。曹杨一村因物业管理服务的缺失，被迫成为“半开放”住区，治安问题频发，居民们都渴望将住区封闭。硬件设备与软件服务的均衡配置是住区发展的重要原则。

（二）宏观建议

1. 发挥政府宏观调控作用，完善政策与规划文件

在住区发展建设过程中，政府应该发挥其宏观调控作用，可制定鼓励建设开放住区、开放封闭性小区的政策，针对开放小区中道路、绿化景观等产权的质疑，完善相关产权法规，并进一步制定开放住区的运营规范与管理制度。在规划文件的制定方面，土地利用总体规划与分区规划中应确定区域住区的开放度与基本模式，控制性详规里可以制定关于住区街区尺度、功能混合、路网密度的指标，并可指定“住区开放度”计算指标，用于衡量不同住区的开放程度，为哪些住区该开放、哪些住区应该维持封闭提供衡量依据。

2. 探索新型开发模式，更新开发商理念

封闭性住区是开发商主导模式下的产物，在新建开放性住区时，可合理借鉴国外经验，尝试新型的开发建设模式，改变“谁开发、谁配套”的建设方式，从服务城市的角度对公共设施、景观资源、道路资源进行均匀配置。可促进开发商之间的交流，宣传已有开放住区的成功建设经验、管理模式，比如万科的开放住区建设经验。

3. 加强媒体宣传，增进居民认识

受传统居住理念的影响，消费者更倾向于选择已经成为常态的封闭型住区，对开放住区的安全、环境等存疑。因此，可加强媒体的宣传，介绍开放住区的特点，如并非全部开放、与城市肌理融合、功能混合性强、注重邻里生活等，增进居民对开放小区的认识，并愿意逐步主动打开封闭住区，实现住区的更新与发展。

（三）微观策略

1. 加强空间文化融合

1）缩小住区规模与道路间距

我国《城市居住区规划设计规范》(GB 50180—1993)规定，居住区用地规模为50～100公顷，居住小区用地为10～35公顷，居住组团用地为4～6公顷。居住区、居住小区与居住组团分别对应着城市干道、城市支路或次干道与社区道路，城市次干道交叉路口间距一般为350～500米，决定了我国的居住小区边界尺度一般为350～500米。对开放性住区的封闭管理单元规模一般为3～5公顷，对应着的住区尺度为150～250米，远小于设计规范中的小区边界尺度。因此，为促进住区与城市的空间形态融合，应缩小现在的封闭住区尺度，以邻里组团或小型街区作为封闭管理单元，道路路网可控制为150～250米。小型住区的尺度设计将大大增加住区与城市的接触面，激活城市活力，带来更多的公共空间，也增加了城市空间形态多样化设计的可能性。若采用街区制，则可称为“小街区、密路网”，更加与城市肌理相适应。郊区可以适当扩大街区尺度与住区规模。

2）规划完整的空间开放层次

通过前文的分析，可以发现结构清晰、丰富的空间开放层次对住区居住质量而言必不可少。新建住区应注意公共—半公共—半私密—私密四个层次的完整，形成明确的公共领域与私密领域的界限。光启南路等全开放街坊，可重新规划居住空间结构，增加私密空间，规范居住空间。封闭住区则可尝试开放局部空间、共享部分资源、增加城市公共过渡空间、联动周边社区、增加住区出入口密度、分时间段开放等手段来增加公共领域层次，完善空间开放层次。

3）尝试开放住区内道路

开放型住区往往开放住区内部道路作为城市路网的补充，因此新建住区在规划时可有意识地赋予住区内道路以“城市支路”属性，向城市开放，作为城市空间与居住空间的缓冲地带。开放的住区支路不仅承担交通功能，更可设置沿街商业，采用“嵌入式”或“沿街”式商业布局，增强住区功能混合性。封闭小区则可先尝试在不破坏现有住区的居住结构上，将内部通道向行人开放。

2. 促进服务设施共享

1）尝试不同商业布局模式

商业设施根据临街的道路等级尺度，分级设置不同规模、不同性质的商业服务设施，可以发挥经济的最大效应，适宜的商业分布模式可以为社区带来不同的活力。大商业体量的封闭社区则应该将商业等级定位由邻里级提升为住区级,采取合适的商业布局模式,向其他住区居民开放商业资源,提高商业设施利用效率。如采用边角式开放、沿街式开放,都是对住区影响较小商业布局模式。比如同济绿苑西北角有一健身房,只对社区内居民开放,客流不足。可将围墙后退,将健身房设置于城市与住区的交界点,通过不同出入口设计,将健身房变为城市公共资源。

2) 与周边住区联动共享资源

住区可与周边住区和城市共享资源,包括景观、道路、公共设施等,同样商业设施,也可通过不同位置的布局、开放局部空间来实现共享。此外,可以采用分时间段共享资源来提高住区开放性,解决某些问题。比如同济绿苑的停车位短缺问题,可以与周边的办公楼合作,两者分时间段共享对方的停车位。工作时间,同济绿苑居民外出上班,空出来的停车位可开放给周边办公大楼的工作职员;晚上办公楼的停车库则可供同济绿苑居民使用。

3. 实现多种功能混合

1) 突破单一建筑形态

住区可在住宅单元的建筑类型、建筑风格与空间布局的设计上提倡多样化、多元化以及差异化。建筑立面的设计可通过材质、色彩、细部装饰等元素的变化来丰富住区的建筑界面,保留整体风格的统一。可根据空间的不同属性要求,在住区外部界面与内部界面间营造不同的建筑氛围,进一步明确空间属性,加强居民对社区的认同感与归属感。

2) 混合功能的土地开发

传统的封闭社区是功能主义主导的土地开发利用模式,但是现今社会对土地功能混合性的要求越来越高、居民的实际需求也越来越高,因此可以提倡混合功能开发的土地开发新模式,选取局部混合、并列混合或完全混合的布局方式。同一块土地,可分割成许多个稍小面积的组团,分别由不同开发商开发,分别容纳不同的业态,体现不同开发商的开发理念,不同的组团在城市空间中产生文化的碰撞,丰富了城市景观,激活了城市活力,每一组团的设计由住区的整体规划统筹,多元中保持统一。古北一期土地由万科和古北公司分别开发,万科商务楼发挥住区级商业中心的职能,古北则建设了数个居住组团。二者物业独立,但是空间没有明确划分,融合为一体,街区呈现了高度的功能混合性。

3) 营造高活力公共空间

新建住区在规划层面便要有意识地营造有活力的公共空间。它可以是一条富有活力的街道,也有可能是一个大面积的开敞空间,更有可能是一个小型的街心花园。街道是一种重要的生活场所，开放性的生活街道聚集了众多商业设施、服务设施，可极大地提高社区的活力。可以通过对沿街建筑的阳台、门口、雨棚和橱窗等细部空间进行改造，增加街道的活力；广场是聚集人气的另一个重要场所。封闭住区可以将大型广场、绿化公共公园置于与其他住区相交邻之处，塑造更具有活力的公共空间。如古北新区的马赛花园与巴黎花园两个街区之间规划布置了维也纳广场，以大型公共空间连通两个街区。

4. 激活内外景观互动

1）创造景观公共与过渡空间

封闭住区可增加景观公共空间与过渡空间完善缺少的公共空间层次。景观带具有缝合线的作用，可在住区外部边界增加公共景观空间，增加内部私有景观和城市景观系统的过渡，同时激活外部空间活力。龙湖郦城可在安泾河两岸将栅栏边界稍微退后 2～3 米，增加步行通道宽度，提升沿河绿化带活力，导入人气，提高资源利用效率。

2）增加视觉渗透效果

不同边界形式具有不同的视觉渗透效果，在封闭住区短期无法将围墙全部拆除的情况下，可考虑更换渗透效果更高的边界形式：比如栅栏取代实体围墙，增加住区与城市内外的视觉互动效果。出入口是边界的构成元素之一，也可通过增加住区的出入口数量、均匀排布各个出入口，缩短居民出行绕行距离来增加边界的渗透效果。龙湖郦城等封闭小区可逐步将已经封闭、废弃的行人出口重新开放。

5. 保证人车通行流畅

真正有活力的住区空间应该是人车共存的，传统封闭小区人车分流，为汽车设置专门的车道，在某种程度上剥夺了居民的自由活动空间(彭燕，2008)。应注重车行交通与步行环境的设计，以保证住区的通行流畅。机动车的慢行设计可以通过限制通行、对车辆进行限速、路面安装减速装置、设置路障、交叉道口进行减速设计等来解决车辆与步行的矛盾、实现机动车的慢行设计，保障小区居民的安全。创造轻松、友好的步行环境，可以通过改善行人道路宽度和长度、改善步行通道硬质与软质环境等营造良好的步行氛围。

六、结论

本篇通过理论综述、现状研究与案例分析，探讨了上海开放与居住小区在封闭或开放模式上的异同以及各自的优缺，总结了上海开放住区的主要管理模式，并对上海的住区发展提出了建议与策略，主要结论如下：

(1) 封闭住区仍然为当今居住模式的主流，短期内不可改变，开放住区的实践逐渐增多，相关模式也逐渐成熟，显示出了住区发展新的可能性。不可一味追求开放而忽略现今的居住需求与区域环境，应遵循差异、适度与均衡原则，辩证地看待封闭与开放。

(2) 上海传统里弄、工人新村、封闭住区与开放住区是上海主要的几种居住社区，在开放程度上具有不同的梯度，对它们进行分析可为上海住区发展提供新的思路。通过选取住区实例，并对它们从融合、共享、混合、互动与流畅五个维度进行评价、分析，结合调研结果中反映出的居民满意度，可以发现时间序列的新旧上、空间区位的中心与边缘上、在功能特征的封闭与开放上，住区都呈现出不一样的特征。

(3) 住区的规划结构和开放层次、路网结构和道路组织系统、出入口数量等会影响住区与城市空间形态的融合、居民邻里关系与城市文化的融合；商业设施的布局影响其住区资源的利用效率与共享程度；建筑类型风格和空间布局的差异、功能混合布局模式与公共活动空间都会影响住区的活力；封闭与开放住区在景观的空间格局与边界形式的选择上也有差异，景观空间的可见性和可游性是决定住区与城市的景观互动的两大因素；住区的车行系统与人行系统的设计，影响住区的道路流畅性与居民的居住质量。

(4) 上海未来的住区发展，宏观层面应注重政府、开发商、居民及社会四个角色的作用，完善政策与规划、探索新的开发模式、更新对开放住区的认识；微观层面应加强住区与城市的空间形态和文化层面的融合、促进服务设施共享、实现多种功能混合、激活内外景观互动、保证人车通行流畅，通过以上策略营造良好的居住空间。

本篇的研究还存在一些不足，例如实例选取受主观影响较大，实例较少，代表性不够；居民调研样本较少，或不能代表大部分居民的意见；笔者对城市规划相关知识的认知不够深刻，等等，有待在后续研究中进一步完善。

参考文献

[1] ATKINSON R, FLINT J. Fortress UK? Gated Communities, the spatial revolt of the elites and time-space trajectories of segregation [J]. Housing Studies, 2004, 19(6): 875-892.

[2] BLAKELY E J, SNYDER M G. Fortress America: Gated communities in the United States [M]. Washington DC: Brookings Institution Press, 1997.
[3] BLANDY S. Gated communities in England: historical perspectives and current developments [J]. GeoJournal, 2006, 66(1): 15 - 26.
[4] FRIEDMANN J. China's Urban Transition [M]. Minneapolis: University of Minnesota Press,2005.
[5] GOOBLAR A. Outside the walls: Urban gated communities and their regulation within the British planning system [J].European Planning Studies, 2002, 10(3): 321 - 333.
[6] GÜZEY Ö. Neoliberal urbanism restructuring the city of Ankara: Gated communities as a new life style in a suburban settlement [J]. Cities, 2014(36): 93 - 106.
[7] KOVÁCS Z, HEGEDÜS G. Gated communities as new forms of segregation in post-socialist Budapest [J].Cities, 2014(36): 200 - 209.
[8] MOHD T, JOHARI N, GHANI R A. Satisfaction level of gated and guarded community residents (Case study: Meru Hills, Ipoh) [J]. Procedia-Social and Behavioral Sciences, 2016(222): 747 - 754.
[9] SMIGIEL C. The production of segregated urban landscapes of gated communities in Sofia [J]. Cities, 2013(35): 125 - 135.
[10] WU F, WEBBER K. The rise of "foreign gated communities" in Beijing: between economic globalization and local institutions [J]. Cities, 2004, 21(3): 203 - 213.
[11] 艾侠,韩珊珊.社区开放度提升的五种设计策略[J].城市建筑,2016(8): 62 - 65.
[12] 陈明.城市街区型住区开放性设计研究[J].工程技术: 文摘版,2016(7): 00285 - 00285.
[13] 何蕾.城市设计视角下的封闭住区研究[D].武汉: 华中科技大学,2012.
[14] 黄斌全,林乐乐.新城社区公共绿地的社会服务功能研究: 以上海安亭新镇为例[C]//中国风景园林学会 2013 年会论文集(上册),2013.
[15] 黄政民.欧洲当代城市住区形态与设计策略研究[D].中国建筑设计研究院,2014.
[16] 金岩,陈新任.美国开放社区结构对于中国城市社区规划的启示[J].艺术设计研究,2012(s1): 70 - 73.
[17] 李锦霞.日本幕张滨城住区的研究与启示[D].杭州: 浙江大学,2005.
[18]李晴.具有社会凝聚力导向的住区公共空间特性研究: 以上海创智坊和曹杨一村为例[J].城市规划学刊,2014(4).
[19] 李彦伯.城市历史街区的现代性: 上海里弄住宅的发展及其镜鉴[J].住宅科技,2013(12): 33.
[20] 刘晓朋.中共中央国务院关于进一步加强城市规划建设管理工作的若干意见.[EB/OL].(2016 - 2 - 6).[2018 - 4 - 1] http://news.xinhuanet.com/politics/2016 - 02/21/c_1118109546.htm.
[21] 吕飞,罗晶晶,孙湛辉.开放社区的规划对策研究: 以北京沿海赛洛城项目为例[J].城市建筑,2016(8): 75 - 77.
[22] 罗珊珊,张健.上海里弄住宅的演变[J].华中建筑,2007,25(4): 113 - 115.
[23] 马小凤.开放型住区实证研究[D].武汉: 华中科技大学,2013.

[24] 缪朴.城市生活的癌症：封闭式小区的问题及对策[J].时代建筑，2004(5)：46 - 49.
[25] 彭燕.开放式结构居住小区的发展研究[D].重庆：重庆大学，2008.
[26] 宋伟轩，陈培阳.城市封闭社区的社会效应分析[J].城市问题，2013(6)：11 - 16.
[27] 孙辰.开放社区的空间特质及规划引导：以 3 个上海社区为例[J].建筑学报，2015(6)：41 - 46.
[28] 谭峥.街区制、邻里单位与古北模式[J].住区，2016(4)：72 - 81.
[29] 汪定曾.上海曹杨新村住宅区的规划设计[J].建筑学报，1956(2)：5 - 8.
[30] 王贵春，何琳，林思.开放封闭小区政策的民意调研与执行建议：基于公平与效率的角度[J].建筑经济，2016，37(12)：90 - 92.
[31] 王彦辉.中国城市封闭住区的现状问题及其对策研究[J].现代城市研究，2010(3)：85 -89.
[32] 翁奕城.上海安亭新镇规划建设的经验借鉴和问题思考[J].上海城市规划，2008(2)：33 - 38.
[33] 徐昀，宋伟轩，朱喜钢，等.封闭社区的形成机理与社会空间效应[J].城市问题，2009(7)：2 - 6.
[34] 尤娟娟.我国城市街区型住区规划研究初探[D].重庆：重庆大学，2010.
[35] 于波，黎志涛."开放街区"规划理念及其对中国城市建设的启示[J].规划师，2014，22(2)：101 - 104.
[36] 袁也.公共空间视角下的社区规划实施评价：基于上海曹杨新村的实证研究[J].城市规划学刊，2013(2)：87 - 94.
[37] 袁野.城市住区的边界问题研究[D].北京：清华大学，2010.
[38] 张婧，任力之.从安亭新镇规划看新城市主义在中国的实践[J].山西建筑，2007，33(5)：15 - 16.
[39] 张旺锋，陈晓耀，耿莎莎.单位大院与封闭社区的主要空间特征对比与思考[J].山西建筑，2013，39(22)：4 - 6.
[40] 中国城市规划设计研究院.城市居住区规划设计规范：GB 50180—1993[S].北京：中国建筑工业出版社，2002.
[41] 中国房地产研究会人居环境委员会.绿色住区标准：CECS 377—2014[S].北京：中国计划出版社，2014.
[42] 周俭，蒋丹鸿.住宅区用地规模及规划设计问题探讨[J].城市规划，1999(1)：38 - 40.
[43] 邹颖，卞洪滨.对中国城市居住小区模式的思考[J].世界建筑，2000(5)：21 - 23.

附录 A　封闭与开放住区调研问卷

上海社区封闭与开放研究调查问卷

尊敬的先生/女士，您好：

我是同济大学经济与管理学院工程管理 13 级学生，现正对上海市社区的封闭/开放模式进行研究，本问卷采用匿名形式，仅用于学术研究，不会对您的工作、生活和学习产生任何影响，感谢您的支持与合作！

一、基本情况

1. 您的性别：　A. 男　B. 女

2. 您的年龄(选项数值不包括上限)：

A. 20 岁以下　B. 20～35 岁　C. 35～50 岁　D. 50～65 岁

E. 65 岁以上

二、居住小区空间调查

3. 您认为本住区的规模适宜吗？

A. 规模太大　B. 比较合适　C. 规模太小　D. 大小无所谓

4. 您的主要出行方式是什么？

A. 私家车　B. 公共汽车　C. 地铁　D. 其他

5. 您对于住区内部及周边交通状况是否满意？

A. 很满意　B. 比较满意　C. 一般　D. 不太满意

6. 您的住区存在的主要交通问题是(可多选)

A. 上下班高峰车行出口交通拥堵

B. 出行绕行距离过大

C. 小区内道路停满私家车影响通行

D. 其他________________

E. 无

7. 您觉得小区的治安情况怎么样？

A. 很好　B. 还可以　C. 一般　D. 不好

8. 您觉得封闭管理手段对保障住区安全是否有帮助？

A. 非常有帮助　B. 比较有帮助

C. 帮助不大　D. 基本没帮助

9. 您住区内部的生活服务设施现状是：
A. 非常齐全，生活便利
B. 基本齐全
C. 不够齐全
10. 您住区内部的景观状况如何？
A. 绿化做得不错　　B. 一般
C. 类型相似，过于单调　　D. 缺乏维护
11. 您是否乐意与附近居民共享住区内的设施及景观？
A. 非常乐意　　B. 比较乐意　　C. 一般　　D. 不乐意
12. 您觉得小区内的邻里交往氛围如何？
A. 非常好　　B. 比较好　　C. 一般　　D. 不好
13. 您觉得封闭的社区或组团是否可以促进邻里交往？
A. 非常可以　　B. 可以　　C. 作用一般　　D. 没什么作用
14. 您是否认为应该将住区主要道路、公共空间、公共设施等适度开放？
A. 非常必要　　B. 有一定必要　　C. 一般　　D. 没有必要
15. 您希望住区在哪个层面实施门禁管理？
A. 整个小区
B. 几栋住宅形成的组团
C. 住宅单元入口
16. 您觉得封闭社区的优点是(可多选)：
A. 方便治安管理　　B. 减少交通干扰
C. 维持安静环境　　D. 配套设施、景观等独享
E. 增进邻里交往
17. 您觉得封闭社区的缺点是(可多选)：
A. 小区道路私有化增加城市交通压力
B. 封闭围墙造成城市街道冷漠
C. 居民出行不便
D. 住区内部公共设施人气不旺
感谢您的合作，祝您生活愉快！

附录 B　调查案例背景与概况

1. 里弄：光启南路街坊与静安别墅

光启南路街坊是上海老城厢地区的东南侧地块，由北侧复兴东路、西侧河南南路与东南两侧中华路圈围而成。上海老城厢地区位于人民路与中华路的两条环路之间，具有悠久的历史与独特的城市风貌，遗留了清末民国初的市井百态，是上海本地文化的发源地。早在里弄式住宅起源的法租界还未形成时，老城厢地区便已经兴盛繁荣。到现今，这一地区仍然保留着上海最传统的居住形态，成为古迹遗址、传统历史建筑、新旧里弄住宅与现代高楼混杂的区域。光启南路地块占地约有 42 公顷，既有书隐楼、徐光启故居等古迹建筑，又有乔家路与巡道街的传统街巷，还有集贤邨等新式里弄，光启南路两侧旧式里弄更是数不胜数。整体特征呈现为街巷密集、路网密度大、绿化少、居住条件差。

静安别墅位于南京西路 1025 弄，是上海现存规模最大的新式里弄，共有三层的新式里弄住宅 200 幢。地块呈南北狭长条形，总占地 4.02 公顷，总建筑面积 2.50 万平方米。静安别墅于 1928 年建成，拥有典型的新式里弄平面布局，一条南北主弄与 24 条东西支弄构建了主要居民生活空间。

2. 工人新村：曹杨新村

从 1951 年到 2017 年，曹杨新村从一村发展到九村，经历了多次的改建和扩建，形成了多样化的社会空间结构与多种类的住区模式，成为总占地面积 214 公顷、总建筑面积 200 多万平方米的成熟的、混合的城市居住区域，小区平均规模大约为 3 万平方米。经过 60 多年的发展，曹杨新村社区呈现出从低密度向高密度演变的趋势，为研究传统的工人新村的住区居住模式，作者选取曹杨一村作为研究重点。曹杨一村现主要分为三块，由小到大，规模分别为 110 米×120 米、100 米×160 米与 110 米×240 米，地块平均面积为 1.85 万平方米。

3. 封闭社区：同济绿苑与龙湖郦城

同济绿苑位于控江路 1888 弄，近 8 号线鞍山新村地铁站，修建于 2001 年，是封闭式小区在上海市中心蔓延、兴盛的产物之一，拥有中心城区普通封闭小区的基本特征。小区占地面积 3 万平方米，总建筑面积 9 万平方米，总户数 754 户，以钢混高层为主，楼栋总数 13 栋，容积率 3.12，绿化率 40%。

龙湖郦城项目位于上海嘉定新城核心城区，外郊环区间。北至双单路，西面及南面被温泉路围合，东临胜辛路。基地被云屏路及天然河流安泾河分为东、西两个地块，各呈长方形，其中东块又被安泾河分隔成两块。项目占地 35 万平方米，总建筑面积为50万平方米，容积率1.44，交房时间为2011年5月。小区集别墅、高层公寓、SOHO公寓及社区邻里中心为一体，综合了居住、商业、休闲及社区服务等功能，社区景观优美、物业严格、别墅区私密性极强，是嘉定新城板块品质最高、规模最大的楼盘，也是新城区新建中高档封闭社区的代表。

4. 开放社区：海上海、古北新区、创智天地与安亭新镇

海上海项目位于上海杨浦区与虹口区交汇的大连路920号，汇集了创意商业街、创意LOFT和创意生态居三种建筑形态，是上海第一个打破商、办、住三种物业形态边界的综合性小区。海上海占地8.5万平方米，总建筑面积23万平方米，容积率2.44。住宅部分海上海新城总建筑面积近9万平方米，由7栋18～23层的高层组成。项目以商业街为轴线，从西向东依次为办公区、商业区与住宅区，三个区域的开放度逐渐降低，居住组团实现封闭管理。

古北新区是虹桥经济技术开发区的涉外配套居住区，1986年开始规划。目前古北新区规划用地136.6万平方米，建筑面积约300万平方米。全部新区分成3个区、24个地块，主要居民为日韩籍人士。古北新区东至姚虹路，西达虹许路，南至古羊路，北边则通过虹桥路与延安西路和虹桥商务区接壤。古北新区采用紧凑的小街区制规划模式，街区规模在2万～4万平方米，它一共历经了三期开发，采用“小街区、密路网”规划实现开放，且从一期到三期，开放性逐渐降低，街区规模有所扩大，一期集中体现了其开放特性。

创智坊位于杨浦区的五角场城市副中心，位于创智天地西部，以商业、居住功能为主，包括纯住宅用房、商务办公室以及以“居家办公”为理念的SOHO商住两用房，同时还配备了零售、休闲、娱乐等设施。创智坊占地5.2万平方米、总建筑面积9万平方米，容积率1.73，建筑以多层与底层为主。它采用围合式街区布局、小街区尺度控制与较密的路网设置实现整体格局的开放。

安亭新镇是上海“一城九镇”发展战略中率先启动的第一镇，也是上海首批生态示范小区之一，具有典型德国城镇风貌。它位于上海市嘉定区安亭镇，被北侧吴淞江(苏州河)与南侧京沪高速环绕圈合，靠近上海汽车博览公园与上海汽车会展中心，是上海国际汽车城的重要配套项目。安亭新镇由护城河和城市环状道路围合，总体呈不规则椭圆状。开发于2003—2005年，总占地面积约1平方公里，其中一期占地面积25公顷，一期建筑面积10.6万平方米。绿化覆盖率超过60%，容积率仅为0.59，建筑层数集中在4～5层，公寓、联排、独立住宅等多种建筑形式混合，是大规模的低密度生态型住区。它延续了传统的德国城镇肌理，采用周边围合式街区结构，模仿欧洲中世纪的“生长型城镇模式”，将广场作为住区功能混合的核心。

第二篇

城中村改造的利益协调机制研究

闵心茹

一、引言

（一）研究背景

1978 年以来，城市的迂回发展导致了中国独有的城中村现象。1978 年，全国仅有 320 个城市，到 2014 年发展到 703 个，全国城镇土地面积也从 3.6 万平方千米增长到了 8.9 万平方千米。在这飞速的城市化进程中，涌现了大量的城中村。除了少数城市化水平较低的城市以及地广人稀、建成区范围狭窄的区域之外，城中村几乎遍布我国的大小城市（李俊夫，2006），数量巨大。如昆明 2008 年有 382 个城中村。

城中村现象出现后，很多学者对城中村的定义和内涵进行了思考。“城中村的定义不能准确地用文字进行表述，就像它不能很好地融入城市一样”（Wang D，2015）。但从学术研究的方便性而言，还是需要对城中村给出定义。本篇采用《2016 年上海城中村改造指导意见》中的定义：城中村是指在城镇建成区或城镇规划区范围内，集体土地被全部或大部分征用，原农村居民全部或大部分转为城镇户口，被城镇建成区包围或基本包围的自然村。

关于城中村的内涵问题，以往的学者大多从形态及地域、形成过程、演变过程、社会结果等方面来进行解读。

从形态及地域上来看，城中村是被城市包围起来的农村，具有农村的物理形态，与城市形成视觉上的对立。从形成过程上来看，城中村是城市的快速扩张、流动人口涌入和城乡二元体制作用的结果。城中村是指在城市快速发展的过程中，耕地被征用后，被城市纳入城市建设用地的村庄（李钊，2001），是在城市经济迅猛发展、流动人口涌入、城乡二元的社会经济制度等背景下所形成（魏立华，等，2005）。从其演变过程上来看，城中村随各利益相关者的利益博弈而演变。贾生华（2011）认为，城中村的本质是各种利益相关者之间不同利益相互关系的联结，可以归结为城乡二元体制、经济利益驱使导致的结果，蓝宇蕴（2008）也认为，城中村是市场机制作用下的产物和相关利益群体建构自身利益机制的产物。从社会结构、收入来源和人口结构上来看，城中村中大多以地缘和血缘关系为基础建立社会关系结构(李东泉等,2012),以出租经济为依靠,以流动人口为主。城中村实质上是以外来进城务工人员为主体的低收入社区或流动人口聚居区(刘梦琴,2000),是以出租经济(出租屋及集体物业)为支撑的“原住村落社会”(魏立华等,2005)。

总的来说,城中村有以下几点特点：产业结构非农化,第三产业地位突出;经济收益多元化,土地和物业收益地位突出;独特的出租屋经济;居民构成为本村农村居民和外来流动人口;不务农的农业人口;食利阶级和“二世祖”现象;社会结构复杂化(李立勋,2005)。

需要对城中村进行改造是因为城中村存在着显著的消极影响。总体而言,存在以下问题：城中村“脏乱差”现象严重,会严重影响城市景观;城中村中“黄赌毒”“超生游击队”现象集中,不利于城市治安和法制建设;城中村中“二世祖”现象突出,村民受教育程度不高,不利于市民化的发展和城市的精神文明建设;城中村中“牵手楼”“一线天”等违章建筑聚集,消防措施、基础设施不足,严重影响村民的生活安全和便利。2015 年 12 月 29 日发布的《全国城镇土地利用数据汇总成果分析报告》指出,从城中村社区服务水平上看,全国村庄用地中的公共管理与公共服务用地占比不到全国城镇水平的 1/4。所以,城中村改造具有很大的必要性。

但城中村改造存在复杂性,使得城中村改造不是一蹴而就的。

一方面,城中村改造面临着城中村各方群体的利益分配的冲突问题,各方利益群体都在追求利益最大化：政府希望通过城中村改造获得口碑和政绩,城市形象更好,并且可以付出更少的财政开支;开发商希望以更低的出让金拍得土地,期望以后能得到更多的收益,并希望自身与政府的关系、品牌知名度得到提升;村民希望自身的利益可以得到最大程度的补偿;流动人口希望自己可以在城市有一个立足之地。从一些角度来分析,特别是经济利益角度,城中村改造的博弈更加接近于一个常和博弈,各方利益竞争明显。

另一方面,城中村改造涉及许多难以量化、准确描述的问题。如社会稳定、环境保护、社会文化、社区治安等。例如,流动人口的住房问题虽不是城中村所直接引致的,但在中国,城中村恰好承担了流动人口居住区的角色,所以在城中村改造过程中,需要考虑流动人口的住房问题,以维持社会稳定;同时,还需考虑村民、流动人口的社会网络瓦解问题,社会关系被社会学家普遍认为是维持社区活力的力量;还有流动人口渴望融入城市的愿望、改造后的社区环境,等等。总的来说,城中村改造所涉及的问题是复杂的。

而具体到每个不同的城市，改造所面临的问题又不尽相同。吴智刚等(2005)指出，城中村改造存在最佳时机和最低成本的选择问题，应当实施“一村一策”。这是因为城中村改造的模式取决于地方政府的城中村改造政策、村民中的非正式组织的影响、流动人口的数量、村民的租金收益等，所以并不能以一个唯一的解决方案来应对所有的城中村改造问题。实际上，现今已经存在的城中村改造模式越来越趋向多样化，总体上来看，可以大致分为政府主导、开发商主导和村集体主导的模式。

中国城中村改造的任务艰巨，未来中国城中村改造的量多且效率要高，才能完成计划的改造任务。城中村是中国独有的现象，不能照搬国外贫民窟改造的模式，而且中国城中村总量较多，涉及问题复杂，实施起来有比较大的难度。根据国务院指导意见，在 2013—2017 年间城中村改造应当统一纳入城市棚户区改造范围，而这五年间目标改造城市棚户区 800 万户，其中城中村改造的量可见一斑。而国土资源局在 2016 年发布的《中共中央国务院关于进一步加强城市规划建设管理工作的若干意见》指出：到 2020 年，要基本完成现有城中村改造。

（二）研究方法及技术路线

1. 研究方法

博弈论分析方法：本篇运用博弈论建立数学模型，对城中村改造的利益协调进行抽象，并运用所建立的模型对城中村改造的利益协调机制进行分析和研究。

多元综合分析法：本篇运用经济学、博弈论、社会学等进行多元综合的分析。

Matlab 仿真方法：本篇使用 Matlab 工具对城中村改造的支付水平进行三维表现。

2. 技术路线

本篇的框架可分为知识储备、模型建立、模型应用和结论与展望四个板块。知识储备是论文的出发点，包括了对城中村改造背景的介绍、与城中村改造相关的理论的介绍和文献综述三个部分的内容。通过学习和分析，笔者认为，可使用博弈模型对城中村改造的利益协调机制进行分析。故引出第二个板块的研究内容：建立城中村改造的利益协调机制的博弈模型。此部分包括了对模型的假设条件、模型的局中人、决策和支付的描述及解释。由于建立理论模型的初衷是要应用于实际生活中，故本篇的第三板块介绍了一个具体的案例，并使用第二板块建立的模型对此案例进行分析和解释。

本篇技术路线的创新点体现在以下几个方面。

(1) 对城中村改造的博弈模型进行了深化。学者普遍将城中村改造中的利益博弈描绘成三阶段的动态模型，而本篇将城中村改造的动态博弈描绘成五阶段博弈。

(2) 学者大多为了分析简便，将博弈中涉及的参数尽量简化，而本篇将模型中使用的参数尽量用实际可以获取或求取的值来表示，个别不能量化的值（如涉及社会、环境的改善）才赋予一个参数进行代替。

(3) 研究城中村改造的论文没有对模型进行严谨的假设，本篇在作者的认知范围内，尽量对模型的建立基础进行严谨的假设。

(4) 以往的学者大多从文字描述出发，对模型的结论进行解说，但本篇给出了在不同条件下，模型存在均衡解的表达式。

(5) 以往的学者由于选择的参数较为粗略，较少尝试进行定量分析，而大多使用模型对实际案例进行定性解释，本篇将尝试使用定量的方式对实际案例进行解释和说明。

二、城中村改造的理论基础及文献综述

(一) 理论基础

1. 利益相关者理论

大多数学者使用利益相关者理论来分析企业治理的问题。利益相关者理论认为，企业的目的不能仅限于股东利益最大化，而应该同时考虑其他企业参与人（即利益相关者）的利益。股东利润最大化不等于创造财富的最大化，各利益相关者的利益最大化才是现代企业追求的目标，它将社会公平和经济效率结合起来（李传军，2003）。

自 1963 年美国斯坦福大学的一个研究小组首次定义利益相关者以来，经济学界对利益相关者提出了多种解释。归纳起来，主要有如下三种观点：凡是能够影响企业经营活动或被团体经营活动所影响的人或团体都是企业的利益相关者；与企业存在直接关系的人或团体才是企业的利益相关者；在企业中下了“赌注”的人或团体才是团体的利益相关者（张兆国，2004）。国内学者则认为利益相关者有以下特点：投资了企业的生产活动；承担了一定的风险；对企业实现目标

产生影响；可以是群体，也可以是个体。

城中村改造虽然不是一个企业治理问题，但其在解决利益冲突方面与企业治理有相同之处：实现利益相关者的利益最大化。故可使用利益相关者理论来对城中村改造进行分析。在城中村改造过程中，改造的重点不只是实现政府利益的最大化，而是实现各利益相关者的利益最大化。

本篇忽略掉与城中村改造没有直接关系的利益相关者，认为城中村改造的目标应当是实现地方政府、开发商、村集体及村民和外来流动人口的利益最大化。

2. 博弈理论

对博弈理论的研究可以追溯到 18 世纪初。1713 年，瓦德格拉夫提出了两人博弈的极小化极大混合策略解；1838 年和 1883 年，古诺和伯特兰德分别提出了博弈论最经典的模型，两位学者分别从产量决策和价格决策分析垄断的寡头竞争模型，确定了在竞争之下各自的最优反映函数。1944 年的《博弈论与经济行为》创建了博弈论的基本概念，其对二人零和博弈进行了完全解决，并讨论了合作博弈。1950 年，纳什发表的论文《非合作博弈》提出了纳什均衡的概念。20 世纪 70 年代，美国学者海萨尼和德国学者塞尔顿的不完全信息博弈理论工作进一步完善了非合作博弈理论。此后，博弈论逐渐走向成熟，在此期间产生了大量的研究成果和文献，表明博弈论已经成为一种分析方法并逐渐走进了政治学、军事学、生物学和统计学等多门学科中，尤其是在经济学中，博弈论占据了核心地位。

按照博弈过程中是否存在合作，博弈理论可分为合作博弈和非合作博弈，合作博弈强调的是团队内的理性、效率、公平和公正，非合作博弈则强调的是个体的理性和个体的最优决策；按照局中人行动的先后顺序，博弈可分为静态博弈和动态博弈；按照局中人对信息的掌握情况，博弈可以分为完全信息博弈和不完全信息博弈，完全信息博弈是指每个参与者对所有其他局中人的特征、策略空间和支付函数有准确的共识，否则为不完全信息博弈。总体而言，博弈类型及其均衡解的名称划分如表 2－1 所列。

表 2－1　博弈的类型

	静　态	动　态
完全信息	**完全信息静态博弈** 纳什均衡	**完全信息动态博弈** 子博弈精炼纳什均衡
不完全信息	**不完全静态博弈** 贝叶斯纳什均衡	**不完全信息动态博弈** 精炼贝叶斯纳什均衡

时至今日，博弈理论的应用越发广泛。利用博弈理论对现实问题进行分析的常见思路是：利用博弈论对现实进行抽象，并建立博弈论模型对现象进行解释，然后借用数学工具表现博弈模型、对模型进行仿真和计算，最后得出可应用于实际情形的结论。常用的数学工具包括 Matlab，Simulink，Python 等。

（二）文献综述

1. 城中村相关研究的发展脉络

本篇选用中国知网（CNKI）文献数据库，输入主题词“城中村”，共得到 39 298篇文献（搜索时间：2017 年 3 月 2 日），分布于 1987—2016 年之间，如图 2－1所示。可见，2006 年的发文量出现了很大的提升，与以前年度截然不同，故将 2005 年及以前定为本篇献综述的第一阶段。同时，由于 2006—2016 年文献量较多，且图形显示出两座波峰，故人为地将其划分为 2006—2012 年、2013—2016 年两个阶段。下面将以这三个阶段为出发点，对城中村相关研究的发展脉络进行梳理。

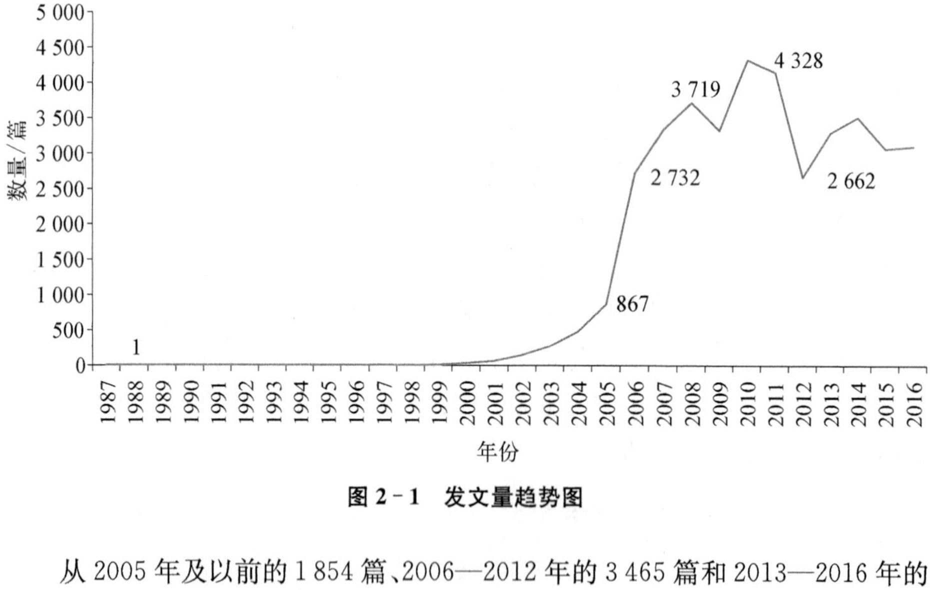

图 2－1 发文量趋势图

从 2005 年及以前的 1 854 篇、2006—2012 年的 3 465 篇和 2013—2016 年的 2 638 篇文献中，按年份和引用量两个因素进行分析和排序，各挑选出 200 篇文献，进行此阶段的文献分析。利用 CNKI 的关键词互现网络功能，选择聚类分析为 3，得到各阶段的关键词互现网络，如图 2－2、图 2－3、图 2－4 所示（阶段的划分重在分析城中村研究的大致脉络，不具备严格意义上的历史性意义阶段划分的功能）。

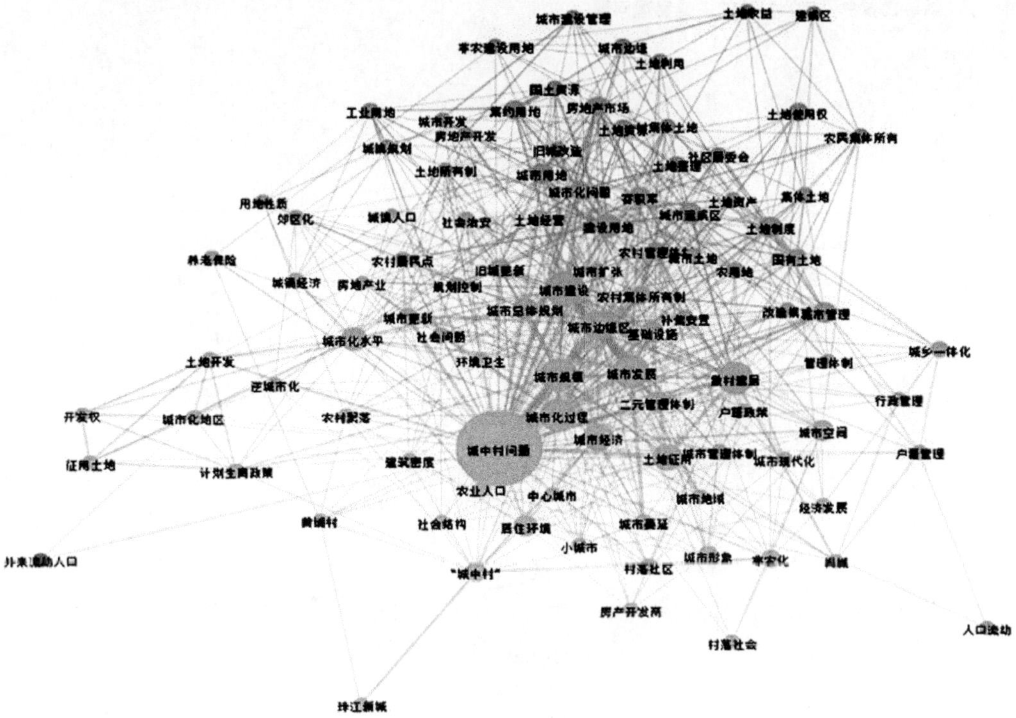

图 2 - 2　2005 年及以前的文献关键词互现网络

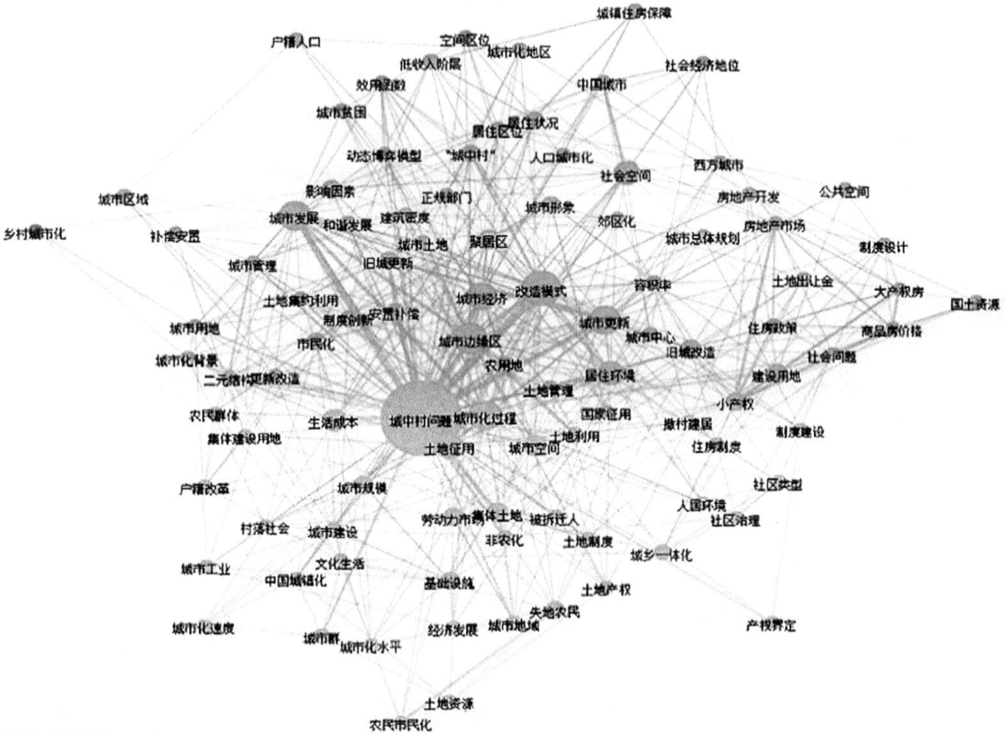

图 2 - 3　2006—2012 年的文献关键词互现网络

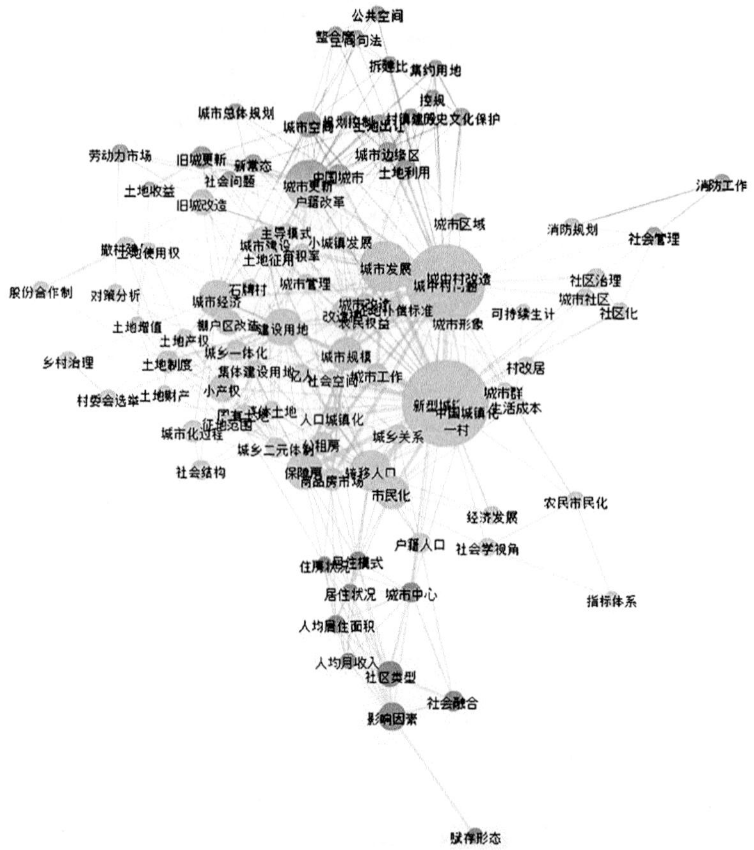

图 2-4　2013—2016 年的文献关键词互现网络

图片来源：CNKI

关于城中村的研究伴随着城中村形成、发展和演变的过程不断深入，并重在解决现实问题。改革开放以来，中国进入迅速城市化时期。随着城市用地的扩展，越来越多郊区的村庄被纳入城市建设区范围，它们在城市发展的带动与影响下发生明显的乡村—城市转型。城中村在产业结构、建设景观、生活方式等多方面逐渐具备城市的特质而与传统农村相区别，但因土地、户籍、人口、行政管理等多方面的城乡二元体制，它们又没有真正纳入城市的统一规划、建设与管理，其发展往往具有很大的自发性，在生产方式、生活方式、建设景观及社区组织等各方面更是保留浓厚的农村居民点特征而与城区差别明显(李立勋，2005)，在城市中形成了城中村。

2005 年以前，与城中村相关的研究重点关注城中村的内涵以及在城市化过程中形成的原因。主要以在“城市建设”“城市发展”“撤村建居”“城市化过程”“土地征用”等方面为出发点进行分析，如“二元管理体制”“城市蔓延”“外来流动人口”“户籍管理”等。而随着城中村的不良影响逐渐凸显和恶化，学者更多地关注城中村的不良影响，如“生活成本”“居住环境”，和对城中村“改造模式”进行思考，集中在物质性的“补偿安置”制度的研究与设计。而伴随着中国城镇化建设的“新型城镇化”口号、“新常态”等政策思想的提出，城中村改造开始体现出对人的关怀，城中村改造不仅仅是要实现乡村样貌的城市化，更是要实现村民的“市民化”或“人口城镇化”，如毛丹(2009)从角色概念分析的角度，认为农民市民化的主要障碍是农民受到了赋权不足与身份缺损、新老市民互动不良、农民特殊认同策略三方面条件的限制，要关注“农民权益”，关心改造后村民的安置，如“保障房”制度等，同时学者也开始从“社会学角度”深入探究城中村的“居住模式”和“社会融合”问题，提出更好地实现城中村改造的新对策，如“股份制改革”“户籍改革”等，以更好地解决城中村带来的不良影响。

总的来说，关于城中村的研究伴随着城中村形成、发展和演变的过程不断深入，重在解决现实问题，与社会、环境、文化等建设的连接越来越多，与日常生活和社会动态挂钩，研究内容涵盖了政策研究、社会研究、城市化发展、民生问题、城市更新和土地制度等多个领域。

2. 城中村问题的文献综述

1) 城中村形成的原因

政府在城市扩张初期为农民留置土地的做法是相当不明智的，因城中村的形成使得拆迁治理成本比扩张时的拆迁成本更加高昂(吴英杰等，2004)，由此学者们也深入思考了城中村形成的原因：刘中一等(2004)从经济学的角度解释了城中村形成的原因，从我国二元社会经济制度、土地使用中经济成本差距的积累、以村籍为边界的高收入和高福利的支持、城中村的非正式经济体制外的强化几个角度进行分析；张建明(1998)认为城中村的形成“焦点在土地，原因在规划管理，症结在体制”；李立勋(2001)认为，社会调节系统的局限是城中村形成的社会因素；李培林(2002)将城中村的产生归结于土地和房屋租金收益的刺激以及类单位制的块状管理；魏立华(2005)从城中村形成的历史角度提出城中村形成的原因是城市经济迅猛发展、流动人口涌入、城乡二元的社会经济制度。也有学者认为，“公地悲剧”导致城中村居住环境极其不佳，“反公地悲剧”令城中村土地巨大的商业价值无法体现，同时，城中村的发展前景存在着“蝴蝶效应”(高学武等，2014)。

2）城中村的类别

学者们从居住模式、城中村发展的程度、土地利用比例等多个角度对城中村进行了分类，如表 2－2 所示。作者认为很难严格地对城中村进行严格分类，分类的目的是为了研究方便。每一个城中村都处在城市化道路上的不同阶段，人为地划分阶段可以帮助我们理解城中村的特征，但是每一个城中村都是一个独特的例子，有它独有的特征。

表 2－2　部分学者对城中村的分类

<table>
<tr><th>作者(时间)</th><th>划分依据</th><th>类　别</th></tr>
<tr><td rowspan="3">魏立华等(2005)</td><td rowspan="3">居住模式</td><td>以地缘、业缘为纽带的聚居，如北京的“浙江村”“新疆村”“河南村”等</td></tr>
<tr><td>外来人口以集体户的形式，在企业集体居住，形成一种当地人口与外来人口分割居住的“二元社区”，多分布于劳动密集型企业集中地(周大鸣，2000)</td></tr>
<tr><td>快速城市化地区的“城中村”，珠江三角洲大中城市最为明显</td></tr>
<tr><td rowspan="2">吴晓(2004)</td><td rowspan="2">发展程度</td><td>发展中的城中村</td></tr>
<tr><td>成熟的城中村</td></tr>
<tr><td rowspan="3">刘中一等(2004)</td><td rowspan="3">发展程度</td><td>已撤村建居，土地基本被征用，原农民已全部转为居民</td></tr>
<tr><td>已撤村建居，土地大部分被征用，但原农民未转为居民</td></tr>
<tr><td>已列入城市框架范围，仍为原行政村和农民</td></tr>
<tr><td rowspan="3">吴智刚等(2005)</td><td rowspan="3">土地利用比例、外来人口与原住居民的比例、原住居民的物业出租收入占总收入比例</td><td>典型城中村</td></tr>
<tr><td>转型城中村</td></tr>
<tr><td>边缘城中村</td></tr>
</table>

3）城中村的影响

城中村的影响可以分为消极影响和积极影响。城中村的消极影响主要有以下几点：人口性质界定难，由于城中村的村民拒绝身份的“城市化”，城中村中存在大量无一分农田、无一人务农，但全为农业人口的现象；城中村的土地未实现土地的级差收益，土地资源浪费严重，容易形成土地占有率高、利用率低、产出率更低的恶性循环；居住环境普遍恶化，城中村中存在严重的超标违章建设、良莠不齐的建设质量和滞后的设施配套，严重影响城市景观和城市规划（吴英杰等，2004）；社会问题频繁发生，治安问题严重（张建明，1998），法律意识淡薄（梁均杰，2000），当地村民在坐享土地房租带来的收益同时，也有不少因为文化技能较低难以找到合适的工作而成为无业的食利阶级，由此滋生大量的社会问题（吴晓，2004），如中青年村民的城乡二元性和社会边缘性凸显（李培林，2002；周大鸣等，2001），主观剩余劳动力（郑慧华等，2002）、“二世祖”（丘海雄等，1997）问题严重，就业率低。久而久之，城中村与城市生活相隔离，不能很好地融入城市生活。

但亦有学者认为城中村也有积极的影响。城中村在形成初期满足了大量的农村移民的住房需求，在中国过快的城市化进程中，扮演着积极的角色：为农村迁移者提供廉价房屋、教育和就业机会（Lin Y and Meulder B，2012）。相似的，在国外一些城市，如里约热内卢、墨西哥城、开罗和雅加达，由于廉价住房短缺，棚户区和城市贫民区也是接纳农村流动人口的主要场所。这是因为流动人口基本上被置于主流的住房分配体制之外，租房成为这些流动人口的最佳住房选择（吴维平等，2002）。而且，事实上，城中村不仅安置了外来的流动人口和当地的村民，还有文化素质较高、中高收入的蓝领和白领，这体现出城中村的居民组成相当复杂和其作为廉价住处提供者的功能（魏立华等，2005）。

4）城中村的改造策略

城中村改造是一个十分复杂的过程，要处理的问题包括拆迁补偿等各方利益协调、劳动力安置（刘中一等，2004）、产权转换、资金来源、管理体制（李钊，2001）、物质景观改造、土地集约利用、经济结构调整、社会文化融合、历史文脉延续（吴智刚等，2005）、城市住房供给问题（闫小培等，2004）、操作方式、社会保障、农民市民化（李立勋，2005）、城市可持续发展等，是经济、社会、文化、政策多方面的问题。

学者对城中村改造策略的研究有两个特点：思路愈发开阔，关注点愈发多元化。

构建主要利益相关者之间的利益均衡机制（闫小培等，2004）的改造思路在21世纪初就出现了。但最初的做法较多的是“拆迁—补偿—重新安置”（张建明，1998）式的“物质性手段”（吴晓等，2002），集体经济的社区型股份合作制改造模式（房庆方等，1999）和就地安置，近中远期结合、多方案比较（李钊，2001）的改造模式。随着对城中村改造更为深入的研究，学者开始鼓励利益相关者之间进行政策、技术等方面的合作（吴晓，2004），开展改造的思路也更加开阔，如“政府引导＋村集体入股＋开发商投资”（吴英等，2004；郭爱请等，2007）、自下而上的城中村改造(Lin 等,2012)和以开发商为主的捆绑开发—整体运营—产业用地补偿的改造思路(陈志诚,2016)。Smith(2014)则认为,不应局限在“由上至下”或“由下至上”的框架,而应实施“一村一策”。总之,城中村改造的思路逐渐发散起来,局限性消失,与时代特征结合紧密。

与此同时,城中村改造的关注点愈发多元化。有学者提倡进行城中村改造时关注城中村空间的可达性和可视性(郭湘闽等,2013)、市民意识、社区文化和制度建设(王娟,2014)、社会资源配置、政府治理理念和方式(张桂文,2014)、政府的规划角色(洪亮平等,2013)、新型城市化发展理念(陈晓莉,2013)、包容性理念、数字化的支持系统(王海龙,2014)、道路交通系统、公共配套服务设施(左雅萍等,2017)等,还有学者提出将把城市功能布局、产业结构调整与人口规模控制有机结合起来(董蓉英,2017)进行城中村改造。

5) 城中村改造的利益相关者

本质上来讲,“城中村”改造需要协调各方之间的利益,过去的学者较多地将城中村改造的利益相关者聚焦于可见的实体上,不同的学者对利益相关者的构成持有不同的看法,见表 2-3。作者通过查阅相关文献,认为城中村改造的主要利益相关者包括了地方政府、村集体及村民、开发商和外来流动人口,但是其改造过程中也存在其他的利益相关者,如周边居民、媒体等。

表 2-3 学者对城中村改造利益相关者的认识

作者(时间)	利益相关者
吴英等(2004)	政府、村民、开发商
闫小培等(2004)	
刘中一等(2004)	
冯福娟等(2017)	
吴晓(2004)	政府部门、村集体和开发商
吴智刚等(2005)	政府、城市发展和村民
贾生华等(2011)	地方政府、村集体(及其村民)、开发商、外来暂住人群
顾昂峰(2017)	政府、开发商、村集体、村民

学者们将利益相关者的利益纠纷聚焦于经济利益上。李立勋(2005)认为,城中村集体的利益主要体现在土地征地拆迁补偿款、厂房和商铺等多类型物业出租的收益、村办企业(含工业和第三产业)的收益,村民的收益主要体现在集体

分配、出租屋收益、经商和打工等收益(文化素质太低,这部分收益很少)上。但作者认为,利益相关者的利益点不仅包含经济利益,还包含社会、环境和文化方面的利益。

6) 城中村改造的利益协调机制

成功的城中村改造应当包括"实现价值的再创造"和"实现利益的重新均衡",应有效地满足利益相关者的多维利益需要(贾生华等,2011)。在城中村改造的实践中,通过各方"斗智斗勇"的博弈来实现最终利益分配的结果,即通过"看不见的手"进行利益分配。但是市场分配有时并不是高效的,没有理性的分析,较难达到最优的利益分配状态。《国土资源部关于印发开展城镇低效用地再开发试点指导意见的通知》指出,须"兼顾各方利益,完善利益激励机制,让群众共享城镇低效用地再开发成果"。就此,学者们在城中村改造的利益协调机制方面的研究也多有尝试。大多集中在定性地对城中村改造主体之间的利益冲突进行描述和提出如何缓解冲突的建议。

早期学者对城中村改造的主体研究集中在政府、开发商和村民,后来才渐渐关注外来的流动人口的利益诉求。如杨豪中等(2011)提出,在城中村改造中引入不同阶层混合居住的社区模式,向城市低收入群体提供经济适用住房。但也有一些比较极端的思想,魏立华等(2005)认为,城中村改造应当不谋城中村的区位利益,只为低收入流动人口的居住水平谋福利。这样的描述并不全面,城中村改造的确需要关注其作为流动人口聚居区的功能(蓝宇蕴,2008),但其利益协调最理想的状态应当是各利益相关者明确自身合理利益所在,而不是谋求其他相关者的应得利益(张侠等,2006)。

学者也就如何解决这个问题提出了建议。高学武等(2014)提出,地方政府仅征收一小部分土地用于建设过渡房和改善公共设施,以打消村民对大规模改造的疑虑,同时提升城中村土地的商业价值。政府不必强行干涉城中村的改造决策,由村民社会和村民组织决定是否改造,并整合碎化了的土地产权。政府赋予原住村民的大部分升值土地的开发权,但限定这些土地只能建设出租房,集体利益的分配机制由村民自治机制决定。孙锦(2015)提出,政府部门要在城中村进行统筹规划,创设农民就业信息服务网络,建立农民就业服务指导体系,同时要在城中村社区拓展农民就业岗位,为农民提供更多的就业机会。叶裕民(2015)提出,特大城市需要并可以将非户籍常住人口可支付健康住房纳入城中村改造规划,极大降低特大城市非户籍常住人口市民化成本。白呈明等(2016)提出在法治的框架内处理城中村各种矛盾的建议。

学者对于如何处理城中村改造中的利益冲突从不同的视角提出了很多的定性的建议和描述,但在定量方面的研究较少。王举(2008)将局中人设定为村集体和地方政府,提出了一个纳什均衡模型来描述城中村改造中的土地产权博弈。王建民等(2015)基于新制度经济学产权理论,构建了城中村改造的利益均衡模型,指出政府可以通过影响总产出曲线或者降低交易成本,促进城中村改造中新均衡机制的形成,其将政府作为城中村改造均衡机制的关键角色,而忽略了其他利益相关者的影响,模型的建立具有片面性。而博弈论模型应当是对城中村改造进行抽象较为合适的模型。孙华(2014)提出了对城中村改造利益协调机制进行模拟的静态博弈模型,较好地反映了城中村改造中国各主体的利益平衡点,但是对实际操作中城中村改造的多阶段博弈没有进行抽象表达。王祥卿(2012)用合作博弈的模型对城中村改造进行了模拟,但考虑到政府、开发商和村集体三者之间签订的合约一定程度上是三方各自博弈的结果,而重复博弈最后可能演变为类似合作博弈的博弈结果,但其本质上不属于合作博弈(罗云峰,2007)。还有论文将城中村改造描述为三阶段的动态博弈(管宁,2013;王敏坚,2007)。

3. 文献综述总结

城中村的定义、形成的原因、产生的影响等研究内容,较为直观,学者们大多有一致的见解。而城中村改造方面的研究由于需要考虑的内容多、涉及面广、参与各方利益关系复杂等原因,尚未达成一致看法。例如,对城中村改造的利益相关者的认识以及对城中村改造中利益冲突的本质的认识,学者们各持己见。

同时,关于城中村改造的研究多为定性研究。特别是城中村改造的利益协调方面,缺少对其进行深度研究的定量研究文献。

通过文献综述,作者认为,与城中村改造密切相关的利益相关者是地方政府、村集体及村民、开发商和外来流动人口,且可考虑使用多阶段的动态博弈模型对城中村改造进行抽象模拟。

三、城中村改造利益协调机制的博弈模型构建与分析

在城中村改造中存在着大量的利益冲突,不同的利益相关者之间进行着力量和金钱的博弈。为了更好地实施城中村改造,以下将构建一个城中村改造利益协调机制的动态博弈模型。

（一）博弈模型的描述

博弈模型的基本要素包括局中人、策略和支付，以下将先给出博弈模型构建的假设前提，然后依次对博弈模型的基本要素进行分析。

1. 模型构建的假设前提

1）城中村改造博弈中的局中人完全理性

完全理性是指局中人在追逐其目标——效用（博弈结果给自己带来的满足）最大化时能前后一致的做出决策。局中人完全理性说明局中人不仅能对自身的行为有正确预期，也能对其他局中人的行为有正确的预期。此条假设是使用博弈论进行建模时的分析基础之一。

2）城中村博弈的结果（或者对博弈问题的描述）和完全理性是共识

“共识”是指每个局中人都知道的事件和知识。博弈问题的描述和完全理性是共同知识是博弈分析的又一基本假设。这条假设确保了每个局中人的决策环境、理性层次和逻辑思维完全相同。

3）城中村改造博弈是非合作博弈

非合作博弈是指在博弈过程中局中人之间不能达成一个具有约束力的协议。在非合作博弈中，局中人只根据自己的利益来进行决策。地方政府、开发商和村集体及村民两两相互勾结达成共同利益的情况不符合实际情况，虽然外来流动人口和村集体及村民似乎比较容易达成协议抵制城中村改造的进程，但因为流动人口的流动性较大，且其没有合法的保障，这部分的影响可以暂且忽略不计。

4）城中村改造博弈是一个完全信息动态博弈，且是一个完美信息博弈

完全信息博弈是指每个局中人都清楚在各种对局情况下每个局中人的得益，不完全信息博弈则是指至少有一个局中人不清楚在各种对局情况下每个局中人的得益情况。在实际城中村改造中，并不是每个局中人都知道其具体的经济利益、社会利益和环境利益的总和，将城中村改造博弈视为完全信息博弈，原因有以下三点：① 城中村改造中经济利益是可以具体量化的，如地方政府的土地财政收入、开发商的利润、村民所获得的补偿款等，社会利益和环境利益是可以具体感知的，如环境的改善程度、城市形象的提升程度、开发商的知名度提升程度等；② 现今城中村改造越来越强调信息公开和信息对称，基于这一点要求，可将城中村改造视为一个完全信息博弈；③ 不完全博弈的建模和数学求解较为复杂，将城中村改造视为完全信息博弈可简化分析过程。

动态博弈是各局中人不同时决策的博弈，静态博弈是各局中人同时决策的博弈。城中村改造往往是政府先制定政策，开发商和村集体及村民后采取行动，所以是一个动态博弈的过程。

完美信息博弈是在动态博弈进行过程中面临决策或行动的参与人对博弈进行迄今为止的历史完全了解的博弈，不完美博弈则是在动态博弈进行过程中面临决策或行动的局中人对博弈进行迄今为止的历史不完全了解的博弈。对于一个具体的城中村改造项目而言，假设局中人对过往历史完全了解是符合现实的假设。

5）城中村改造博弈是序贯博弈

序贯博弈是指局中人依次做出决策的博弈，混合博弈是包含了序贯博弈和静态博弈的博弈类型。为简化分析，做此假设是合理的。因为在现实决策时，每一个局中人很少出现同时决策的情况，可以认为城中村改造博弈的任意子博弈均不是静态博弈。在实际情况下，政府制定指导性文件往往是城中村改造的第一步，政府会在指导性文件中写明改造的村庄、改造的目标和可能的补偿方案，确定是否进行某一个城中村的改造，并进行公示，随后，对于载入规划的某一个具体城中村改造项目而言，相应的村集体及村民依据地方政府所做的决策，做出是否同意进行改造的决策，以此类推至后续局中人的决策。局中人的决策都是依据博弈进行的历史情况所做出的，所以可将城中村改造博弈假设为序贯博弈。

6）博弈终止的情形

（1）当地方政府选择不改造时

政府在博弈过程中拥有先行优势，地方政府不下令对一个城中村进行改造，这个城中村就不会改造，排除在地方政府没有下公告进行改造时，开发商或村集体自行改造的可能性，即政府选择“不改造”时，博弈终止。这样的假设是符合现实的。在中国土地制度的影响下，没有政府的批准，关于土地的改造和再开发是寸步难行的，同时，考虑到村民可以坐享城中村的租金收益，开发商可以集中精力去开发回报率更高的项目，流动人口也以低廉的租金生存在城市，不改造也是部分局中人的心之所向，所以，此假设合理。

（2）当集体组织及村民选择不同意改造时

博弈过程排除强制实施的可能性，政府的权威力量除在博弈中存在“先行优势”外，不存在对其他局中人施加强制性措施的可能性。在村集体及村民不同意进行改造的时候，博弈过程强制终止，政府不能强制实施。此假设是出于社会和谐稳定的考虑而做出的，实际上，这也是地方政府的工作责任之一。国土资发〔2013〕3号文指出，要“充分尊重土地权利人的意愿，保障其知情权和参与权，建立健全平等协商机制，妥善解决群众利益诉求，依法保护土地权利人合法权益，做到公开、公平、公正，实现和谐开发”。所以，假设村集体及村民不同意改造，则博弈即终止是合理的。

(3) 当博弈过程中已产生城中村改造的模式时

在博弈的进行过程中，随着局中人的依次决策，会形成城中村改造的模式，当已形成一定模式时，即视为已形成博弈的结果，博弈终止。

2. 局中人及其利益诉求

局中人即博弈过程的参与者。在城中村改造利益博弈的过程中，利益相关者是众多的，包括了主要利益相关者和边缘利益相关者(贾生华等，2011)。主要利益相关者包括地方政府、村集体(及其村民)、开发商、外来流动人口，边缘利益相关者包括新闻媒体、学术组织、金融机构、普通市民、法律顾问和其他边缘利益相关者。在研究城中村改造的博弈论模型时，仅考虑核心利益相关者，以简化对城中村问题的研究。地方政府、村集体及村民、开发商和外来流动人口分别用局中人 m 来表示，其中 $m=\{1, 2, 3, 4\}$。

1) 地方政府(局中人1)

地方政府通过制定城中村改造的总体政策和规划措施、投入改造资金来影响城中村改造的利益分配结果。为实施好城中村改造，地方政府不仅要将城中村改造纳入城市规划，还要牵头做好利益关系协调工作、避免滥用权力的行为和积极探索改造的工作机制。地方政府在城中村改造中的利益体现在获得部分土地增值收益、实现城市土地资产效益最大化、改善城市形象、提升城市品位和为城市建设积累资金及储备土地等经济、社会、环境各方面。

2) 村集体及村民(局中人2)

村集体及村民通过是否接受和配合城中村改造的政策以及自身实施改造来影响城中村改造的利益分配结果。村集体及村民会根据自身的利益诉求来判断是否配合政府或开发商实施的城中村改造，和是否自身建立股份公司进行城中村改造。村集体及村民在城中村改造中的利益体现在获得部分土地增值收益、得到合理的土地和房屋补偿款、得到长远的社会保障、改善居住环境和提升生活品质等方面。

3) 开发商(局中人3)

开发商通过投入改造资金、土地再开发、市场销售等营销手段来影响城中村改造的利益分配结果。在城中村改造中，开发商的主要任务是保证拆迁安置房的建设质量和做好社区重建工作。开发商在城中村改造中的利益体现在获得改造项目的利润分成、提高企业的知名度、与政府建立良好的合作关系等方面。

4）外来流动人口（局中人 4）

外来流动人口由于缺少合法的社会保障、对城中村土地不拥有产权等原因，难以对城中村改造的利益分配结果产生影响，其为城中村改造结果的承受者。虽然外来流动人口有从社会边缘圈进入核心圈的激励机制和保护自身居住权利的诉求，其可选择积极参与社区的重建工作，但他们对城中村改造的决策影响较小。外来流动人口在城中村改造中的利益体现在拥有合法的居住权益、在城市立足并融入城市的社会生活（陈晓楠，2010；郜浩，2013；肖秀玲，2008）等方面。

3. *局中人的策略及策略组合*

局中人的策略是博弈的要素之一。以下先介绍博弈中博弈策略的基本知识，然后给出城中村改造利益博弈的动态博弈过程，最后分析各局中人的策略和策略组合。

1）博弈策略的基本知识

博弈策略是局中人在博弈过程中的行动规则，它规定了局中人在博弈中每一种轮到自己行动的情形下应该采取的行动。在动态博弈中，局中人 m 在博弈中每一种轮到自己行动的情形用信息集 M_{m} 来表示，局中人 m 信息集 M_{m} 的集合表示为 H_{m}，局中人在信息集 M_{m} 上的行动集为 $A_{\mathrm{m}}(M_{\mathrm{m}})$，则局中人 m 的策略集 S_{m} 为 $A_{\mathrm{m}}(M_{\mathrm{m}})$ 的笛卡尔积（罗云峰，2007），即

$$S_{\mathrm{m}}=\prod_{M_{\mathrm{m}}\in H_{\mathrm{m}}}A_{\mathrm{m}}(M_{\mathrm{m}}) \tag{2-1}$$

决策组合是博弈所有局中人的决策集的笛卡尔积所构成的集合的元素之一，与博弈扩展式描述图形中的一条路径相对应，描述的是博弈中每一种可能发生的事件序列。如用 M 表示一个博弈中所有决策组合的集合，M_j 表示一个决策组合，则有

$$M=\prod S_{\mathrm{m}} \tag{2-2}$$

$$M_j\in M \tag{2-3}$$

2）城中村改造利益博弈的动态过程

须分析局中人的策略集和博弈的策略组合，首先应当分析城中村改造的动态博弈过程。根据模型构建的假设前提，得出博弈过程的扩展式描述如图 2-5 所示。

首先，给定一个确定的城中村，地方政府根据城市现状、社会调查等手段，对是否进行该村的城中村改造做出决策，即在决策结 x_1，其可选择“改造”或“不改造”，选择“不改造”时，博弈过程终止，即博弈进行到终点结 x_7，城中村维持原状，而在选择“改造”时，地方政府会以城中村改造规划的形式公布它的决策，并同时附上其认为合理的城中村改造补偿安置方案等；在得知地方政府的决策之后，在决策结 x_2，村集体及村民做出决策，其对其租金和损失、未来居住环境的改善等做出权衡，作出“同意”还是“不同意”政府的决定，“不同意”，则博弈进行至终点结 x_8，博弈结束，“同意”，则博弈往下进行；地方政府决策结 x_3，在村集体及村民同意的情形下，根据地方政府的财力情况，选择“非政府主导”还是“政府主导”，选择“政府主导”，则是自上而下的政府主导式的城中村改造（模式 1），即博弈终点结 x_9，选择“非政府主导”，则博弈往下进行；在决策结 x_4，开发商根据城中村改造后自身能获取的收益和改造所需要投入的成本，选择“开发”还是“不开发”，若开发商选择“开发”，则是开发商主导的城中村改造模式（模式 2），即终点结 x_{10}，若开发商选择“不开发”，则博弈过程向下进行；由于在进行到决策结 x_5 的博弈中，村集体及村民一定有改造城中村的诉求，故其可选择“自行开发”还是“不自行开发”，在其选择“不自行开发”的情形下，博弈进行到 x_6 终点结终止，城中村维持原状，在其选择“自行开发”的情形下，博弈进行到终点结 x_{11} 终止，即村集体主导的城中村开发模式（模式 3）。由上所述，可知局中人 1 政府、局中人 2 村集体及村民均拥有两个决策结，局中人 3 开发商拥有一个决策结，而局中人 4 不拥有决策结。

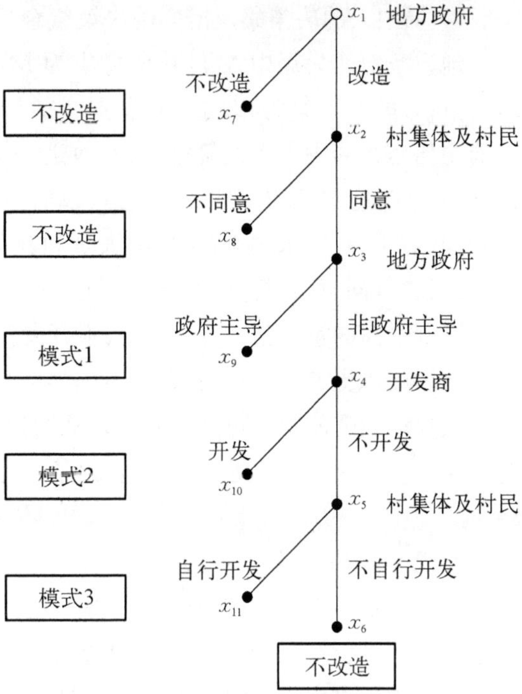

图 2-5　城中村改造利益博弈的扩展式描述

3）局中人的决策集及博弈的决策组合

地方政府作为局中人1，其信息集为 $M_1(\{x_1\})$ 和 $M_1(\{x_4\})$，局中人1在 $M_1(\{x_1\})$ 的行动集为{改造，不改造}，在 $M_1(\{x_4\})$ 的行动集为{非政府主导，政府主导}，则局中人1的策略集为{改造，不改造}×{非政府主导，政府主导}，即 $S_1=$ {（改造，非政府主导），（改造，政府主导），（不改造，非政府主导），（不改造，非政府主导）}；依次类推，局中人2村集体及村民的策略集 $S_2=$ {（同意，不自行开发），（同意，自行开发），（不同意，不自行开发），（不同意，自行开发）}；局中人3开发商的策略集 $S_3=$ {开发、不开发}；局中人4不参与此博弈的决策，为博弈结果的承受者。

由决策组合的定义可知，[（改造，非政府主导），（同意，不自行开发）开发]即为决策组合之一，此类决策组合有32个，具体的决策组合即其对应路径见附录1。

4. 局中人的支付

支付是指局中人在博弈中的所得。在博弈分析中，局中人的偏好满足效用函数公理体系。一般情形下，可以用效用函数来表示局中人在博弈中的支付，所以可用局中人得到的确定效用水平或期望效用水平来表示局中人的支付。

为分析此博弈的子博弈精炼 Nash 均衡解，须给出终点结 x_7，x_8，x_9，x_{10}，x_{11}，x_6 处各局中人的支付。以下先分析在每个终点结处，综合考虑各局中人的风险因素，求出各局中人的支付，在终点结 x_k 上，局中人 m 的支付可以表示为 $R_{\mathrm{m}}(x_k)$，其中 $m=\{1, 2, 3, 4\}$，$k=\{7, 8, 9, 10, 11, 6\}$。

在以下分析过程中，均以 x_7，x_8，x_9，x_{10}，x_{11}，x_6 的顺序给出函数的表达式，即按照博弈的扩展式描述中从上至下的顺序进行分析。支付均用增量表示，即不考虑初始状态中4个局中人的利益状况。

1）局中人支付的假设条件

（1）假设社会、环境等难以量化的值可以进行量化，并可转化为货币表示。

（2）假设在城中村不改造的情形下，城中村的建筑面积不增加。

（3）假设开发商主导开发的情况下，采取一次性出售的形式。

（4）假设在政府和开发商主导的情况下，补偿安置款、基础设施建设等其他建造费用都是一样的。

（5）假设人均居住面积相等且不变，流动人口转换住处的租金和该城中村改造之后的租金相等。

（6）社会关系瓦解程度与人口数量成正比。

(7) 假设政府在“改造”和“政府主导”两处所消耗的政策制定、监督管理等人事管理成本为 $a \times F_2$ 和 $b \times F_2$，$0 \leqslant a, b \leqslant 1$，$a + b = 1$。

(8) 假设城中村全部建筑面积可用于出租。

(9) 假定关系为城中村改造后城市治安、卫生、形象、品味上升程度与村民的社会保障、居住环境、生活品质等的提升程度关系为线性相关关系。

(10) 假定在村集体主导的开发模式下，外来流动人口不会被“驱逐”，即不用承担社会关系瓦解和未来生活的损失，而其他改造情况需要承担；村民在村集体主导的开发模式下，也不用承担未来生活的风险。

2) 地方政府(局中人 1)的支付

$$R_1(x_7) = -\omega \tag{2-4}$$

$$R_1(x_8) = -a \times F_2 - \omega \tag{2-5}$$

$$R_1(x_9) = \zeta(r_{lf} - r_l) \times (P/F, I, n) + I_f \times (P/F, i, l) + P_1 + P_2 - \beta - F_1 - F_2 \tag{2-6}$$

$$R_1(x_{10}) = r_1 \times s/FAR + \zeta(r_{lf} - r_l) \times (P/F, i, n) + I_f \times (P/F, i, l) + P_1 - a \times F_2 - \gamma \tag{2-7}$$

$$R_1(x_{11}) = \zeta(r_{lf} - r_l) \times (P/F, i, n) + I_f \times (P/F, i, l) + P_1 - a \times F_2 - \delta \tag{2-8}$$

$$R_1(x_6) = -a \times F_2 - \omega \tag{2-9}$$

式中　ω——城中村不改造时，未来给城市社会、经济和环境带来负担的增加值折现，$\omega \geqslant 0$；

a——x_8终止结处政府付出的人事管理成本比率，$0 \leqslant a \leqslant 1$；

F_2——政府投入政策制定、监督管理等人事管理成本总量；

ζ——周边受城中村改造影响导致租金上涨的未出让土地面积；

r_{lf}——城中村改造后的单位土地租金水平；

r_l——城中村改造前的单位土地租金水平；

i——年利率；

n——博弈时的时间点至周边受影响土地出让时间止的时间段；

I_f——因城中村改造所增加的投资给政府带来的好处；

l——博弈时的时间点到投资增加的时间点止的时间段；

P_1——城中村改造后城市治安、卫生、形象、品位上升程度；

P_2——政府形象上升程度；

β——拆迁补偿安置费；

F_1——基础设施建设等其他建造费用；

s——城中村改造前的可出租面积；

FAR——城中村改造之前的容积率；

γ——政府对开发商的政策补贴款；

δ——政府对集体经济组织的优惠补贴款。

部分表达式解释

$r_1 \times s/FAR$：城中村土地征收后拍卖所得出让金；

$\zeta(r_{1f}-r_1)\times(P/F, I, n)$：城中村土地再开发后引致的周边未出让国有用地租金上涨值的折现；

$I_f \times (P/F, I, l)$：城市形象改善后引致的增加投资所带来好处的折现。

3) 村集体及村民(局中人 2)的支付

$$R_2(x_7)=s\times\eta r_b/i+\eta t/i \tag{2-10}$$

$$R_2(x_8)=s\times\eta r_b/i+\eta t/i \tag{2-11}$$

$$R_2(x_9)=\beta+P_1\times\varepsilon-s\times\eta r_b/i-\eta t/i-F_3-q_2 \tag{2-12}$$

$$R_2(x_{10})=\beta+P_1\times\varepsilon-s\times\eta r_b/i-\eta t/i-F_3-q_2 \tag{2-13}$$

$$R_2(x_{11})=P_1\times\varepsilon-s\times\eta r_b/i-\eta t/i \tag{2-14}$$

$$R_2(x_6)=s\times\eta r_b/i+\eta t/i \tag{2-15}$$

式中 s——城中村改造前的可出租面积；

η——城中村不改造的情形下租金和分红的浮动比率；

r_b——城中村改造前的单位面积年平均租金水平；

i——年利率；

t——改造前的年平均集体分红水平；

β——拆迁补偿安置费；

P_1——城中村改造后城市治安、卫生、形象、品位上升程度；

ε——村民社会保障、居住环境、生活品质等的提升程度为 $P_1\times\varepsilon$；

F_3——村民社会网络解体程度；

q_2——村民对城中村改造后未来生活问题的风险估计值。

部分表达式解释

$P_1\times\varepsilon$：村民社会保障、居住环境、生活品质等的提升程度；

$s\times\eta r_b/i$：未来房屋租金水平的损失的折现，此处使用的是永续年金的计算方法，也可以根据实际情况选择一定年限的折现；

$\eta t/i$：未来集体分红的损失的折现，此处使用的是永续年金的计算方法，也可以根据实际情况选择一定年限的折现。

4）开发商（局中人3）的支付

$$R_3(x_7)=\varphi \tag{2-16}$$

$$R_3(x_8)=\varphi \tag{2-17}$$

$$R_3(x_9)=\varphi \tag{2-18}$$

$$\begin{aligned}R_3(x_{10})=&s/FAR\times FAR_f\times r_{bf}\times d+\gamma+\theta(P_1+P_2)+\\&\lambda\varepsilon P_1-\beta-F_1-\mu F_2-r_1\times s/FAR-q_3\end{aligned} \tag{2-19}$$

$$R_3(x_{11})=\varphi \tag{2-20}$$

$$R_3(x_6)=\varphi \tag{2-21}$$

式中　φ——开发商不主导城中村改造时，通过开发其他项目可获得的收益折现；

s——城中村改造前的可出租面积；

FAR——城中村改造之前的容积率；

FAR_f——城中村改造后的容积率；

R_{bf}——城中村改造后的单位面积年平均租金水平；

d——城中村改造后安置房的售价与当地商品房租金的比值；

γ——政府对开发商的政策补贴款；

θ——开发商与政府的关系提升系数；

P_1——城中村改造后城市治安、卫生、形象、品位上升程度；

P_2——政府形象上升程度；

λ——开发商的知名度系数；

ε——村民社会保障、居住环境、生活品质等的提升程度为 $P_1\times\varepsilon$；

β——拆迁补偿安置费；

F_1——房屋建筑、基础设施建设等其他建造费用；

μ——开发商的开发管理成本/政府的管理成本系数；

F_1——政府投入政策制定、监督管理等人事管理成本总量；

r_1——城中村改造前的单位土地租金水平；

s——城中村改造前的可出租面积；

FAR——城中村改造之前的容积率；

q_3——开发商主导开发的风险估计。

部分表达式解释

$s/FAR \times FAR_f \times r_{bf} \times d$：土地开发后租金收入的折现；

$\theta(P_1 + P_2) + \lambda\varepsilon P_1$：企业知名度、与政府良好的合作关系的上升程度；

μF_2：开发商的管理成本；

$r_1 \times s/FAR$：开发商拍卖土地所付出让金。

5) 外来流动人口(局中人 4)的支付

$$R_4(x_7) = (1-\eta) r_b \times s \times \xi \tag{2-22}$$

$$R_4(x_8) = (1-\eta) r_b \times s \times \xi \tag{2-23}$$

$$R_4(x_9) = -(r_{bf} - r_b) \times s \times \xi - F_4 - \xi \times F_3/(1-\xi) - q_4 \tag{2-24}$$

$$R_4(x_{10}) = -(r_{bf} - r_b) \times s \times \xi - F_4 - \xi \times F_3/(1-\xi) - q_4 \tag{2-25}$$

$$R_4(x_{11}) = -(r_{bf} - r_b) \times s \times \xi - F_4 \tag{2-26}$$

$$R_4(x_6) = (1-\eta) r_b \times s \times \xi \tag{2-27}$$

式中 η——城中村不改造的情形下租金和分红的浮动比率；

r_b——城中村改造前的单位面积年平均租金水平；

s——城中村改造前的可出租面积；

ξ——流动人口占城中村总人口的比例；

r_{bf}——城中村改造后的单位面积年平均租金水平；

F_4——交通便捷减少的程度、与就业地距离增加的程度；

F_3——村民社会网络解体程度；

q_4——流动人口对非村集体主导的城中村改造后未来生活问题的风险估计值。

部分表达式解释

$(r_{bf} - r_b) \times s \times \xi$：外来流动人口房屋租金水平的增加值；

$\xi \times F_3/(1-\xi)$：外来流动人口的社会关系瓦解程度。

(二) 博弈模型的子博弈精炼纳什均衡解

1. 求解过程

子博弈精炼纳什(Nash)均衡解不仅是原博弈的 Nash 均衡,更是原博弈每一个子博弈上给出的 Nash 均衡。以下均用 $\Gamma(x_n)$ 表示起始节点为 x_n 的子博弈。

求解此博弈模型的子博弈精炼 Nash 均衡解 M，可以得到可能实现每个局中人都没有擅自改变决策动机的状态。一般信息的动态博弈，都使用子博弈精炼 Nash 均衡作为博弈的解(罗云峰，2007)。以下使用“逆向归纳法”对此博弈进行求解。

1) 求 $\Gamma(x_5)$ 的 Nash 均衡解

根据局中人寻求利益最大化的假设，局中人 2 在决策结 x_5 处，会选择支付较大的终止结。即

$$R_2=\max\{R_2(x_{11}),\ R_2(x_6)\} \tag{2-28}$$

2) 求 $\Gamma(x_4)$ 的 Nash 均衡解

同样，开发商在决策结 x_4 的决策也取决于其追求利益最大化的结果，其会在推测局中人 2 的决策之后，选择支付较大的终止结。即

当 $\max\{R_2(x_{11}),\ R_2(x_6)\}=R_2(x_{11})$ 时，$R_3=\max\{R_3(x_{11}),\ R_3(x_{10})\}$；

当 $\max\{R_2(x_{11}),\ R_2(x_6)\}=R_2(x_6)$ 时，$R_3=\max\{R_3(x_6),\ R_3(x_{10})\}$。

3) 求 $\Gamma(x_1)$ 的 Nash 均衡解

当 $\max\{R_2(x_{11}),\ R_2(x_6)\}=R_2(x_{11})$ 且 $\max\{R_3(x_{11}),\ R_3(x_{10})\}=R_3(x_{11})$ 时，

$$R_1=\max\{R_1(x_{11}),\ R_1(x_9)\}；$$

当 $\max\{R_2(x_{11}),\ R_2(x_6)\}=R_2(x_{11})$ 且 $\max\{R_3(x_{11}),\ R_3(x_{10})\}=R_3(x_{10})$ 时，

$$R_1=\max\{R_1(x_{10}),\ R_1(x_9)\}；$$

当 $\max\{R_2(x_{11}),\ R_2(x_6)\}=R_2(x_6)$ 且 $\max\{R_3(x_6),\ R_3(x_{10})\}=R_3(x_6)$ 时，

$$R_1=\max\{R_1(x_6),\ R_1(x_9)\}；$$

当 $\max\{R_2(x_{11}),\ R_2(x_6)\}=R_2(x_6)$ 且 $\max\{R_3(x_6),\ R_3(x_{10})\}=R_3(x_{10})$ 时，

$$R_1=\max\{R_1(x_{10}),R_1(x_9)\}。$$

4) 求 $\Gamma(x_1)$ 的 Nash 均衡解

因 $\Gamma(x_2)$ 的 Nash 均衡解求解思路与 $\Gamma(x_3)$、$\Gamma(x_4)$ 和 $\Gamma(x_5)$ 一致，故此处为节省篇幅，将此省略。$\Gamma(x_1)$ 的 Nash 均衡解即为整个博弈过程的子博弈 Nash 均衡解，其存在唯一子博弈精炼 Nash 均衡解的情形有 32 种，子博弈精炼 Nash 均衡解不唯一的情形可概括为 16 种形式，具体情形参见附录 B。

由前面的分析可知，此博弈的策略组合有 25～32 种，以下用矩阵的形式对所有策略组合进行表述。因为局中人 3 开发商只有一个决策结，其策略集 S3=｛开发，不开发｝，故分开发商选择“开发”和“不开发”两种情况讨论，对博弈进行矩阵式的描述，局中人 4 的支付暂不列入矩阵。策略组合的矩阵表示见表 2-4 和表 2-5。

表 2 - 4　开发商选择策略“开发”时的博弈支付矩阵

		村集体及村民（局中人 2）			
村集体及村民（局中人 1）		（同意，不自行开发）	（同意，自行开发）	（不同意，不自行开发）	（不同意，自行开发）
	（改造，非政府主导）	$[R_1(x_{10}), R_2(x_{10}), R_3(x_{10})]$	$[R_1(x_{10}), R_2(x_{10}), R_3(x_{10})]$	$[R_1(x_8), R_2(x_8), R_3(x_8)]$	$[R_1(x_8), R_2(x_8), R_3(x_8)]$
	（改造，政府主导）	$[R_1(x_9), R_2(x_9), R_3(x_9)]$	$[R_1(x_9), R_2(x_9), R_3(x_9)]$	$[R_1(x_8), R_2(x_8), R_3(x_8)]$	$[R_1(x_8), R_2(x_8), R_3(x_8)]$
	（不改造，非政府主导）	$[R_1(x_7), R_2(x_7), R_3(x_7)]$	$[R_1(x_7), R_2(x_7), R_3(x_7)]$	$[R_1(x_7), R_2(x_7), R_3(x_7)]$	$[R_1(x_7), R_2(x_7), R_3(x_7)]$
	（不改造，政府主导）	$[R_1(x_7), R_2(x_7), R_3(x_7)]$	$[R_1(x_7), R_2(x_7), R_3(x_7)]$	$[R_1(x_7), R_2(x_7), R_3(x_7)]$	$[R_1(x_7), R_2(x_7), R_3(x_7)]$

注：标灰的策略组合是最终导致城中村改造的策略组合

表 2 - 5　开发商选择“不开发”时的博弈支付矩阵

		村集体及村民（局中人 2）			
村集体及村民（局中人 1）		（同意，不自行开发）	（同意，自行开发）	（不同意，不自行开发）	（不同意，自行开发）
	（改造，非政府主导）	$[R_1(x_6), R_2(x_6), R_3(x_6)]$	$[R_1(x_{11}), R_2(x_{11}), R_3(x_{11})]$	$[R_1(x_8), R_2(x_8), R_3(x_8)]$	$[R_1(x_8), R_2(x_8), R_3(x_8)]$
	（改造，政府主导）	$[R_1(x_9), R_2(x_9), R_3(x_9)]$	$[R_1(x_9), R_2(x_9), R_3(x_9)]$	$[R_1(x_8), R_2(x_8), R_3(x_8)]$	$[R_1(x_8), R_2(x_8), R_3(x_8)]$
	（不改造，非政府主导）	$[R_1(x_7), R_2(x_7), R_3(x_7)]$	$[R_1(x_7), R_2(x_7), R_3(x_7)]$	$[R_1(x_7), R_2(x_7), R_3(x_7)]$	$[R_1(x_7), R_2(x_7), R_3(x_7)]$
	（不改造，政府主导）	$[R_1(x_7), R_2(x_7), R_3(x_7)]$	$[R_1(x_7), R_2(x_7), R_3(x_7)]$	$[R_1(x_7), R_2(x_7), R_3(x_7)]$	$[R_1(x_7), R_2(x_7), R_3(x_7)]$

注：标灰的策略组合是最终导致城中村改造的策略组合

由此可见，附录A中列出的32种存在唯一子博弈Nash均衡解的情形，与32种策略组合一一对应，每一种策略组合下又对应着支付矩阵所列出的支付组合。表中标灰的策略组合是最终导致城中村改造的策略组合，共7种。即每一个策略组合均可能是博弈的子博弈精炼Nash均衡解，附录中给出了应当满足的条件，每一种策略组合所对应的局中人支付列于表2-4和表2-5，而在所有可能性中，有7种策略组合的博弈结果是“城中村改造”。

2. 城中村改造的充分条件

由于从较长时间范围内来看，城中村改造是必然的结果，同时考虑到在不同终止结上局中人支付相等的情况十分偶然，且此等条件理论性较强(不考虑子博弈Nash均衡解的多重性)，以下分析导致“城中村改造”是均衡解的7种条件。

1) 模式1(政府主导的开发模式)的充分条件

由以上分析可得，决策组合[(改造，政府主导)，(同意，自行开发)，开发]、[(改造，政府主导)，(同意，不自行开发)，开发]、[(改造，政府主导)，(同意，自行开发)，不开发]、[(改造，政府主导)，(同意，不自行开发)，不开发]都将导致政府主导城中村改造的结果，以下分类讨论给出满足何等条件时，博弈的子博弈精炼Nash均衡解会导致“政府主导开发”的结果。

(1) $M=$[(改造，政府主导)，(同意，自行开发)，开发]

[(改造，政府主导)，(同意，自行开发)，开发]为均衡解的条件如下：

$$R_1(x_7) < R_1(x_9) \tag{2-29}$$

$$R_2(x_8) < R_2(x_9) \tag{2-30}$$

$$R_1(x_9) > R_1(x_{10}) \tag{2-31}$$

$$R_3(x_{10}) > R_3(x_{11}) \tag{2-32}$$

$$R_2(x_{11}) > R_2(x_6) \tag{2-33}$$

将各个支付函数代入以上不等式，得

$$-\omega < \zeta(r_{lf} - r_l) \times (P/F,\ i,\ n) + I_f \times (P/F,\ i,\ l) + P_1 + P_2 - \beta - F_1 - F_2 \tag{2-34}$$

$$s \times \eta r_b / i + \eta t / i < \beta + P_1 \times \varepsilon - s \times \eta r_b / i - \eta t / i - F_3 - q_2 \tag{2-35}$$

$$\zeta(r_{lf} - r_l) \times (P/F,\ i,\ n) + I_f \times (P/F,\ i,\ l) + P_1 + P_2 - \beta - F_1 - F_2 > r_l \times s / FAR + \zeta(r_{lf} - r_l) \times (P/F,\ i,\ n) + I_f \times (P/F,\ i,\ l) + P_1 - a \times F_2 - \gamma \tag{2-36}$$

$$s/FAR \times FAR_f \times r_{bf} \times d + \gamma + \theta(P_1 + P_2) + \lambda\varepsilon P_1 - \beta - F_1 - \mu F_2 - r_l \times s/FAR - q_3 > \varphi \tag{2-37}$$

$$P_1 \times \varepsilon - s \times \eta r_b/i - \eta t/i > s \times \eta r_b/i + \eta t/i \tag{2-38}$$

化简，得

$$\beta < \zeta(r_{lf} - r_l) \times (P/F,\ i,\ n) + I_f \times (P/F,\ i,\ l) + P_1 + P_2 - F_1 - F_2 + \omega \tag{2-39}$$

$$\beta > 2 \times (s \times \eta r_b/i + \eta t/i) + F_3 + q_2 - \varepsilon P_1 \tag{2-40}$$

$$\beta < \gamma + P_2 - F_1 - (1-a)F_2 - r_l \times s/FAR \tag{2-41}$$

$$\beta < s/FAR \times FAR_f \times r_{bf} \times d + \gamma + \theta(P_1 + P_2) + \lambda\varepsilon P_1 - F_1 - \mu F_2 - r_l \times s/FAR - q_3 - \varphi \tag{2-42}$$

$$\varepsilon P_1 > 2 \times (s \times \eta r_b/i + \eta t/i) \tag{2-43}$$

式(2-33)～式(2-37)即给出了第一种“政府主导”是子博弈精炼 Nash 均衡解的条件。式(2-33)～式(2-36)给出了在此情况下拆迁补偿安置费的范围，式(2-37)给出了村民生活状况方面的要求。即当拆迁补偿安置费满足式(2-33)～式(2-36)且村民生活状况改造程度满足式(2-37)时，[(改造，政府主导)，(同意，自行开发)，开发]是此博弈的子博弈精炼 Nash 均衡解，博弈结果是政府主导城中村的开发。

(2) M=[(改造，政府主导)，(同意，不自行开发)，开发]

[(改造，政府主导)，(同意，不自行开发)，开发]为均衡解的条件如下：

$$R_1(x_7) < R_1(x_9) \tag{2-44}$$

$$R_2(x_8) < R_2(x_9) \tag{2-45}$$

$$R_1(x_9) > R_1(x_{10}) \tag{2-46}$$

$$R_3(x_{10}) > R_3(x_6) \tag{2-47}$$

$$R_2(x_6) > R_2(x_{11}) \tag{2-48}$$

将各个支付函数代入以上不等式，得

$$-\omega < \zeta(r_{lf} - r_l) \times (P/F,\ i,\ n) + I_f \times (P/F,\ i,\ l) + P_1 + P_2 - \beta - F_1 - F_2 \tag{2-49}$$

$$s \times \eta r_b/i + \eta t/i < \beta + P_1 \times \varepsilon - s \times \eta r_b/i - \eta t/i - F_3 - q_2 \tag{2-50}$$

$$\zeta(r_{\mathrm{lf}}-r_{\mathrm{l}})\times(P/F,i,n)+I_{\mathrm{f}}\times(P/F,i,l)+P_1+P_2-\beta-F_1-F_2$$
$$>r_{\mathrm{l}}\times s/FAR+\zeta(r_{\mathrm{lf}}-r_{\mathrm{l}})\times(P/F,i,n)+I_{\mathrm{f}}\times(P/F,i,l)+$$
$$P_1-a\times F_2-\gamma \tag{2-51}$$

$$s/FAR\times FAR_{\mathrm{f}}\times r_{\mathrm{bf}}\times d+\gamma+\theta(P_1+P_2)+$$
$$\lambda\varepsilon P_1-\beta-F_1-\mu F_2-r_{\mathrm{l}}\times s/FAR-q_3>\varphi \tag{2-52}$$

$$s\times\eta r_{\mathrm{b}}/i+\eta t/i>P_1\times\varepsilon-s\times\eta r_{\mathrm{b}}/i-\eta t/I \tag{2-53}$$

化简，得

$$\beta<\zeta(r_{\mathrm{lf}}-r_{\mathrm{l}})\times(P/F,i,n)+I_{\mathrm{f}}\times(P/F,i,l)+$$
$$P_1+P_2-F_1-F_2+\omega \tag{2-54}$$

$$\beta>2\times(s\times\eta r_{\mathrm{b}}/i+\eta t/i)+F_3+q_2-\varepsilon P_1 \tag{2-55}$$

$$\beta<\gamma+P_2-F_1-(1-a)F_2-r_{\mathrm{l}}\times s/FAR \tag{2-56}$$

$$\beta<s/FAR\times FAR_{\mathrm{f}}\times r_{\mathrm{bf}}\times d+\gamma+\theta(P_1+P_2)+\lambda\varepsilon P_1-$$
$$F_1-\mu F_2-r_{\mathrm{l}}\times s/FAR-q_3-\varphi \tag{2-57}$$

$$\varepsilon P_1<2\times(s\times\eta r_{\mathrm{b}}/i+\eta t/i) \tag{2-58}$$

式(2-54)～式(2-58)给出了第二种“政府主导”是子博弈精炼 Nash 均衡解的条件。式(2-54)～式(2-57)给出了在此情况下拆迁补偿安置费的范围，式(2-58)给出了村民社会保障、居住环境、生活品质等的提升程度的要求。当满足以上条件时，[(改造，政府主导)，(同意，不自行开发)，开发]是此博弈的子博弈精炼 Nash 均衡解，博弈结果是地方政府主导城中村的开发。

(3) $M=$[(改造，政府主导)，(同意，自行开发)，不开发]

[(改造，政府主导)，(同意，自行开发)，不开发]为均衡解的条件如下：

$$R_1(x_7)<R_1(x_9) \tag{2-59}$$

$$R_2(x_8)<R_2(x_9) \tag{2-60}$$

$$R_1(x_9)>R_1(x_{11}) \tag{2-61}$$

$$R_3(x_{10})<R_3(x_{11}) \tag{2-62}$$

$$R_2(x_{11})>R_2(x_6) \tag{2-63}$$

将各个支付函数代入以上不等式，并化简，得

$$\beta<\zeta(r_{\mathrm{lf}}-r_{\mathrm{l}})\times(P/F,i,n)+I_{\mathrm{f}}\times(P/F,i,l)+$$

$$P_1+P_2-F_1-F_2+\omega \tag{2-64}$$

$$\beta > 2\times(s\times\eta r_b/i+\eta t/i)+F_3+q_2-\varepsilon P_1 \tag{2-65}$$

$$\beta < (1-a)\times F_2-\delta-P_2+F_1 \tag{2-66}$$

$$\beta > s/FAR\times FAR_f\times r_{bf}/i+\gamma+\theta(P_1+P_2)+\lambda\varepsilon P_1- F_1-\mu F_2-r_1\times s/FAR-q_3-\varphi \tag{2-67}$$

$$\varepsilon P_1 > 2\times(s\times\eta r_b/i+\eta t/i) \tag{2-68}$$

式(2-64)～式(2-68)给出了第三种“政府主导”是子博弈精炼 Nash 均衡解的条件。式(2-64)～式(2-67)给出了在此情况下拆迁补偿安置费的范围，式(2-68)给出了村民社会保障、居住环境、生活品质等的提升程度的要求。当满足以上条件时，[(改造，政府主导)，(同意，自行开发)，不开发]是此博弈的子博弈精炼 Nash 均衡解，博弈结果是地方政府主导城中村的开发。

(4) M=[(改造，政府主导)，(同意，不自行开发)，不开发]

[(改造，政府主导)，(同意，不自行开发)，不开发]为均衡解的条件如下：

$$R_1(x_7) < R_1(x_9) \tag{2-69}$$

$$R_2(x_8) < R_2(x_9) \tag{2-70}$$

$$R_1(x_9) > R_1(x_6) \tag{2-71}$$

$$R_3(x_{10}) < R_3(x_6) \tag{2-72}$$

$$R_2(x_6) > R_2(x_{11}) \tag{2-73}$$

将各个支付函数代入以上不等式，并化简，得

$$\beta < \zeta(r_{lf}-r_l)\times(P/F,\ i,\ n)+I_f\times(P/F,\ i,\ l)+ P_1+P_2-F_1-F_2+\omega \tag{2-74}$$

$$\beta > 2\times(s\times\eta r_b/i+\eta t/i)+F_3+q_2-\varepsilon P_1 \tag{2-75}$$

$$\beta < \zeta(r_{lf}-r_l)\times(P/F,\ i,\ n)+I_f\times(P/F,\ i,\ l)+ P_1+P_2-F_1-(1-a)F_2+\omega \tag{2-76}$$

$$\beta > s/FAR\times FAR_f\times r_{bf}/i+\gamma+\theta(P_1+P_2)+\lambda\varepsilon P_1- F_1-\mu F_2-r_1\times s/FAR-q_3-\varphi \tag{2-77}$$

$$\varepsilon P_1 < 2\times(s\times\eta r_b/i+\eta t/i) \tag{2-78}$$

式(2-74)～式(2-78)给出了第四种“政府主导”是子博弈精炼 Nash 均衡

解的条件。式(2-74)～式(2-77)给出了在此情况下拆迁补偿安置费的范围，式(2-78)给出了村民社会保障、居住环境、生活品质等的提升程度的要求。当满足以上条件时，[(改造，政府主导)，(同意，不自行开发)，不开发]是此博弈的子博弈精炼 Nash 均衡解，博弈结果是地方政府主导城中村的开发。

(5) 模式 1 下局中人的支付

以上给出了四个政府主导开发是均衡解的充分条件，即满足以上条件之一，选择政府主导开发是博弈的最优解。此时，各局中人的支付情况如下：

$$R_1(x_9)=\zeta(r_{\mathrm{lf}}-r_1)\times(P/F,\ i,\ n)+I_{\mathrm{f}}\times(P/F,\ i,\ l)+P_1+P_2-\beta-F_1-F_2 \tag{2-79}$$

$$R_2(x_9)=\beta+P_1\times\varepsilon-s\times\eta r_{\mathrm{b}}/i-\eta t/i-F_3-q_2 \tag{2-80}$$

$$R_3(x_9)=\varphi \tag{2-81}$$

$$R_4(x_9)=-(r_{\mathrm{bf}}-r_{\mathrm{b}})\times s\times\xi-F_4-\xi\times F_3/(1-\xi)-q_4 \tag{2-82}$$

(6) 模式 1 小结

结合模式 1 是均衡解的条件和支付表达式，可得如下结论：在满足式(2-33)～式(2-37)或者式(2-54)～式(2-58)或者式(2-64)～式(2-68)或者式(2-74)～式(2-78)给出的条件下，城中村改造的博弈均衡解的结果是地方政府主导开发，在此种情况下，地方政府的支付水平 $R_1(x_9)>-\omega$；村集体及村民的支付水平 $R_2(x_9)>s\times\eta r_{\mathrm{b}}/i+\eta t/i$；开发商的支付水平 $R_3(x_{10})=\varphi$；外来流动人口的支付水平 $R_4(x_{10})<0$。

在模式 1 下，地方政府的支付水平可正可负，局中人 2 和局中人 3 的支付水平都为正值，而外来流动人口的支付水平一定为负值。

2) 模式 2(开发商主导开发模式)的充分条件

由以上分析可得，决策组合[(改造，非政府主导)，(同意，自行开发)，开发]和[(改造，非政府主导)，(同意，不自行开发)，开发]都将导致开发商主导城中村改造的结果，以下分类讨论给出满足何等条件时，博弈的子博弈精炼 Nash 均衡解会导致“开发商主导开发”的结果。

(1) $M=$[(改造，非政府主导)，(同意，自行开发)，开发]

[(改造，非政府主导)，(同意，自行开发)，开发]为均衡解的条件如下：

$$R_1(x_7)<R_1(x_{10}) \tag{2-83}$$

$$R_2(x_8)<R_2(x_{10}) \tag{2-84}$$

$$R_1(x_9) < R_1(x_{10}) \tag{2-85}$$

$$R_3(x_{10}) > R_3(x_{11}) \tag{2-86}$$

$$R_2(x_{11}) > R_2(x_6) \tag{2-87}$$

将各个支付函数代入以上不等式，得

$$-\omega < r_1 \times s/FAR + \zeta(r_{\text{lf}} - r_1) \times (P/F,\ i,\ n) + I_{\text{f}} \times (P/F,\ i,\ l) + P_1 - a \times F_2 - \gamma \tag{2-88}$$

$$s \times \eta r_{\text{b}}/i + \eta t/i < \beta + P_1 \times \varepsilon - s \times \eta r_{\text{b}}/i - \eta t/i - F_3 - q_2 \tag{2-89}$$

$$\zeta(r_{\text{lf}} - r_1) \times (P/F,\ i,\ n) + I_{\text{f}} \times (P/F,\ i,\ l) + P_1 + P_2 - \beta - F_1 - F_2 < r_1 \times s/FAR + \zeta(r_{\text{lf}} - r_1) \times (P/F,\ i,\ n) + I_{\text{f}} \times (P/F,\ i,\ l) + P_1 - a \times F_2 - \gamma \tag{2-90}$$

$$s/FAR \times FAR_{\text{f}} \times r_{\text{bf}}/i + \gamma + \theta(P_1 + P_2) + \lambda\varepsilon P_1 - \beta - F_1 - \mu F_2 - r_1 \times s/FAR - q_3 > \varphi \tag{2-91}$$

$$P_1 \times \varepsilon - s \times \eta r_{\text{b}}/i - \eta t/i > s \times \eta r_{\text{b}}/i + \eta t/i \tag{2-92}$$

化简，得

$$r_1 \times s/FAR > a \times F_2 + \gamma - \zeta(r_{\text{lf}} - r_1) \times (P/F,\ i,\ n) - I_{\text{f}} \times (P/F,\ i,\ l) - P_1 - \omega \tag{2-93}$$

$$\beta > 2 \times (s \times \eta r_{\text{b}}/i + \eta t/i) - \varepsilon P_1 + F_3 + q_2 \tag{2-94}$$

$$r_1 \times s/FAR + \beta > P_2 - F_1 - F_2 + a \times F_2 + \gamma \tag{2-95}$$

$$r_1 \times s/FAR + \beta < s/FAR \times FAR_{\text{f}} \times r_{\text{bf}} \times d + \gamma + \theta(P_1 + P_2) + \lambda\varepsilon P_1 - F_1 - \mu F_2 - q_3 - \varphi \tag{2-96}$$

$$\varepsilon P_1 > 2 \times (s \times \eta r_{\text{b}}/i + \eta t/i) \tag{2-97}$$

式(2-93)～式(2-97)给出了“开发商主导”是子博弈精炼 Nash 均衡解的一种条件。式(2-93)～式(2-96)给出了在此情况下出让金和拆迁补偿安置费的范围，式(2-97)给出了村民社会保障、居住环境、生活品质等的提升程度的要求。当满足以上条件时，[(改造，非政府主导)，(同意，自行开发)，开发]是此博弈的子博弈精炼 Nash 均衡解，博弈结果是开发商主导城中村的开发。

(2) M=[(改造，非政府主导)，(同意，不自行开发)，开发]

[(改造，非政府主导)，(同意，不自行开发)，开发]是均衡解的条件为

$$R_1(x_7) < R_1(x_{10}) \tag{2-98}$$

$$R_2(x_8) < R_2(x_{10}) \tag{2-99}$$

$$R_1(x_9) < R_1(x_{10}) \tag{2-100}$$

$$R_3(x_{10}) > R_3(x_6) \tag{2-101}$$

$$R_2(x_6) > R_2(x_{11}) \tag{2-102}$$

化简，得

$$r_1 \times s/FAR > a \times F_2 + \gamma - \zeta(r_{\mathrm{lf}} - r_1) \times (P/F,\ i,\ n) - I_{\mathrm{f}} \times (P/F,\ i,\ l) - P_1 - \omega \tag{2-103}$$

$$\beta > 2 \times (s \times \eta r_{\mathrm{b}}/i + \eta t/i) - \varepsilon P_1 + F_3 + q_2 \tag{2-104}$$

$$r_1 \times s/FAR + \beta > P_2 - F_1 - F_2 + a \times F_2 + \gamma \tag{2-105}$$

$$\beta + r_1 \times s/FAR < s/FAR \times FAR_{\mathrm{f}} \times r_{\mathrm{bf}} \times d + \gamma + \theta(P_1 + P_2) + \lambda\varepsilon P_1 - F_1 - \mu F_2 - q_3 - \varphi \tag{2-106}$$

$$\varepsilon P_1 < 2 \times (s \times \eta r_{\mathrm{b}}/i + \eta t/i) \tag{2-107}$$

式(2-103)～式(2-107)给出了“开发商主导”是子博弈精炼 Nash 均衡解的另一种条件。式(2-103)～式(2-106)式给出了在此情况下出让金和拆迁补偿安置费的范围，式(2-107)给出了村民社会保障、居住环境、生活品质等的提升程度的要求。当满足以上条件时，[(改造，非政府主导)，(同意，不自行开发)，开发]是此博弈的子博弈精炼 Nash 均衡解，博弈结果是开发商主导城中村的开发。

(3) 模式 2 下局中人的支付

以上给出了两个开发商主导开发是均衡解的充分条件，即满足以上条件之一，选择开发商主导开发是博弈的最优解。此时，各局中人的支付情况如下：

$$R_1(x_{10}) = r_1 \times s/FAR + \zeta(r_{\mathrm{lf}} - r_1) \times (P/F,\ i,\ n) + I_{\mathrm{f}} \times (P/F,\ i,\ l) + P_1 - a \times F_2 - \gamma \tag{2-108}$$

$$R_2(x_{10}) = \beta + P_1 \times \varepsilon - s \times \eta r_{\mathrm{b}}/i - \eta t/i - F_3 - q_2 \tag{2-109}$$

$$R_3(x_{10}) = s/FAR \times FAR_{\mathrm{f}} \times r_{\mathrm{bf}} \times d + \gamma + \theta(P_1 + P_2) + \lambda\varepsilon P_1 - \beta - F_1 - \mu F_2 - r_1 \times s/FAR - q_3 \tag{2-110}$$

$$R_4(x_{10}) = -(r_{\mathrm{bf}} - r_{\mathrm{b}}) \times s \times \xi - F_4 - \xi \times F_3/(1 - \xi) - q_4 \tag{2-111}$$

(4) 模式 2 小结

结合模式 2 是均衡解的条件和支付表达式，可得如下结论：在满足式(2-93)～式(2-97)或者式(2-103)～式(2-110)给出的条件下，城中村改造的博弈均衡解的结果是开发商主导开发，在此种情况下，地方政府的支付水平 $R_1(x_{10})>-\omega$；村集体及村民的支付水平 $R_2(x_{10})>s\times\eta r_b/i+\eta t/i$；开发商的支付水平 $R_3(x_{10})>\varphi$；外来流动人口的支付水平 $R_4(x_{10})<0$。

在模式 2 下，地方政府的支付水平可正可负，局中人 2 和局中人 3 的支付水平都为正值，而外来流动人口的支付水平一定为负值。

3) 模式 3(村集体主导的开发模式)的充分条件

由以上分析可得，决策组合[(改造，非政府主导)，(同意，自行开发)，不开发]将导致村集体主导改造的结果，以下讨论：满足何等条件时，博弈的子博弈精炼 Nash 均衡解会导致“村集体主导开发”的结果。

(1) $M=$[(改造，非政府主导)，(同意，自行开发)，不开发]

[(改造，非政府主导)，(同意，自行开发)，不开发]是均衡解的条件是

$$R_1(x_7)<R_1(x_{11}) \tag{2-112}$$

$$R_2(x_8)<R_2(x_{11}) \tag{2-113}$$

$$R_1(x_9)<R_1(x_{11}) \tag{2-114}$$

$$R_3(x_{10})<R_3(x_{11}) \tag{2-115}$$

$$R_2(x_{11})>R_2(x_6) \tag{2-116}$$

将各局中人支付函数代入不等式，得

$$-\omega<\zeta(r_{\mathrm{lf}}-r_1)\times(P/F,\ i,\ n)+I_{\mathrm{f}}\times(P/F,\ i,\ l)+P_1-a\times F_2-\delta \tag{2-117}$$

$$s\times\eta r_b/i+\eta t/i<P_1\times\varepsilon-s\times\eta r_b/i-\eta t/i \tag{2-118}$$

$$\begin{aligned}&\zeta(r_{\mathrm{lf}}-r_1)\times(P/F,\ i,\ n)+I_{\mathrm{f}}\times(P/F,\ i,\ l)+P_1+P_2-\beta-F_1-F_2\\&<\zeta(r_{\mathrm{lf}}-r_1)\times(P/F,\ i,\ n)+I_{\mathrm{f}}\times(P/F,\ i,\ l)+P_1-a\times F_2-\delta\end{aligned} \tag{2-119}$$

$$\begin{aligned}&s/FAR\times FAR_{\mathrm{f}}\times r_{\mathrm{bf}}\times d+\gamma+\theta(P_1+P_2)+\\&\lambda\varepsilon P_1-\beta-F_1-\mu F_2-r_1\times s/FAR-q_3<\varphi\end{aligned} \tag{2-120}$$

$$P_1\times\varepsilon-s\times\eta r_b/i-\eta t/i>s\times\eta r_b/i+\eta t/i \tag{2-121}$$

化简,得

$$\delta < \zeta(r_{\mathrm{lf}} - r_{1}) \times (P/F, i, n) + I_{\mathrm{f}} \times (P/F, i, l) + P_{1} - a \times F_{2} + \omega \tag{2-122}$$

$$\delta < \beta + F_{1} + (1 - a)F_{2} - P_{2} \tag{2-123}$$

$$\beta > s/FAR \times FAR_{\mathrm{f}} \times r_{\mathrm{bf}} \times d + \gamma + \theta(P_{1} + P_{2}) + \lambda\varepsilon P_{1} - F_{1} - \mu F_{2} - r_{1} \times s/FAR - q_{3} - \varphi \tag{2-124}$$

$$\varepsilon P_{1} > 2 \times (s \times \eta r_{\mathrm{b}}/i + \eta t/i) \tag{2-125}$$

式(2-112)～式(2-116)给出了“村集体主导”是子博弈精炼 Nash 均衡解的条件。式(2-121)和式(2-122)给出了在此情况下政府对集体经济组织的优惠补贴款的范围,式(2-123)给出了拆迁补偿安置费的要求,式(2-124)给出了村民社会保障、居住环境、生活品质等的提升程度的要求。当满足以上条件时,[(改造,非政府主导),(同意,自行开发),不开发]是此博弈的子博弈精炼 Nash 均衡解,博弈结果是村集体主导城中村的开发。

(2) 模式 3 下局中人的支付

以下给出了一个村集体主导开发是均衡解的充分条件,即满足以上条件之一,选择村集体主导开发是博弈的最优解。此时,各局中人的支付情况如下:

$$R_{1}(x_{11}) = \zeta(r_{\mathrm{lf}} - r_{1}) \times (P/F, i, n) + I_{\mathrm{f}} \times (P/F, i, l) + P_{1} + a \times F_{2} - \delta$$

$$R_{2}(x_{11}) = P_{1} \times \varepsilon - s \times \eta r_{\mathrm{b}}/i - \eta t/i$$

$$R_{3}(x_{11}) = \varphi$$

$$R_{4}(x_{11}) = -(r_{\mathrm{bf}} - r_{\mathrm{b}}) \times s \times \xi - F_{4}$$

(3) 模式 3 小结

结合模式 3 是均衡解的条件和支付表达式,可得如下结论:在满足式(2-112)～式(2-116)给出的条件下,城中村改造的博弈均衡解的结果是村集体主导开发,在此种情况下,地方政府的支付大于 x_8 终止结处政府付出的人事管理成本的 2 倍除去城中村不改造时,未来给城市社会、经济和环境带来负担的增加值折现,即 $R_1(x_{11}) > 2 \times a \times F_2 - \omega$;村集体及村民的支付水平 $R_2(x_{11}) > s \times \eta r_{\mathrm{b}}/i + \eta t/i$;开发商的支付水平 $R_3(x_{11}) > s/FAR \times FAR_{\mathrm{f}} \times r_{\mathrm{bf}} \times d + \gamma + \theta(P_1 + P_2) + \lambda\varepsilon P_1 - F_1 - \mu F_2 - r_l \times s/FAR - q_3 - \beta$;外来流动人口的支付水

平 $R_4(x_{11}) < 0$。

在模式 3 下,局中人 1、局中人 2 和局中人 3 的支付水平都有可能为正值,而外来流动人口的支付水平一定为负值。

4) 总结

以上介绍了 7 种均衡解存在的条件,以及 3 种模式下各局中人的支付水平大小。可以看出,针对每一个具体的城中村改造案例,其参数取值的数值或区间是确定的,因此将每种模式下的支付水平进行大小比较没有什么实质性意义。在每一种均衡解存在的情况下,参数的取值都不是完全相同的,这使得不同模式下局中人的支付水平表达式中的参数值大小也是不完全相同的,这使得不同模式下的支付水平表达式没有可比性。

与地方政府的支付水平密切相关的内容是城中村不改造的情况下,城中村未来给城市社会、经济和环境带来负担的增加值折现(ω),在每一种实行改造的情况下,地方政府的支付水平都要大于 ω,而在村集体主导开发的情况下,地方政府的支付还将覆盖总管理成本的 $2a$ 倍。

村集体及村民的支付水平,在改造的情形下都大于未来房屋租金水平的损失的折现和未来集体分红的损失的折现之和,即均衡解的结果为改造的情形下,村集体及村民的支付应当覆盖其未来减少的资金收入,这些资金收入包括两个部分的内容:租金收益和集体分红收益。

开发商的支付水平在地方政府主导的情况下,等于 φ;开发商主导的情况下,大于 φ(两处的 φ 并不是同一个值);村集体主导的情况下,与很多参数有关联,如 FAR、r_{bf}等。

外来流动人口的支付水平在改造的情形下,始终都是小于 0 的,即其支付在改造的情形下始终为负。

四、城中村改造的个案分析与模型应用

以上建立的博弈模型需与实际结合才能体现出价值,本部分意图通过一个实际案例来说明此博弈模型如何进行实际运用。故本部分将首先简要介绍一个长沙城中村改造的案例,然后结合案例背景和案例实际,确定各个参数值或范围,并根据子博弈精炼 Nash 均衡解存在的条件,判断在使利益相关者利益最大化的情况下,选择哪一种城中村改造模式最为合适,最后根据确定的参数值或范围,判断每个局中人的支付水平。

（一）东岸村改造情况简介

1. 东岸村简介

东岸村隶属于湖南省长沙市芙蓉区东岸街道，东南与杉木村接壤，北与东屯村相连，处在一个城中村聚集的地带。人民东路延长线、农园路、双杨路、长谭高速环绕纵贯。属于四级土地。从 2002 年起，随着周边东岸建材市场、马王堆陶瓷建材城、大汉建材城、南湖家具市场、三湘建材市场和高桥大市场等各类市场的兴起，建材市场的商业氛围浓厚。东岸村位于浏阳河东，浏阳河西是商品房聚集区和浏阳河婚庆文化园（图 2－6）。

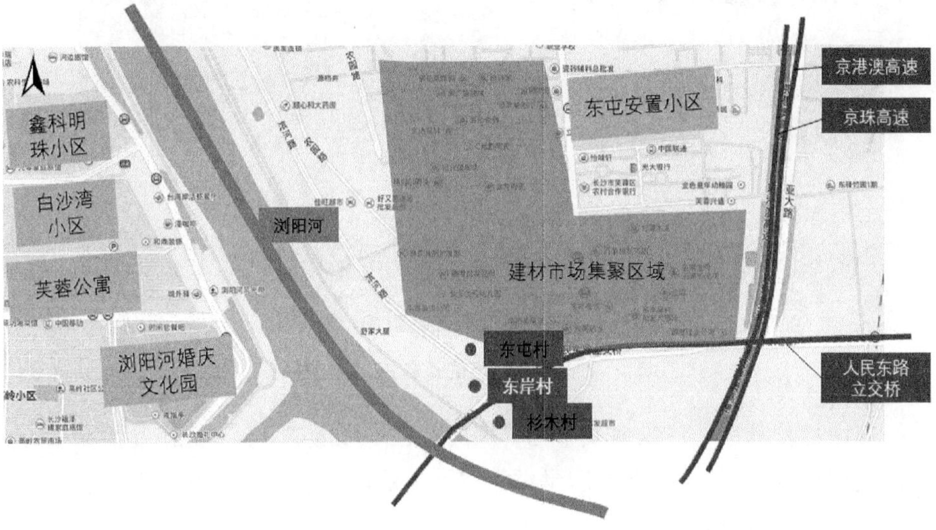

图 2－6　东岸村位置示意图

从地点上看，改造前的东岸村及周边的几个小村庄，是一个被商业、商品化住宅和城市交通干线所包围的区域；从形态上来看，具可考的资料描述，东岸村内存在大量的违章建筑，多为村民自建，主要功能是出租给建材商人作为仓库或出租给外来务工人口作为居住场所；从其经济模式上来看，改造前的东岸村已经没有作为耕作用途的土地，从事第三产业的人居多，村民的主要经济来源是出租违章建筑。从城中村的定义上来看，拆迁之前的东岸村是一个在长沙快速城市化发展过程中苟且生存的城中村。

随着东岸村周边交通便捷度的提升，商业气息的愈加浓厚，东岸村良好的地理位置已不能在现有的地租水平上体现。对其进行改造是长沙市政府势在必行的事情。

2. 东岸村的形成

湘江的江水孕育了长沙这座城市最初的生命，其发展的中心地带即在湘江江畔的平原地带。因为长沙的东北、西北均为山地，地势相对高峻，南部丘岗起伏，便于开发的地带是中部的盆地和平原地带。于是，长沙在其城市化发展的过程中，便在这受限的地形约束里，沿着湘江、沿着平原向外扩张。其扩张的方向可简单表示如图 2 - 7 所示。

图 2 - 7　长沙城市的扩张方向示意图

东岸村就是在长沙快速城市化发展的过程中形成的。其地理位置虽不是长沙的内城地带，但拆迁之前的东岸村已然是一幅被城市发展所遗忘的景象。

3. 东岸村改造举措

为进一步加快东岸片区城市化进程，实现社区化管理，长沙芙蓉区政府于 2016 年 9 月 27 日启动了东岸村的城中村改造工作，发布了东安村的土地征收公告：四级土地的土地补偿费和安置补助费补偿标准 90 元/平方米，不计青苗补偿，地上附着物补偿标准按 2 200 元/平方米。

东岸村改造前，土地面积共 6 315 平方米，住宅楼 200 多栋，住户 575 户，常住人口 1 556 人，流动人口 4 500 人左右；村内改造前村民自建违章建筑有 296 个，109 928 平方米，主要用于出租、仓库、作坊、小企业等，仓库的租金高至 10～12 元/平方米；居住环境极差，垃圾成堆，臭气熏天，癌症率高达 1%。

用以安置东岸村村民的安置项目是芙蓉生态新城 5 号保障住房、东岸梅园项目，其采用以“国家康居示范工程”的标准，两梯四户的设计方式，层高 2.9 米，户型设计严格划分主、次空间，动、静区间，建筑外立面选择新古典主义的简化欧式风格，引入居住社区理念，将低碳环保与智能元素融入小区，农民生活变得越加城市化、品质化。

据资料考证，东岸村实现的是政府主导的城中村改造模式，目前拆迁工作已经结束，进入后阶段重建东岸村的工作。

（二）模型应用

上部分对长沙东岸村进行了简要介绍，这部分将使用前文所建立的博弈模型对东岸村进行分析。本部分分析的立足点是东岸村改造之前，以此来分析东岸村是否应该改造？采取何种方式改造？改造后各局中人的收益如何？

1. 确定参数值或范围

根据东岸村的实际情况，结合长沙银行利率的状态、城市居民生活等条件，判断东岸村在此城中村改造博弈中的各参数取值如表 2－6 所列。

表 2－6　东岸村的参数取值表

参数	含　义	取　值
ω	城中村不改造时，未来给城市社会、经济和环境带来负担的增加值折现	1 600 000 元
a	x_8终止结处政府付出的人事管理成本比率，$0 \leqslant a \leqslant 1$	0.5
F_2	政府投入政策制定、监督管理等人事管理成本总量	30 000 元
ζ	周边受城中村改造影响导致租金上涨的未出让土地面积	1 000 平方米
r_{1f}	城中村改造后的单位土地租金水平	2 250 元/平方米
r_1	城中村改造前的单位土地租金水平	1 420 元/平方米
i	年利率	1.89%
n	博弈时的时间点至周边受影响土地出让时间止的时间段	3
I_f	因城中村改造所增加的投资给政府带来的好处	10 000 元
l	博弈时的时间点到投资增加的时间点止的时间段	10
P_1	城中村改造后城市治安、卫生、形象、品味上升程度	60 000 元
P_2	政府形象上升程度	40 000 元
β	拆迁补偿安置费	4 736 250 元

续 表

参数	含　　义	取　值
s	城中村改造前的可出租面积	18 945 平方米
FAR	城中村改造之前的容积率	3
FAR_f	城中村改造后的容积率	1.8
γ	政府对开发商的政策补贴款	64 792 元
δ	政府对集体经济组织的优惠补贴款	2 334 000 元
η	城中村不改造的情形下租金和分红的浮动比率	1.02
r_b	城中村改造前的住宅单位面积年平均租金水平	144 元/平方米
r_{bf}	城中村改造后的单位面积年平均租金水平	250 元/平方米
t	改造前的年平均集体分红水平	0 元
ε	村民社会保障、居住环境、生活品质等的提升程度为 $P_1 \times \varepsilon$	100
φ	开发商不主导城中村改造时，通过开发其他项目可获得的收益折现	5 773 666 元
F_1	房屋建筑、基础设施建设等建造费用	8 518 935 元
μF_2	开发商的开发管理成本	10 760 760 元
ξ	流动人口占城中村总人口的比例	0.74
θ	开发商与政府的关系提升系数	0.2
λ	开发商的知名度系数	0.1
F_3	城中村改造后村民社会网络解体程度	2 000 元
d	城中村改造后安置房的售价与当地商品房租金的比值	13
F_4	交通便捷减少的程度、与就业地距离增加的程度	0
q_2	村民对城中村改造后未来生活问题的风险估计值	R^+
q_3	开发商主导开发的风险估计值	R^+
q_4	流动人口对非村集体主导的城中村改造后未来生活问题的风险估计值	R^+

参数取值解释：ω 的值根据东岸村的实际情形设为 1 600 000 元；F_2 根据长沙市公务员工资标准进行估算；ζ 的值考虑长沙东岸周边的剩余出让土地、城中村面积等，笔者认为东岸村改造后对周边地价影响不会太大，因其改造后为住宅社区，辐射面积较小，故设定 ζ 取值为 1 000 平方米；取 2014 年长沙颁布的《长沙

市国有建设用地使用权有偿使用规定》工业用地基准地价 1 420 元/平方米作为改造前的地价水平 r_1，住宅用地基准地价 2 250 元/平方米作为改造后的地价水平 r_{1f}；年利率 i 取长沙规模前十四的银行一年定期存款利率的平均值 1.89%；假定东岸村改造完毕需要 3 年时间，博弈时的时间点至周边受影响土地出让时间止的时间段也取 3；根据长沙 2015 年统计年鉴，2005—2014 年长沙固定资产投资集中在更新改造和房地产开发上，2014 年固定资产投资 3 000 余万元，考虑到长沙城区面积为 2 185 平方公里，东岸村项目很小，且东岸乡的几个城中村改造项目同步进行，对未来长沙投资的增长值直接影响较小，但是与其他项目形成的整体可以对未来长沙的投资产生影响，故这部分估计为 10 000 元；东岸村改造是长沙建设芙蓉浏阳河文化旅游产业带的重要举措之一，故对其进行改造，改善市容，长沙治安、卫生、形象、品味上升程度和政府形象上升程度都影响较大，故分别取值 60 000 元和 40 000 元；拆迁补偿安置费为 β=90 元/平方米×6 315 平方米+2 200 元/平方米×3×6 315 平方米=4 736 250 元；s=6 315 平方米×3=18 945 平方米；东岸村改造前村民的住房大多为 4～5 层，容积率取 3；因缺少实际数据，取 2014 年长沙颁布的《长沙市国有建设用地使用权有偿使用规定》中的住宅类用地的容积率，取 1.8 作为改造后的容积率；长政发〔2014〕51 号文指出，选择带安置条件招标拍卖挂牌方式供地，开发商享受安置用地挂牌出让收益返还政策，市属权限范围内的行政事业性收费和政府性基金全免，服务性收费减半收取，同时查阅《长沙市国土局行政事业性、服务性收费一览表》得出此政策相当于政府补贴开发商 9.55 元/平方米×6 315 平方米+6 315 平方米×1 420 元/平方米×0.001/2=64 792 元；当村集体选择自行开发时，区政府可按照每人 1 500 元的标准进行补贴，此举相当于政府对村集体和村民的补贴是 1 556 人×1 500 元/人=2 334 000 元；城中村不改造的情形下租金和分红的浮动比率用长沙 2016 年 9 月份的 CPI 代替，为 1.02；改造前的城中村住宅租金水平取 12×12 元/平方米；城中村改造后的住宅租金水平取比芙蓉区住宅租金水平均价 26.12 元/(平方米·月)(313.44 元/平方米)低的 250 元/平方米；东岸村的经济主要是出租经济为主，村民大多建设的违章建筑和自家住房出租给外来人口、养殖户等，不像长沙天马村拥有较为发达的村集体，以及与高校合作建设高校宿舍的经济形式，所以，可认为改造前的年平均集体分红水平为 0；村民社会保障、居住环境、生活品质等提升程度对村民而言很大，故 ε 为 100；进行城中村改造时，开发商的机会成本 φ 为 313.44 元/平方米×6 315 平方米×3/(1+1.89%)×1.5=5 773 666 元；开发商的管理费用取土地成本的 1.2，为 10 760 760 元；房屋建筑和基础设施建筑成本设为土地成本的 0.95，为 8 518 935 元；ξ 为 0.74；考虑东岸村改造项目的规模和影响力，分别取 $\theta=0.2$；$\lambda=0.1$；考虑到东岸村拆迁后将主要实行较近安置和回迁，所以社会网络的瓦解程度不高，将 F_3 值设为 2 000 元；F_4设为 0；风险值 q_2，q_3，q_4的取值范围均为 R^+。

2. 支付水平分析

将上述赋值结果依次代入模型中 7 种策略组合为均衡解时所对应的条件，检验东岸村在改造的博弈中，能否形成“改造”的均衡解。此处在计算城中村不改造时继续享受的租金收益时间为 10 年，而不取模型中的永续年金现值的计算方法。

具体的方法是将参数的数值代入每个不等式，观察是否可以使不等式成立，当一个条件下的所有不等式都成立时，则可判定符合该均衡解存在的条件。因为过程较为简单，故此不加赘述，最终的结果是，东岸村的情况符合模式 3，均衡解为[（改造，非政府主导），（同意，自行开发），不开发]的情况。

最终的结论是：在参数假设存在的情况下，出于利益相关者利益最大化的考虑，应当选择模式 3 的改造模式，即村集体主导的城中村改造模式，而不是政府主导的改造模式。其中最大的原因是改造对城中村居住环境的提升程度很大，村民能够在改造后得到更高的效益。

则当参数假设存在的情况下，东岸村选择模式 3 时各局中人的支付分别为：

$$\begin{cases} R_1(x_{11})=-1\,496\,044\text{ 元} \\ R_2(x_{11})=3\,692\,500\text{ 元} \\ R_3(x_{11})=5\,773\,666\text{ 元} \\ R_4(x_{11})=-1\,486\,045 \end{cases}$$

局中人支付的总和为：

$$R_{\text{总}}=6\,484\,077\text{ 元}$$

在各局中人都追求利益最大化，且前述假设前提存在的情况下，各局中人的总收益达 648 万元。但在均衡解的情况下，并不是每一个局中人的支付都为正值。如地方政府牺牲部分利益给村集体和村民补贴，外来流动人口还须承担房租的增加值。但有局中人的支付为负，不会妨碍[（改造，非政府主导），（同意，自行开发），不开发]是此条件下的最优动态均衡解，选择模式 3 是各方利益相关者需求自身利益最大化的最佳选择。

3. 放宽 i、η 取值范围的支付水平分析

在前述东岸村的分析中，本篇做了十分严格的限定：因不是所有的参数都

是确定的值，可能是一个数值范围，前述分析为了计算方便，并结合实际情况，将一些抽象的变量和一些变动的量都设定为一个常数。实际上，参数的取值是一个区间还是一个常数，并不影响模型的分析过程：同样是通过参数的取值和范围，判断案例条件符合博弈均衡解的哪一种条件，然后计算该条件下局中人的支付水平范围。

下面，笔者将放宽两个变量，年利率 i 和价格浮动水平 η，并计算局中人的总收益。年利率 i 实际上是投资回报率，考虑长沙各大银行的利率，认为 i 的取值范围为[1%, 2.25%]；考虑长沙近 14 年的居民消费指数，认为 η 的取值范围为[1.01, 1.04] ①。将上述变量的取值范围和数值代入均衡解存在的条件中进行检验，发现在 i、η 取值是合理区间时，东岸村的情况依旧满足均衡解是[（改造，非政府主导），（同意，自行开发），不开发]的条件。

此时，$R_{总}$ 的表达式如下：

$$R_{总} = 8.3 \times 105/(1+i)3 + 104/(1+i)10 - 2.728 \times 106 \times \eta/(1+i)10 + 7.999 \times 106$$

其中，$i \in [1\%, 2.25\%]$；$\eta \in [1.01, 1.04]$。

使用 Matlab 对 $R_{总}$ 进行表现，如图 2－8 所示。其中，n 表示 η。

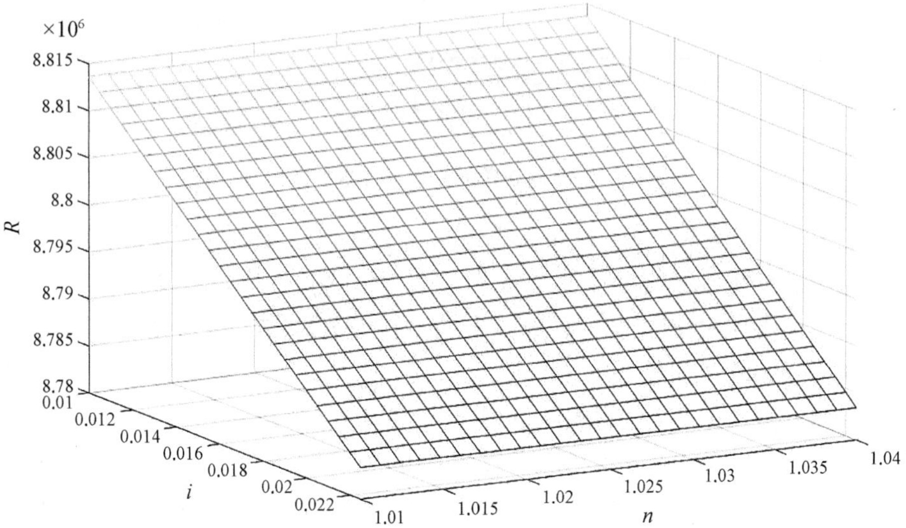

图 2－8　东岸村城中村改造模式 3 的总支付水平图

① 长沙市统计年鉴。

由图 2-8 可见，总的支付水平也处在一定的区间内，即 870～880 万元。总支付水平和年利率呈现出反向相关关系，且年利率的变化对总支付水平的变化影响较大，而物价浮动水平与总支付水平呈现出正向相关关系，但是物价浮动水平的变化对总支付水平的变化影响不大。可见运用此模型可以对未来城中村的改造结果(各局中人的支付)有一个直观的了解。

总的来说，在实际分析过程中，可以先对具体的城中村案例进行了解，判断参数的取值范围，然后根据模型给出的条件，判断采取哪种行动是最优的。

4. 案例的 Simulink 仿真

为表现东岸村各剧中人的支付水平，本篇采用 Simulink 做了简单的仿真模拟。Simulink 界面中模型表现如图 2-9 所示。

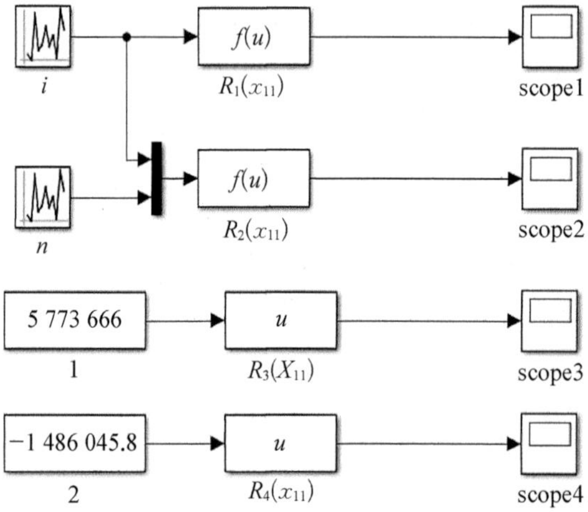

图 2-9 东岸村各局中人支付水平仿真图

图中 i 和 η 为 uniform random number 模块，在参数设置中将两者的随机取值范围定为[1%, 2.25%]和[1.01, 1.04]，将 i、η、*constant1* 和 *constant2* 输入 Fcn 模块，并根据模式 3 下各局中人的支付函数，对各个 Fcn 的参数进行设置，最后由 scope 模块输出各局中人的支付函数图，如图 2-10 所示。

因为 i 和 η 在规定范围内随机，其余参数为定值，则由图 2-7 可见，i 和 η 的随机性仅会影响局中人 1 和局中人 2 的支付水平，在除 i 和 η 以外的其他参数为常数时，局中人 3 和局中人 4 的支付水平恒为常数；同时，村集体及村民、开发商的支付为正，而地方政府、外来流动人口的支付水平为负。

5. 小结

通过对东岸村的分析可知，其在未改造前的时间点，是适合改造的，使得局

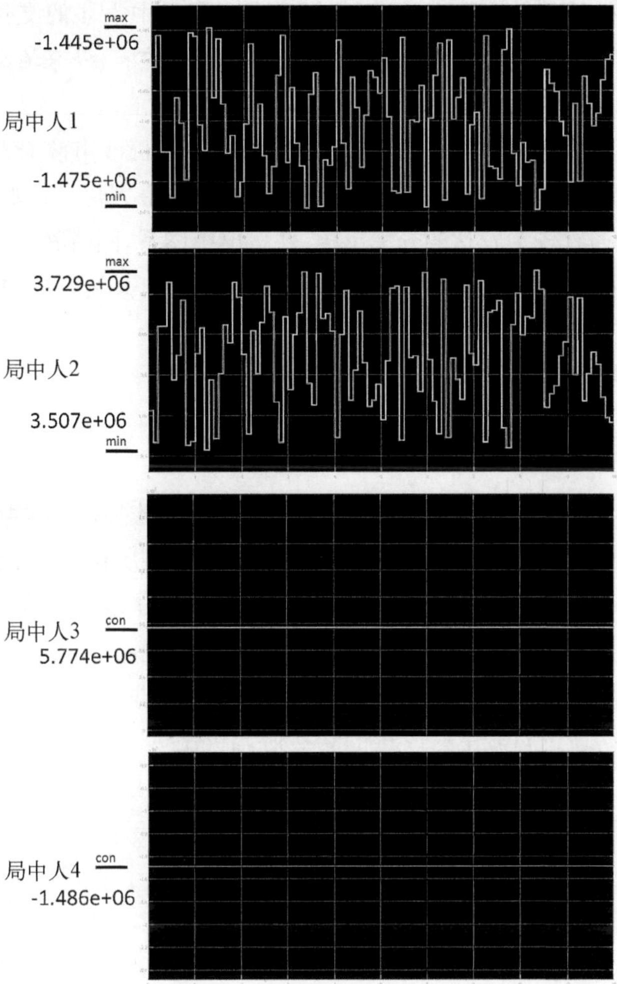

图 2-10　东岸村城中村改造博弈中局中人支付仿真

中人利益最大化的改造方式是村集体和村民主导的改造方式。

在所有的参数均为常数时，局中人的总支付水平为 6 484 077 元，四位局中人的支付水平分别为－1 496 044 元、3 692 500 元、5 773 666 元、－1 486 045 元。

当参数中存在变量时，如 i 和 η 在规定范围内随机的情形，总的支付水平处一个区间内。总支付水平和年利率呈现出反向相关关系，且年利率的变化对总支付水平的变化影响较大，而物价浮动水平与总支付水平呈现出正向相关关系，但是物价浮动水平的变化对总支付水平的变化影响较小。通过对案例进行 Simulink 仿真，发现 i 和 η 的随机性仅会影响局中人 1 和局中人 2 的支付水平，

在除 i 和 η 以外的其他参数为常数时，局中人 3 和局中人 4 的支付水平恒为常数；同时，村集体及村民、开发商的支付为正，而地方政府、外来流动人口的支付水平为负。

基于以上分析符合实际的假设前提下，可以得出长沙市政府对东岸村采取的改造模式是不合适的，不能实现利益相关者的利益最大化。直观上来讲，东岸村的村民由于拥有较为发达的仓库出租、住房出租体系，同时其对提升居住环境有较大需求，所以采取村集体及村民主导的开发模式有其运行的动力。

五、结论与展望

（一）结论

本篇基于利益相关者理论和博弈理论，对城中村改造的利益协调机制进行了研究。本篇所做的研究主要有以下四个方面：① 对历年城中村改造研究文献进行了分析和整理，发现关于城中村的研究内容涵盖了政策研究、社会研究、城市化发展、民生问题、城市更新和土地制度等多个领域，关于城中村改造的研究多为定性研究，特别是城中村改造的利益协调方面，缺少对其进行深度研究的定量研究文献；② 通过对城中村改造的利益协调机制进行抽象与简化，得出了一个五阶段的城中村改造利益协调动态博弈模型；③ 使用逆向归纳法求解博弈模型，得出了博弈模型均衡解为城中村改造的充分条件、每种城中村改造模式的充分条件和每种模式下局中人的支付水平；④ 通过对一个实际案例的分析，演示了前述博弈模型如何在实际中进行应用。

虽然作者阅读了大量的文献资料，但囿于自己的学识、精力，本篇的研究依旧存在很多不足之处：① 文献覆盖面不够广，关于城中村研究的文献可以说浩如烟海，笔者因时间和精力的限制，不可能拜读关于城中村的所有文献，这使得文献综述的结论可能存在一定的误差；② 假设条件与实际情况的偏差，为了简化研究，本篇博弈模型的假设条件与现实并不是完全吻合，虽建立假设时，作者分析了假设成立的合理性，但是没有分析假设与现实的差距是否会对分析结果产生决定性影响；③ 本篇将城中村改造模式简化成了三种具有代表意义的模式，且主要是基于改造的结果而言，忽略了不同改造模式的进行过程，但真实情况中城中村的改造模式是多种多样的，远远不局限于这三种改造模式，且现今城中村改造模式的进行过程也越来越多样化，这使得本篇的博弈模型存在一定局限性；④ 在本篇的博弈模型中，没有给出定性的参数取值的方法，使得在对模型中定性的量取值时，存在一定程度的主观判断，可能导致结果上的偏差。

（二）展望

本篇所建立的模型，人工计算起来相对复杂，所以，为快速地求得模型的Nash均衡解并且分析实际城中村改造的问题，借用计算机工具不失为一个可行的手段。所以在未来可对模型进行优化之后，并使用Simulink、Python等数学工具进行仿真，以使模型能更加快速和便捷的应用到实际情况中。以下给出使用Simulink与C++对本篇模型进行实现的思路。

Simulink：在参数输入区域可以设置所以参数的类型（参数或随机数），将参数输入Fcn模块，计算各个局中人支付水平的函数值，然后运用"反向归纳法"的思路比较支付水平的大小，利用Add模块和Switch模块，最后将比较结果用scope显示。具体的比较过程同前文均衡解解法相同，此处不再赘述。Simulink仿真思路如图2－11所示。

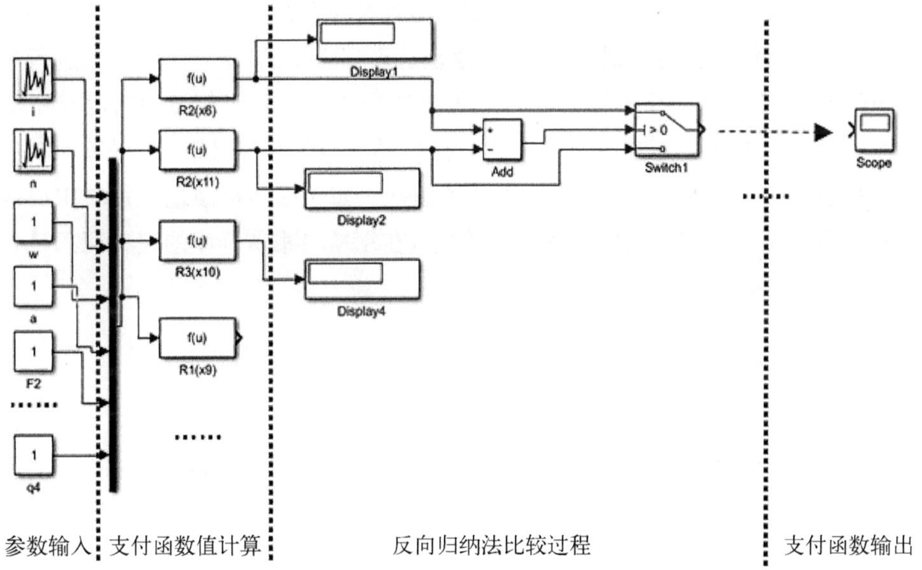

图2－11　Simulink仿真思路图

C++：为解得此博弈模型的均衡解，可以利用帕累托最优的概念（从一种分配状态到另一种状态的变化中，在没有使任何人境况变坏的前提下，使得至少一个人变得更好）。将4位局中人在博弈树的6个结束点的支付水平函数输入至一个6×4的矩阵中，同时定义一个1×6的向量，初始值为(1,0,0,0,0,0)。

利用C++的循环语句纵向比较前三列的值，找到一个使得前三列达到帕累托最优的行，在比较过程中，同时改变向量中1的位置，最终输出的结果为向量与矩阵的乘积，如图2-12所示。

$$(1,0,0,0,0,0)\times\left[\begin{array}{ccc:c} R_1(x_7) & R_2(x_7) & R_3(x_7) & R_4(x_7) \\ R_1(x_8) & R_2(x_8) & R_3(x_8) & R_4(x_8) \\ R_1(x_9) & R_2(x_9) & R_3(x_9) & R_4(x_9) \\ R_1(x_{10}) & R_2(x_{10}) & R_3(x_{10}) & R_4(x_{10}) \\ R_1(x_{11}) & R_2(x_{11}) & R_3(x_{11}) & R_4(x_{11}) \\ R_1(x_6) & R_2(x_6) & R_3(x_6) & R_4(x_6) \end{array}\right]=$$

图2-12　C++算法实现思路图

城中村改造将是中国未来一段时间内城市更新和改造的重要旋律之一，而基于现今定量分析较少的现状，如何更科学和具体地处理好城中村改造中各利益相关者的利益协调，将是今后城中村研究的重点所在。因此，今后的研究中还应该在以下方面进行进一步研究：① 如何更加科学和简便地对各种模式下城中村改造的利益协调进行模拟，从而能便捷地从模拟结果出发，对实际情况进行理解和处理，而不是局限于本篇研究的三种改造模式；② 如何对城中村改造中的环境、卫生、居住状况等难以量化的值进行科学而较为准确地量化，以较为精确地判断各局中人的支付状况和博弈的均衡解；③ 如何更为精准地识别城中村改造中的局中人，例如在本篇的案例东岸村中，在东岸村租赁仓库的建材商人是否应当被视为博弈的局中人之一。

参考文献

[1] LIN Y, DE MEULDER B. A conceptual framework for the strategic urban project approach for the sustainable redevelopment of "villages in the city" in Guangzhou [J]. Habitat International, 2012, 36(3): 380-387.

[2] SMITH N R. Beyond top-down/bottom-up: Village transformation on China's urban edge[J]. Cities, 2014, 41: 209-220.

[3] WANG D. Urban Villages in the New China — Case of Shenzhen, Palgrave macmillan. 2015.

[4] 白呈明，窦凤艳.城中村治理问题及其法治化路向[J].西安财经学院学报，2016，29(3)：89-94.

[5] 长沙芙蓉.东岸街道开启城郊环境综合整治攻坚序幕[EB/OL].(2013-06-20)[2017-5-4]. http://www.furong.gov.cn/news/yqjd/201306/t20130620_218979.shtml.

[6] 长沙芙蓉.关爱流动人口　共建幸福东岸：东岸街道推进流动人口服务均等化工作的主要做法[EB/OL].（2016 - 04 - 21）[2017 - 5 - 4]. http://www.furong.gov.cn/xxgk/gbmwork/201604/t20160421_255041.shtml.
[7] 长沙芙蓉.关于我区东岸片区违建仓库的调研报告[EB/OL].（2014 - 01 - 16）[2017 - 5 - 4]. http://www.furong.gov.cn/xxgk/gov1/ajj/awb/201506/t20150612_105467.shtml.
[8] 长沙市国土资源局.长政发[2013]23 号[EB/OL].（2013 - 10 - 12）[2017 - 5 - 4]. http://www.csgtzy.gov.cn/zwzml/yhq/zwgk_yhq/zcfg_yhq/201502/P020161116186604571717.pdf.
[9] 长沙晚报.40 亿助推农村变城区　芙蓉区加快东岸乡城市化进程，打造芙蓉生态新城[EB/OL].（2010 - 03 - 03）[2017 - 5 - 4]. http://www.furong.gov.cn/news/mtjj/201506/t20150611_102334.shtml.
[10] 陈晓莉.新型城市化发展中村改居社区治理变革[J].求实，2013(10)：60 - 63.
[11] 陈晓楠.城中村改造中移民贫困风险与权益保障分析[C]//吉林大学哲学社会学院.中国社会学会 2010 年年会："社会稳定与社会管理机制研究"论坛论文集.2010.
[12] 陈志诚."城中村"改造的多元思维：厦门市岭兜村改造规划实践[J].规划师，2016，32(1)：21 - 24.
[13] 东岸街道阳光三农网.东岸街道东岸村简介[EB/OL].（2013 - 12 - 18）[2017 - 5 - 4]. http://nb.changsha.gov.cn/xjItem.htm? id=133917.
[14] 董蓉英.新型城镇化建设背景下城中村发展研究：基于富春街道三个村的样本分析[J].中国集体经济，2017(1)：4 - 7.
[15] 房庆方，马向明，宋劲松.城中村：我国城市化进程中遇到的政策问题[J].城市发展研究，1999(4)：21 - 23.
[16] 冯福娟，孙丽欣，李鹏宇.基于社会公平正义视角的城中村改造问题的研究[J].现代园艺，2017(1)：93 - 94.
[17] 凤凰资讯.长沙"强拆致死村民"曾遭威胁：你不签，我就强拆[EB/OL].（2016 - 7 - 9）[2017 - 5 - 4]. http://news.ifeng.com/a/20160709/49322742_0.shtml.
[18] 高学武，魏国学.城镇化视野下城中村治理困局的破解之策[J].宏观经济研究，2014(3)：24 - 29+56.
[19] 顾昂峰.基于财务平衡的新型"城中村"改造中的政府行为选择：以嘉兴市七星镇为例[J].经营与管理，2017(1)：137 - 139.
[20] 管宁.城中村改造相关方利益均衡研究[D].南京：南京农业大学，2013.
[21] 管宁.城中村改造相关方利益均衡研究[D].南京：南京农业大学，2013.
[22] 郭爱请，郭爱显.城市化进程中的"城中村"改造模式探讨：以石家庄市为例[J].商业研究，2007(8)：65 - 68.
[23] 郭湘闽，刘长涛.基于空间句法的城中村更新模式：以深圳市平山村为例[J].建筑学报，2013(3)：1 - 7.
[24] 国务院.国务院关于加快棚户区改造工作的意见国发〔2013〕25 号[EB/OL].（2014 - 08 - 04）[2017 - 4 - 26]. http://www.gxgg.gov.cn/news/2014 - 08/69668.html.
[25] 何芳.城市土地经济与利用[M].上海：同济大学出版社，2004.
[26] 洪亮平，赵茜.走向社区发展的旧城更新规划：美日旧城更新政策及其对中国的启示

[J].城市发展研究,2013,20(3):21-24+28.
[27] 贾生华,郑文娟,田传浩.城中村改造中利益相关者治理的理论与对策[J].城市规划,2011,35(5):62-68.
[28] 蓝宇蕴.城中村流动人口聚居区的功能分析:基于城中村空间改造的思考[J].中共福建省委党校学报,2008(12):30-35.
[29] 李传军.利益相关者共同治理的理论基础与实践[J].管理科学,2003,16(4):84-87.
[30] 李东泉,蓝志勇.中国城市化进程中社区发展的思考[J].公共管理学报,2012,09(1):104-110+127-128.
[31] 李俊夫.城中村的改造[M].北京:科学出版社,2006:24
[32] 李立勋.城中村的经济社会特征:以广州市典型城中村为例[J].北京规划建设,2005(3):34-37.
[33] 李立勋.广州市城中村形成及改造机制研究[D].广州:中山大学,2001.
[34] 李培林.巨变:村落的终结:都市里的村庄研究[J].中国社会科学,2002(1):168-179+209.
[35] 李钊."城中村"改造途径的思考[J].安徽建筑,2001,8(3):8-9.
[36] 梁均杰.从"二世祖"现象浅析家庭和社会群体对青少年违法犯罪的影响[J].青少年犯罪研究,2000(3):27-31.
[37] 刘梦琴.石牌流动人口聚居区研究:兼与北京"浙江村"比较[J].市场与人口分析,2000(5):41-46.
[38] 刘中一,刘中炜.城中村改造的经济学思考[J].经济论坛,2004(2):8-9.
[39] 罗云峰.博弈论教程[M].北京:清华大学出版社,北京交通大学出版社,2007.
[40] 毛丹.赋权、互动与认同:角色视角中的城郊农民市民化问题[J].社会学研究,2009(4):28-60+243.
[41] 丘海雄,张永宏,王兴洲.城郊结合部"二世祖"违法犯罪问题探讨[J].青年研究,1997(3):42-45.
[42] 容志.我国土地调控失灵的制度经济分析[J].公共管理学报,2009,6(2):68-75.
[43] 孙华,吴瑶,管宁.城中村改造利益相关方的利益均衡分析[J].中国人口.资源与环境,2014(S3):284-286.
[44] 孙锦.新型城镇化背景下城中村失地农民就业路径选择的思路创新[J].改革与战略,2015(12):180-183.
[45] 孙亚范.农民专业合作经济组织利益机制及影响因素分析:基于江苏省的实证研究[J].农业经济问题,2008(9):48-56.
[46] 邰浩.城中村流动人口居住偏好研究:以深圳为例[C]//中国城市规划学会.城市时代,协同规划:2013中国城市规划年会论文集(03-城市总体规划).2013.
[47] 万举.国家权力下的土地产权博弈:城中村问题的实质[J].财经问题研究,2008(5):11-16.
[48] 汪明峰,程红,宁越敏.上海城中村外来人口的社会融合及其影响因素[J].地理学报,2015,70(8):1243-1255.
[49] 王海龙.建构新型城市化时期包容性城中村改造模式[J].北京社会科学,2014(3):

75 - 85.
[50] 王建民，刘明达，刘碧寒.城中村改造利益均衡模型构建与检验[J].地域研究与开发，2015，34(6)：69 - 75.
[51] 王娟.新型城镇化进程中城中村农民市民化研究：以郑州市佛岗城中村改造为例[J].江西农业学报，2014，26(4)：133 - 135.
[52] 王敏坚.基于博弈论的深圳城中村改造模式研究[D].长沙：中南大学，2007.
[53] 王祥卿.中国"城中村改造"投资利益分配研究[D].上海：复旦大学，2012.
[54] 王则柯.博弈论教程[M].李杰，2 版.北京：中国人民大学出版社，2010.
[55] 魏立华，闫小培."城中村"：存续前提下的转型：兼论"城中村"改造的可行性模式[J].城市规划，2005(7)：9 - 13＋56.
[56] 魏立华，阎小培.中国经济发达地区城市非正式移民聚居区："城中村"的形成与演进：以珠江三角洲诸城市为例[J].管理世界，2005(8)：48 - 57.
[57] 吴维平，王汉生.寄居大都市：京沪两地流动人口住房现状分析[J].社会学研究，2002(3)：92 - 110.
[58] 吴晓."城中村"现状调查与整合：以珠江三角洲地区为例[J].规划师，2004，20(5)：5 - 7.
[59] 吴晓，吴明伟.物质性手段：作为我国流动人口聚居区一种整合思路的探析[J].城市规划汇刊，2002(2)：17 - 20＋38 - 79.
[60] 吴英杰，罗皓."城中村"改造：寻求城市发与经济利益的协调[J].乡镇经济，2004(7)：33 - 35.
[61] 吴智刚，周素红.城中村改造：政府、城市与村民利益的统一：以广州市文冲城中村为例[J].城市发展研究，2005，12(2)：48 - 53.
[62] 项飚.从"浙江村"到中关村[J].读书，2000(12)：60 - 61.
[63] 肖秀玲.试论城中村改造中的利益冲突与协调问题[J].探求，2008(1)：17 - 21.
[64] 闫小培，魏立华，周锐波.快速城市化地区城乡关系协调研究：以广州市"城中村"改造为例[J].城市规划，2004，28(3)：30 - 38.
[65] 杨豪中，王劲.面向低收入群体的城中村改造模式研究[J].理论月刊，2011(2)：170 - 172.
[66] 杨俊龙.中国农产品价值形成和变动趋势研究[J].农业经济问题，2004(2)：69 - 71.
[67] 叶裕民.特大城市包容性城中村改造理论架构与机制创新：来自北京和广州的考察与思考[J].城市规划，2015，39(8)：9 - 23.
[68] 佚名.中央部署明确城市发展路线图[J].国土资源，2016(2)：20.
[69] 张佰林，张凤荣，高阳，等.农村居民点多功能识别与空间分异特征[J].农业工程学报，2014，30(12)：216 - 224.
[70] 张桂文.中国城镇化进程中"农村病"和"城市病"及其治理[J].辽宁大学学报(哲学社会科学版)，2014，42(3)：18 - 24.
[71] 张建明.广州都市村庄形成演变机制分析[D].广州：中山大学，1998
[72] 张立生.略论大城市"都市型农业"的发展与城市规划[J].城市规划汇刊，2001，26(3)：68 - 70＋80.

[73] 张侠，赵德义，朱晓东，等.城中村改造中的利益关系分析与应对[J].经济地理，2006，26(3)：496－499.
[74] 张兆国.中国上市公司资本结构治理效应研究[M].北京：中国财政经济出版社，2004.
[75] 郑慧华，肖美平.珠江三角洲富裕农村地区的"主观剩余劳动力"问题研究：广州市海珠区瑞宝村个案[J].青年研究，2002(1)：62－72.
[76] 中国长沙.湘政发[2012]46 号文件[EB/OL].(2012－12－24)[2017－5－4]. http://www.nxgov.com/xxgkpt/7335/content_92173.html
[77] 周大鸣，高崇.城乡结合部社区的研究：广州南景村 50 年的变迁[J].社会学研究，2001(4)：99－108.
[78] 周大鸣.外来工与"二元社区"：珠江三角洲的考察[J].中山大学学报(社会科学版)，2000，40(2)：107－112.
[79] 左雅萍，李国文.苏州"城中村"基础设施现状与对策[J].建筑节能，2017(1)：115－118.

附录 A　策略组合 M_j 及 M_j 是子博弈精炼 Nash 均衡解的条件(均衡解唯一)

序号	策略组合 M_j	M_j 是子博弈精炼 Nash 均衡解的条件
1	[(不改造,政府主导)(不同意,自行开发),开发]	$R_1(x_7)>R_1(x_8)\&R_2(x_8)>R_2(x_9)\&R_1(x_9)>R_1(x_{10})\&R_3(x_{10})>R_3(x_{11})\&R_2(x_{11})>R_2(x_6)$
2	[(不改造,政府主导)(不同意,不自行开发),开发]	$R_1(x_7)>R_1(x_8)\&R_2(x_8)>R_2(x_9)\&R_1(x_9)>R_1(x_{10})\&R_3(x_{10})>R_3(x_6)\&R_2(x_6)>R_2(x_{11})$
3	[(不改造,政府主导)(不同意,自行开发),不开发]	$R_1(x_7)>R_1(x_8)\&R_2(x_8)>R_2(x_9)\&$ 当 $R_1(x_9)>R_1(x_{11})\&R_3(x_{10})<R_3(x_{11})\&R_2(x_{11})>R_2(x_6)$
4	[(不改造,政府主导)(不同意,不自行开发),不开发]	$R_1(x_7)>R_1(x_8)\&R_2(x_8)>R_2(x_9)\&R_1(x_9)>R_1(x_6)\&R_3(x_{10})<R_3(x_6)\&R_2(x_6)>R_2(x_{11})$
5	[(不改造,非政府主导)(不同意,自行开发),开发]	$R_1(x_7)>R_1(x_8)\&R_2(x_8)>R_2(x_{10})\&R_1(x_9)<R_1(x_{10})\&R_3(x_{10})>R_3(x_{11})\&R_2(x_{11})>R_2(x_6)$
6	[(不改造,非政府主导)(不同意,不自行开发),开发]	$R_1(x_7)>R_1(x_8)\&R_2(x_8)>R_2(x_{10})\&R_1(x_9)<R_1(x_{10})\&R_3(x_{10})>R_3(x_6)\&R_2(x_6)>R_2(x_{11})$
7	[(不改造,非政府主导)(不同意,自行开发),不开发]	$R_1(x_7)>R_1(x_8)\&R_2(x_8)>R_2(x_{11})\&R_1(x_9)<R_1(x_{11})\&R_3(x_{10})<R_3(x_{11})\&R_2(x_{11})>R_2(x_6)$
8	[(不改造,非政府主导)(不同意,不自行开发),不开发]	$R_1(x_7)>R_1(x_8)\&R_2(x_8)>R_2(x_6)\&R_1(x_9)<R_1(x_6)\&R_3(x_{10})<R_3(x_6)\&R_2(x_6)>R_2(x_{11})$
9	[(不改造,政府主导)(同意,自行开发),开发]	$R_1(x_7)>R_1(x_9)\&R_2(x_8)<R_2(x_9)\&R_1(x_9)>R_1(x_{10})\&R_3(x_{10})>R_3(x_{11})\&R_2(x_{11})>R_2(x_6)$
10	[(不改造,政府主导)(同意,不自行开发),开发]	$R_1(x_7)>R_1(x_9)\&R_2(x_8)<R_2(x_9)\&R_1(x_9)>R_1(x_{10})\&R_3(x_{10})>R_3(x_6)\&R_2(x_6)>R_2(x_{11})$
11	[(不改造,政府主导)(同意,自行开发),不开发]	$R_1(x_7)>R_1(x_9)\&R_2(x_8)<R_2(x_9)\&$ 当 $R_1(x_9)>R_1(x_{11})\&R_3(x_{10})<R_3(x_{11})\&R_2(x_{11})>R_2(x_6)$
12	[(不改造,政府主导)(同意,不自行开发),不开发]	$R_1(x_7)>R_1(x_9)\&$ 当 $R_2(x_8)<R_2(x_9)\&R_1(x_9)>R_1(x_6)\&R_3(x_{10})<R_3(x_6)\&R_2(x_6)>R_2(x_{11})$
13	[(不改造,非政府主导)(同意,自行开发),开发]	$R_1(x_7)>R_1(x_{10})\&$ 当 $R_2(x_8)<R_2(x_{10})\&R_1(x_9)<R_1(x_{10})\&R_3(x_{10})>R_3(x_{11})\&R_2(x_{11})>R_2(x_6)$

续 表

序号	策略组合 M_j	M_j 是子博弈精炼 Nash 均衡解的条件
14	[(不改造,非政府主导)(同意,不自行开发),开发]	$R_1(x_7)>R_1(x_{10})\&R_2(x_8)<R_2(x_{10})\&R_1(x_9)<R_1(x_{10})\&R_3(x_{10})>R_3(x_6)\&R_2(x_6)>R_2(x_{11})$
15	[(不改造,非政府主导)(同意,自行开发),不开发]	$R_1(x_7)>R_1(x_{11})\&R_2(x_8)<R_2(x_{11})\&R_1(x_9)<R_1(x_{11})\&R_3(x_{10})<R_3(x_{11})\&R_2(x_{11})>R_2(x_6)$
16	[(不改造,非政府主导)(同意,不自行开发),不开发]	$R_1(x_7)>R_1(x_6)\&R_2(x_8)<R_2(x_6)\&R_1(x_9)<R_1(x_6)\&R_3(x_{10})<R_3(x_6)\&R_2(x_6)>R_2(x_{11})$
17	[(改造,政府主导)(不同意,自行开发),开发]	$R_1(x_7)<R_1(x_8)\&R_2(x_8)>R_2(x_9)\&R_1(x_9)>R_1(x_{10})\&R_3(x_{10})>R_3(x_{11})\&R_2(x_{11})>R_2(x_6)$
18	[(改造,政府主导)(不同意,不自行开发),开发]	$R_1(x_7)<R_1(x_8)\&R_2(x_8)>R_2(x_9)\&R_1(x_9)>R_1(x_{10})\&R_3(x_{10})>R_3(x_6)\&R_2(x_6)>R_2(x_{11})$
19	[(改造,政府主导)(不同意,自行开发),不开发]	$R_1(x_7)<R_1(x_8)\&R_2(x_8)>R_2(x_9)\&$ 当$R_1(x_9)>R_1(x_{11})\&R_3(x_{10})<R_3(x_{11})\&R_2(x_{11})>R_2(x_6)$
20	[(改造,政府主导)(不同意,不自行开发),不开发]	$R_1(x_7)<R_1(x_8)\&R_2(x_8)>R_2(x_9)\&R_1(x_9)>R_1(x_6)\&R_3(x_{10})<R_3(x_6)\&R_2(x_6)>R_2(x_{11})$
21	[(改造,非政府主导)(不同意,自行开发),开发]	$R_1(x_7)<R_1(x_8)\&R_2(x_8)>R_2(x_{10})\&R_1(x_9)<R_1(x_{10})\&R_3(x_{10})>R_3(x_{11})\&R_2(x_{11})>R_2(x_6)$
22	[(改造,非政府主导)(不同意,不自行开发),开发]	$R_1(x_7)<R_1(x_8)\&R_2(x_8)>R_2(x_{10})\&R_1(x_9)<R_1(x_{10})\&R_3(x_{10})>R_3(x_6)\&R_2(x_6)>R_2(x_{11})$
23	[(改造,非政府主导)(不同意,自行开发),不开发]	$R_1(x_7)<R_1(x_8)\&R_2(x_8)>R_2(x_{11})\&R_1(x_9)<R_1(x_{11})\&R_3(x_{10})<R_3(x_{11})\&R_2(x_{11})>R_2(x_6)$
24	[(改造,非政府主导)(不同意,不自行开发),不开发]	$R_1(x_7)<R_1(x_8)\&R_2(x_8)>R_2(x_6)\&R_1(x_9)<R_1(x_6)\&R_3(x_{10})<R_3(x_6)\&R_2(x_6)>R_2(x_{11})$
25	[(改造,政府主导)(同意,自行开发),开发]	$R_1(x_7)<R_1(x_9)\&R_2(x_8)<R_2(x_9)\&R_1(x_9)>R_1(x_{10})\&R_3(x_{10})>R_3(x_{11})\&R_2(x_{11})>R_2(x_6)$
26	[(改造,政府主导)(同意,不自行开发),开发]	$R_1(x_7)<R_1(x_9)\&R_2(x_8)<R_2(x_9)\&R_1(x_9)>R_1(x_{10})\&R_3(x_{10})>R_3(x_6)\&R_2(x_6)>R_2(x_{11})$
27	[(改造,政府主导)(同意,自行开发),不开发]	$R_1(x_7)<R_1(x_9)\&R_2(x_8)<R_2(x_9)\&$ 当$R_1(x_9)>R_1(x_{11})\&R_3(x_{10})<R_3(x_{11})\&R_2(x_{11})>R_2(x_6)$
28	[(改造,政府主导)(同意,不自行开发),不开发]	$R_1(x_7)<R_1(x_9)\&$ 当$R_2(x_8)<R_2(x_9)\&R_1(x_9)>R_1(x_6)\&R_3(x_{10})<R_3(x_6)\&R_2(x_6)>R_2(x_{11})$

续　表

序号	策略组合 M_j	M_j 是子博弈精炼 Nash 均衡解的条件
29	[(改造,非政府主导)(同意,自行开发),开发]	$R_1(x_7)<R_1(x_{10})$& 当$R_2(x_8)<R_2(x_{10})$&$R_1(x_9)<R_1(x_{10})$& $R_3(x_{10})>R_3(x_{11})$& $R_2(x_{11})>R_2(x_6)$
30	[(改造,非政府主导)(同意,不自行开发),开发]	$R_1(x_7)<R_1(x_{10})$&$R_2(x_8)<R_2(x_{10})$&$R_1(x_9)<R_1(x_{10})$& $R_3(x_{10})>R_3(x_6)$& $R_2(x_6)>R_2(x_{11})$
31	[(改造,非政府主导)(同意,自行开发),不开发]	$R_1(x_7)<R_1(x_{11})$&$R_2(x_8)<R_2(x_{11})$&$R_1(x_9)<R_1(x_{11})$& $R_3(x_{10})<R_3(x_{11})$& $R_2(x_{11})>R_2(x_6)$
32	[(改造,非政府主导)(同意,不自行开发),不开发]	$R_1(x_7)<R_1(x_6)$&$R_2(x_8)<R_2(x_6)$&$R_1(x_9)<R_1(x_6)$& $R_3(x_{10})<R_3(x_6)$& $R_2(x_6)>R_2(x_{11})$

附录 B 策略组合 M_j 及 M_j 是子博弈精炼 Nash 均衡解的条件(非均衡解唯一)

序号	策略组合 M_j	M_j 是子博弈精炼 Nash 均衡解的条件
1	[(both,政府主导)(不同意,自行开发),开发]	$R_1(x_7)=R_1(x_8)\&R_2(x_8)\geqslant R_2(x_9)\&R_1(x_9)\geqslant R_1(x_{10})\&R_3(x_{10})\geqslant R_3(x_{11})\&R_2(x_{11})\geqslant R_2(x_6)$
2	[(both,政府主导)(不同意,不自行开发),开发]	$R_1(x_7)=R_1(x_8)\&R_2(x_8)\geqslant R_2(x_9)\&R_1(x_9)\geqslant R_1(x_{10})\&R_3(x_{10})\geqslant R_3(x_6)\&R_2(x_6)\geqslant R_2(x_{11})$
3	[(both,政府主导)(不同意,自行开发),不开发]	$R_1(x_7)=R_1(x_8)\&R_2(x_8)\geqslant R_2(x_9)\&$ 当$R_1(x_9)\geqslant R_1(x_{11})\&R_3(x_{10})\leqslant R_3(x_{11})\&R_2(x_{11})\geqslant R_2(x_6)$
4	[(both,政府主导)(不同意,不自行开发),不开发]	$R_1(x_7)=R_1(x_8)\&R_2(x_8)\geqslant R_2(x_9)\&R_1(x_9)\geqslant R_1(x_6)\&R_3(x_{10})\leqslant R_3(x_6)\&R_2(x_6)\geqslant R_2(x_{11})$
5	[(both,非政府主导)(不同意,自行开发),开发]	$R_1(x_7)=R_1(x_8)\&R_2(x_8)\geqslant R_2(x_{10})\&R_1(x_9)\leqslant R_1(x_{10})\&R_3(x_{10})\geqslant R_3(x_{11})\&R_2(x_{11})\geqslant R_2(x_6)$
6	[(both,非政府主导)(不同意,不自行开发),开发]	$R_1(x_7)=R_1(x_8)\&R_2(x_8)\geqslant R_2(x_{10})\&R_1(x_9)\leqslant R_1(x_{10})\&R_3(x_{10})\geqslant R_3(x_6)\&R_2(x_6)\geqslant R_2(x_{11})$
7	[(both,非政府主导)(不同意,自行开发),不开发]	$R_1(x_7)=R_1(x_8)\&R_2(x_8)\geqslant R_2(x_{11})\&R_1(x_9)\leqslant R_1(x_{11})\&R_3(x_{10})\leqslant R_3(x_{11})\&R_2(x_{11})\geqslant R_2(x_6)$
8	[(both,非政府主导)(不同意,不自行开发),不开发]	$R_1(x_7)=R_1(x_8)\&R_2(x_8)\geqslant R_2(x_6)\&R_1(x_9)\leqslant R_1(x_6)\&R_3(x_{10})\leqslant R_3(x_6)\&R_2(x_6)\geqslant R_2(x_{11})$
9	[(both,政府主导)(同意,自行开发),开发]	$R_1(x_7)=R_1(x_9)\&R_2(x_8)\leqslant R_2(x_9)\&R_1(x_9)\geqslant R_1(x_{10})\&R_3(x_{10})\geqslant R_3(x_{11})\&R_2(x_{11})\geqslant R_2(x_6)$
10	[(both,政府主导)(同意,不自行开发),开发]	$R_1(x_7)=R_1(x_9)\&R_2(x_8)\leqslant R_2(x_9)\&R_1(x_9)\geqslant R_1(x_{10})\&R_3(x_{10})\geqslant R_3(x_6)\&R_2(x_6)\geqslant R_2(x_{11})$
11	[(both,政府主导)(同意,自行开发),不开发]	$R_1(x_7)=R_1(x_9)\&R_2(x_8)\leqslant R_2(x_9)\&$ 当$R_1(x_9)\geqslant R_1(x_{11})\&R_3(x_{10})\leqslant R_3(x_{11})\&R_2(x_{11})\geqslant R_2(x_6)$
12	[(both,政府主导)(同意,不自行开发),不开发]	$R_1(x_7)=R_1(x_9)\&$ 当$R_2(x_8)\leqslant R_2(x_9)\&R_1(x_9)\geqslant R_1(x_6)\&R_3(x_{10})\leqslant R_3(x_6)\&R_2(x_6)\geqslant R_2(x_{11})$
13	[(both,非政府主导)(同意,自行开发),开发]	$R_1(x_7)=R_1(x_{10})\&$ 当$R_2(x_8)\leqslant R_2(x_{10})\&R_1(x_9)\leqslant R_1(x_{10})\&R_3(x_{10})\geqslant R_3(x_{11})\&R_2(x_{11})\geqslant R_2(x_6)$

续　表

序号	策略组合 M_j	M_j 是子博弈精炼 Nash 均衡解的条件
14	[(both,非政府主导)(同意,不自行开发),开发]	$R_1(x_7)=R_1(x_{10})\&R_2(x_8)\leqslant R_2(x_{10})\&R_1(x_9)\leqslant R_1(x_{10})\&R_3(x_{10})\geqslant R_3(x_6)\&R_2(x_6)\geqslant R_2(x_{11})$
15	[(both,非政府主导)(同意,自行开发),不开发]	$R_1(x_7)=R_1(x_{11})\&R_2(x_8)\leqslant R_2(x_{11})\&R_1(x_9)\leqslant R_1(x_{11})\&R_3(x_{10})\leqslant R_3(x_{11})\&R_2(x_{11})\geqslant R_2(x_6)$
16	[(both,非政府主导)(同意,不自行开发),不开发]	$R_1(x_7)=R_1(x_6)\&R_2(x_8)\leqslant R_2(x_6)\&R_1(x_9)\leqslant R_1(x_6)\&R_3(x_{10})\leqslant R_3(x_6)\&R_2(x_6)\geqslant R_2(x_{11})$

附录C 东岸村城中村改造模式3的总支付水平matlab命令

```
i=0.01: 0.0005: 0.0225;
n=1.01: 0.0012: 1.04;
[i,n]=meshgrid(i,n);
R=8.3*10^5./(1+i).^3+10^4./(1+i).^10-2.728*10^6*n./(1+i)^10+7.999*10^6;
mesh(i,n,R)
xlabel('i','fontsize',14);
ylabel('n','fontsize',14);
zlabel('R','fontsize',14);
xlim([0.01 0.0225]);
ylim([1.01 1.04]);
```

第三篇

大学校园可持续发展状况评估

王　珏

一、引言

（一）研究背景

1. 可持续发展成为世界共识

随着技术与经济的不断发展，人口激增、非可再生资源枯竭与生态环境持续恶化等问题不容忽视，经济、社会与环境三者之间的矛盾愈加突出。

1978 年，联合国世界环境与发展委员会（1987）发表了《我们共同的未来》，首次提出了可持续发展的概念，并指出了“一条新的发展道路”，“这条道路不仅在若干年内支持人类进步，而是一直到遥远的未来都能支持全球人类进步”。由此，可持续发展的思想逐步成为世界对于未来生存方式和发展方式的共识。

改革开放以来，随着与国际的交流不断深入，我国的发展观念逐步与世界接轨。应 1992 年里约联合国环境大会号召，在联合国开发计划署的支持与帮助下，我国政府于 1994 年完成了《中国 21 世纪议程——中国 21 世纪人口、环境与发展白皮书》，首次把可持续发展战略纳入我国经济和社会发展的长远规划。1997 年，中共十五大把可持续发展战略确定为我国“现代化建设中必须实施”的战略。进入 21 世纪后，党中央从国家战略层面提出建设资源节约型和环境友好型社会，并将可持续发展作为科学发展观的重要组成部分，成为指导我国一切领域建设的基本方针。

大学作为知识的传播者和时代的先驱者，是孕育科技创新的土壤，是推动技术进步的中坚力量，其自身影响力巨大。在可持续发展的时代背景下，大学校园的可持续与否，不仅影响其自身的运行效率，也将影响到整个社会可持续发展的建设进程。

2. 我国校园建设现状

1995 年，党中央正式提出将“科教兴国”战略作为中国社会主义现代化建设的重要方针，为响应这一战略，自 20 世纪 90 年代末起，全国高校进行扩招改革。十几年来，我国高校招生人数快速增长。相关《中国教育统计年鉴》显示，我国高校在校生总数已由 1997 年的 607.50 万人增长至 2013 年的 3 273.88 万人，增长了约五倍；本科院校平均规模由 1997 年的 4 062 人，增长至 2013 年的 14 261

人。由表3-1可看出，我国高等教育学生人数在2000年至2004年增长迅速。更多的学生意味着需要更多的校园空间和教育设施，由于历史原因，多数高等院校的校园受周边环境限制，改建、扩建后仍不能满足增长的需求，因此全国各地兴起了建设大学新校园以及建设大学城的风潮。数据显示，截至2013年，全国高等学校占地面积达1 699 129 270平方米，在2002年至2006年的五年间，高校总占地面积增长了近一倍。另一方面，更大的校园规模导致了更多的资源消耗。我国高校人群人均耗能量为普通居民的四倍，人均水耗量为普通居民的两倍[①]。经常存在白天在光照充足的情况下开灯、人走不关灯、电脑设备空运转等现象，在校学生的可持续发展意识有待提高。

表3-1　1997—2013年高等教育基本情况[①]

年份	在校生(万人)				本科院校平均规模(人)	学校占地面积(公顷)
	研究生	普通本科	成人高教	总 数		
1997	17.64	317.44	272.42	607.50	4 062	—
1998	19.89	341.00	262.00	622.89	4 418	—
1999	23.55	413.00	305.00	741.55	5 275	—
2000	30.12	556.00	354.00	940.12	6 916	—
2001	39.33	719.00	345.00	1 103.33	8 730	—
2002	50.10	903.00	559.00	1 512.10	10 454	82 982.94
2003	65.13	1 109.00	559.00	1 733.13	11 662	113 287.31
2004	81.99	1 334.00	420.00	1 835.99	13 561	132 495.76
2005	97.86	1 562.00	436.00	2 095.86	13 514	140 457.05
2006	110.47	1 738.84	524.88	2 374.19	13 937	150 309.55
2007	119.50	1 884.90	524.16	2 528.56	14 057	149 066.63
2008	128.30	2 021.02	548.29	2 697.61	12 097	146 430.52
2009	140.49	2 144.65	541.35	2 826.49	12 534	152 039.02
2010	153.84	2 231.79	536.04	2 921.67	13 100	156 535.41
2011	164.58	2 309.00	547.00	3 020.58	13 564	161 343.98
2012	171.98	2 391.32	583.11	3 146.41	13 999	165 000.38
2013	179.40	2 468.07	626.41	3 273.88	14 261	169 912.93

① 依据《中国教育统计年鉴》(1997—2013)整理。

21 世纪初，集中的高校大规模建设高潮遗留下了许多问题值得我们思考。新建的大学校园普遍位于市郊、城乡接合部和卫星城，由于郊区土地资源相对充裕且土地成本低廉，新建大学校园往往占地面积巨大，容积率偏低，建造过程及成果铺张不实，造成土地资源和各种能源的浪费；短时间内各地兴建起的高校校园，校园内建筑设计千篇一律，各校园之间“千园一貌”，造成了校园个性文化的缺失和校园传承文脉的割裂。

虽然近年来高校新校园建设趋势有所放缓，但我国的高等教育普及率尚远低于美国等发达国家，我国的教育事业发展尚未结束。随着经济建设水平以及人民生活水平的提高，特别是 2006 年以来政府提出建设“创新性国家”的战略之后，民众和国家对于高等教育的需求持续增长，我国的高等教育设施建设在未来一定时期内会继续向前发展。因此，针对上述高校建设存在的问题，探索一条适合我国现状的、可持续的校园建设与利用的道路，是迫切而必要的。

3. 国内外研究现状

在当前巨大的环境压力下，经过教学科研型大学和创新型大学的发展历程，可持续大学建设是世界大学的一个新的发展方向。

20 世纪 80 年代至今，北美洲和欧洲的部分世界顶尖大学已进行了建设可持续大学的实践探索，并取得了丰富的经验和成果。美国的哈佛大学、加州伯克利大学，加拿大的英属哥伦比亚大学，英国的“高等教育 21 委员会”(The Higher Education 21，HE－21)等，都是建设可持续大学的顶尖机构。因此国外相关研究资料及校园可持续发展评测报告等较为丰富。

放眼国内，清华大学于 1998 年率先提出了“绿色大学”的概念，此后许多高校积极响应。近年来随着政府大力推进节能减排工作，国内各高校进入建设节约型校园的高潮，并取得了一定的成果。因此，国内的相关研究多集中于绿色校园与节约型校园建设。

从另一维度看国内的相关研究，其多集中于建筑节能、节地节水节材、再生资源利用、智能化等“微观”的单体建筑技术层面，缺乏从“宏观”的整体层面对校园建设与利用的可持续性研究。目前国内关于可持续大学的研究为数不多，且多集中于两方面，一是可持续发展及可持续大学的概念辨析与理念研究，二是国外可持续大学建设的介绍与经验总结。关于校园可持续评估体系的研究较少。由此可见，“可持续大学”的理念刚刚进入我国，我国仍缺少在校园可持续方面的实践探索。

（二）当代大学校园建设的趋势与问题

1. 校园规划的发展历程

我国的传统教育方式是精英式教育，共同学习的学生人数较少，因此多采用私塾或家塾的形式，其规划设计简单。

至19世纪末20世纪初，随着封建王朝的没落和西方文化的引入，当代大学的理念开始在我国生根发芽。当时建立起的北京大学、清华大学等第一批高等院校，校园建设多以西方的规划理论为指导，与中国古典园林艺术相结合，其规划模式可归纳为功能分区模式。

至20世纪80年代初，"文化大革命"之后高校恢复招生，受当时社会思想环境和经济环境的影响，这一阶段多是为满足需求进行的见缝插针式的增建、扩建，基本没有考虑校园规划的科学性和合理性，对一些老校区原本的规划造成了破坏。

至20世纪90年代末，随着"科教兴国"战略的推广和高等教育的普及，高校大规模扩招，高校在校人数呈爆炸式增长，老校区的扩建和改建受到周边环境的制约，无法满足需求，我国开始了大学新校园建设的热潮。

2. 当代大学校园建设存在的问题

近年来，绿色高效、设施共享是政府一直提倡的理念。2016年2月，中共中央印发《关于进一步加强城市规划建设管理工作的若干意见》(2016)，指出目前我国城市存在的一些问题，其中包括如下两条：城市建筑贪大、媚洋、求怪等乱象丛生，特色缺失，文化传承堪忧；城市建设盲目追求规模扩张，节约集约程度不高。目前，在大学校园的建设中，也存在类似的问题，具体概括如下：

1) 规模与效益的矛盾

21世纪初，国内各城市兴建了许多大型的大学校园和大学城，如表3-2所示，选取了21世纪初新建设的部分大学校园，可见其规划总用地面积普遍达到200万平方米左右，反映出新建大学校园规模巨型化这一普遍现象。一次性投入的土地规模过大，不但与我国土地资源紧缺的基本国情不符，而且其可持续发展情况有待检验。例如中山大学，2000年兴建了3.5平方公里的珠海校区，2002年又进驻广州大学城，而此时珠海校区由于运行成本过高、资源闲置等原因成为学校的负担。

表 3-2　部分新建大学校园、大学城面积指标

序号	新校区名称	规划总用地面积（万平方米）	规划总建筑面积（万平方米）
1	大庆石油学院新校区	150	70
2	河南大学新校区	122.7	40
3	辽宁大学道义校区	93.3	28
4	南昌航空工业学院新校区	150.3	65
5	合肥工业大学新校区	100	38
6	山东理工大学新校区	200	85.2
7	山东建工学院西校区	133.3	64
8	沈阳建工学院新校区	76.7	34
9	厦门大学漳州校区	171.2	60.8
10	四川大学新校区	220	140
11	西南交通大学新校区	200	108
12	南京师大仙林校区	193.3	50
13	浙大紫金港校区(东区)	213.3	107
14	上海大学新校区	100	36

资料来源：张建华.对当今大学新校园规划设计中若干问题的思考[J].规划师，2005(3)：80.

在各高校普遍追求规模的同时，多数在规划上并没有采取相应的对策，而是沿用传统大学校园按功能划分区域的布局结构，分为教学区、生活区、体育活动区等，仅将原有的功能分区模式做简单的放大化处理，忽视了人性化尺度。一方面导致各功能过于集中，各功能分区之间距离较远，超出合理的步行范围，如图 3-1 所示：依据体能功效分析，通常人能忍受的步行时间不宜超过 15 分钟，以正常平均步速每分钟 80 米计，理想步行距离以 800 米以内为宜，广州大学生活区与教学区步行距离约 1 200 米，为师生的日常生活带来不便。另一方面距离过远导致相关院系联系不紧密，现代教育提倡跨院系、跨学科、多层次的立体教育模式，提倡各学科间的相互渗透，放大化的功能分区模式将其割裂开来，不利于各院系之间以及师生之间的交流合作(张建华，2005)。

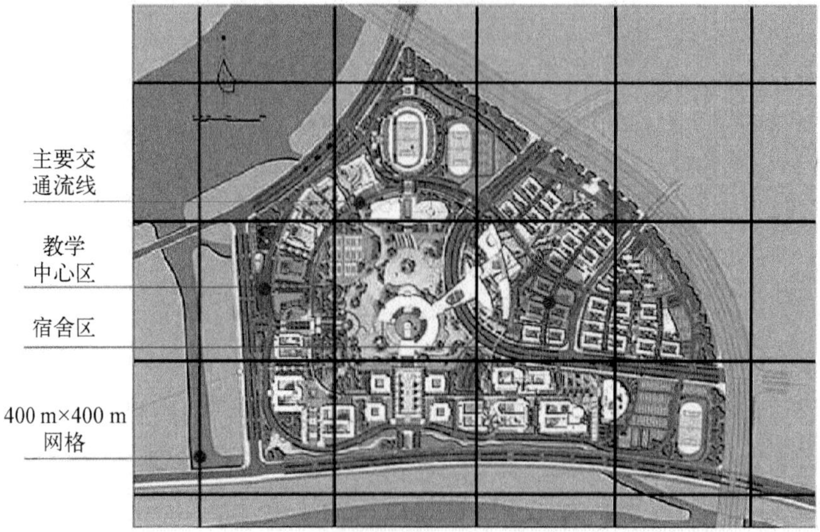

图 3－1　广州大学校区步行尺度分析

图片来源：海佳.基于共生思想的可持续校园规划策略研究[D].华南理工大学，2011：12.

此外，由于新建大学校园的规模普遍过大，在规划设计时其内部交通系统自成一体，缺乏与周边城市道路的充分联系；且出于安全等方面的考虑，大部分高校设置了门禁制度，禁止非本校机动车辆入内，使大学校园成为城市交通的“禁区”，一方面使校内外的衔接不够通畅，影响校内外沟通的便捷，另一方面影响了城市交通的整体性，不利于大学校园与城市的可持续发展。

2）郊区化与城市共享的矛盾

新建大学校园的选址一般位于城市郊区或城乡接合部，一方面是由于城市内部可用空间较少，土地成本较高，选址在城市边缘能获得更广阔的空间，经济性较高；另一方面是希望借助新建大学校园为其周围的城市区域带来新的商机与活力，带动周边区域的发展。但事实表明，当大学校园选址远离城市中心区域，如何使大学和城市结合在一起、如何实现大学校园的资源与市民和城市共享、如何使大学更好地服务于城市等问题亟待解决，大学校园不应成为位于郊区的“孤岛”。

如同济大学嘉定校区，位于上海市嘉定区上海汽车城区域，距离上海主城区约三十公里，距离周边较为繁华的城镇（安亭镇）约十公里，且交通不便利，学校距离地铁站有大约三公里的距离，学生出行所需的时间大多在两小时左右。校园刚建成时周边配套没有跟上，周围多是工业用地和农田、农村宅基地，有少量住宅小区，近年来随着商业配套的跟进，情况正在好转。再如东南大学浦口校区，位于南京市江北浦口地区，距离南京主城区约二十公里，且浦口只能通过长江大桥与主城区相连，交通问题突出。上述两个案例都说明，由于选址郊区化导致的交通问题为校园的发展制造了障碍，以大学校园建设来促进周边区域发展的目标未能较好地实现。选址郊区化校区的校内外环境对比如图 3－2 所示。

图 3－2　校内与校外环境的对比

3）批量化与个性文化的矛盾

由于在校学生数量在短时间内大量增加，需要尽快新建校园设施以满足快速增长的需求，所以超常的建设速度是当前新校园的兴建的另一大特点。设计和施工周期过短，使得校园的设计者和管理者对于新校园没有明确的设计目标和定位，因此多采用“批量化”的规划设计方法。城市规划相关部门对于新校园周边区域的规划开发计划也无从谈起。

“批量化”生产的新校园在规划模式、建筑形式上趋于相同，呈现出“千校一貌”的局面，导致校园个性文化缺失，经常采用的大广场、大片水面以及大草坪等标志性景观设施只能徒增气派而少有人使用和参与其中，从而失去了它们存在的最初意义；且在同一个新校园之内，各建筑物之间趋于相同，校园文化的传承被打断，导致校园文脉被割裂。这些都是大学校园可持续发展所遭遇的问题。

（三）研究目的、内容与方法

1. 研究目的

本篇希望通过校园建设与利用可持续发展评估体系的研究，实现以下目的：

第一，明确对可持续大学概念与内涵的认知。通过对可持续大学概念与内涵的辨析，指出对可持续发展大学的理解误区，从而更深刻、全面地理解其基本内涵。

第二，初步建立“校园建设与利用可持续发展评估体系”。通过对评估指标和评估方法的研究，找出对校园可持续发展影响较大的因素；并对同济大学四平校区及嘉定校区进行试评估，根据评估数据提出针对性建议，从而为未来建设可持续大学校园提供参考。

2. 研究内容

在我国推动建设“资源节约型、环境友好型”社会的大背景下，基于可持续发展的理论基础，以及国外高校建设可持续大学的经验，本篇拟进行大学校园可持续发展评估相关研究。

一方面，校园可持续发展是一个涵盖范围很广的课题，包含环境可持续、经济可持续、社会可持续、文化可持续等多个维度，由于作者水平有限，故将本篇的研究范围限定为大学校园建设与利用方面的可持续发展评估。另一方面，在校学生作为大学校园的首要使用者，其使用需求是否得到满足、使用感受满意程度是衡量一座大学校园的设计、建造是否成功的重要因素，而目前涉及校园可持续评估的研究中，几乎没有从学生角度出发进行的评估，故本篇将采用使用后评估的方法，站在学生的角度，对大学校园建设与利用的可持续性作出评估。

综上，本篇将尝试建立一个从学生角度出发的、着眼于大学校园建设与利用可持续发展情况的使用后评估体系，并以同济大学为例进行试评估。其根本目的在于，帮助学校自身进行检查比较，找出校园建设与利用方面可持续建设的不足之处，提高校园的可持续发展水平。

本篇架构如下。

第一部分为引言，将主要介绍本篇的选题背景、研究内容、研究意义与研究方法。首先，根据我国目前推动可持续发展战略的大环境，说明推动校园可持续建设的重要性；其次，说明当代大学校园建设的趋势与问题；最后，说明本篇的研究内容与方法。

第二部分为理论基础，将介绍可持续大学的概念、在国内外的发展历程，并通过经典案例对国外可持续大学的建设进行经验总结，以作为本篇的理论支撑。

第三、四部分是文章的主体。第三部分将尝试构建大学校园建设与利用可持续评估体系，阐述评估指标的组成、评估指标权重的确定方法等。第四部分将以同济大学为调查对象进行试评估，阐述评估指标数值的获取、数学模型选取及运算、评估结果及建议等内容。

第五部分是总结与建议，首先结合同济大学的评估结果和国外的经验，对国内大学的校园建设与利用方面的可持续性提出一些建议。最后总结本篇评估体系的优缺点，对未来研究方向提出展望。

3. 研究方法

1）文献分析法

主要通过互联网检索和书目检索，对已有研究资料进行收集、整理、归纳，对国内外经典可持续大学案例深入分析，从而得到论文理论基础。

2）调研分析法

通过问卷调研的方式，得到评估体系所需要的数据，再运用统计学方法进行分析，得到最终的评估结果。

4. 研究流程

本篇的研究流程如图 3-3 所示。

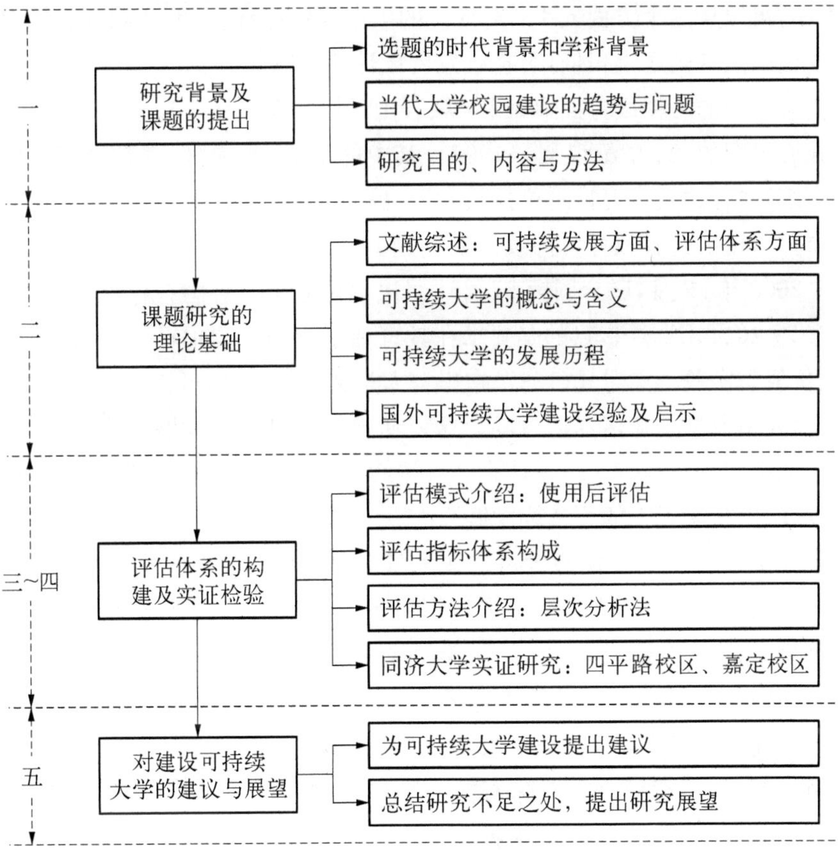

图 3-3　研究流程图

二、可持续大学概述

（一）文献综述

1.“可持续大学”

1）“可持续大学”定义与内涵

关于“可持续大学”，目前学术界尚无统一且权威的定义，各不同学科的相关研究大多从不同的方面和角度对其进行了概念解释和内涵阐述。笔者将其总结为以下三个的方面：校园环境的可持续；高等教育的可持续；大学为社会的可持续发展作表率、作贡献。

张帆（2006）主要从校园环境的可持续发展方面，从校园规划的角度对“可持续大学”的含义进行解释，并提出，可持续发展校园在环境建设与工程技术等“硬件”方面，可以从三个方面入手：对环境的生态保持；对能源的节约和利用；建立在在前面两点基础之上，具有可持续发展设计的建筑。

高等教育的可持续方面，1992 年联合国环境与发展大会通过了以可持续发展为核心思想的《21 世纪议程》（1992），其中的第 36 章为“促进教育、公众的认知与训练”，指出“教育对推进可持续发展、提高人们解决环境与发展问题的能力至关重要”，提出高等教育可持续发展问题，并由此延伸出可持续发展大学这一概念。2002 年 12 月，联合国第 57/254 号决议设立了联合国教育可持续发展规划（2005—2014，DESD），目的是要求在教育和学习的过程中贯彻可持续发展的原则、价值与实践。潘懋元（1997）指出：“人是文化的主体，可持续发展是以人为本位；而人是通过教育培养造就的。这就使教育在可持续发展战略中占据极其重要的地位。”赵宗峰（2008）也认为，“可持续发展大学不仅意味着自然环境的可持续发展，更意味着人的可持续发展”。

高桂娟（2014）主要从建设可持续大学对社会的可持续发展的积极作用方面，对“可持续大学理念”的意义进行了解释，认为“可持续大学理念是大学在变化环境中的理想追求，反映了大学面对人类发展困境时的人文关怀和担当”。并从三个层次对“可持续大学理念”对于社会可持续发展的积极作用进行了系统化表述：“其一，可持续大学首先意味着大学应作为可持续发展的率先示范。其二，可持续大学意味着大学更要对社会的可持续发展承担起相应的责任。其三，可持续大学意味着大学终将以引领社会和人的可持续发展为皈依。”

2）国外“可持续大学”建设

自20世纪70年代末起，国际上对于高等教育可持续发展的重视度逐渐提高，开始进行可持续大学的建设步伐。经过三十多年的探索，世界可持续大学的建设得到了较快的发展，特别是欧美国家，无论是可持续大学的理论研究还是实务工作，目前已渐趋成熟，其成功经验值得我们借鉴。

高桂娟（2014）对国内外可持续大学的建设进行了简单梳理，国外部分介绍了美国乔治华盛顿大学的绿色大学计划，美国鲍尔州立大学（Ball State University）的“校园绿色化”（Greening of the Campus）研讨会，加拿大英属哥伦比亚大学（the University of British Columbia，UBC）和英国的25所高校共同参与的“高等教育21计划”（The Higher Education 21，HE－21），以及两所可持续发展机构的理念及措施；国内部分简要介绍了清华大学建设“绿色大学”的构想，以及哈尔滨工业大学、北京师范大学等高校随后提出的“绿色大学”建设理念、建设方案和建设内容。

以下研究针对具体案例进行了分析总结。李贵节（2012）列举了英国诺丁汉大学茱比利校区、“高等教育21计划” 等具有代表性的可持续大学建设实例，并将国外可持续大学建设主要关注对象总结为可持续理念政策、校园建筑环境、能源利用废弃物处理、教育可持续、与社区合作五个方面。桂莲（2015）对加拿大麦吉尔大学的可持续发展战略的内涵、分类、推进体系进行了探讨，将其可持续发展战略推进体系总结为科研、教育、连通、业务、管理五个方面。崔玉晶（2007）考察了加拿大英属哥伦比亚大学（UBC）的可持续发展建设工作，从高校总体发展规划的角度，总结了英属哥伦比亚大学建设可持续发展大学的经验，并指出我国高校建设可持续大学时，“应促进校园共同体成员更广泛的参与，将可持续发展落实到学校工作的各个方面”。

2. 评估体系

自20世纪90年代中后期起，随着我国与世界逐渐接轨，我国开始重视环境与可持续发展问题。2013年，由中国城市科学研究会绿色建筑与节能专业委员会、同济大学、中国建筑科学研究员共同主编的《绿色校园评估标准》为国内第一部绿色校园评估标准，标准编号为CSUS/GBC 04—2013，自2013年4月1日起实施。《绿色校园评估标准》可作为我国开展绿色校园评估工作的技术依据（中国城市科学研究会绿色建筑与节能专业委员会，2013）。随着建设可持续发展校园的开展，有学者对绿色校园及可持续校园的评估方法、评估指标、评估体系进行了研究。

1) 评估指标

在校园环境可持续评估方面，周天寒(2012)收集了全球的 17 个绿色校园评估体系，并对其系统框架、指标选择等特征进行综合分析，尝试建立基于生态足迹方法的校园环境评估体系。海佳(2011)以大学校园的总体规划为切入点，结合共生思想，分别从城市共生、时空共生、文化共生三方面提出了可持续校园的规划策略。并以上述规划策略体系为参考，构建了“可持续校园环境综合评估体系”。

在校园整体可持续评估方面，何镜堂(2006)认为，“大学城持续发展的庞大系统，涉及自然、社会、经济、文化、技术等方方面面的要素”，其影响大学城可持续发展的因素分为空间形态等“显性要素”和经济文化现象等“隐性要素”。王晓蕾(2007)从“五律协同”理念出发构建评估指标体系，认为“自然是人类发展的物质基础，经济是动力牵引，社会是组织力量，技术是支撑体系，环境则是约束条件，这五方面既独立作用又相互制约，只有获得这五类规律的共同认可，即‘五律协同’，才能真正实现社会—经济—环境的可持续发展”，因此从自然、环境、技术、社会和经济五方面出发构建了大学校园环境评估指标体系。吕斌(2011)总结了 15 种国外与高校可持续性测度有关的评估工具，选择借鉴了宾州州立大学指标报告(Penn State Indicators Rpeort)、L. Cole 的高校可持续性评估框架 CSAF(Campus Sustainability Assessment Framework)和 C. Stratton 的 2010 年俄勒冈大学校园可持续性评估(2010UOCSA)三种工具，并对其评估指标进行本土化改编，最终选择了能源、水、空气、交通、建成环境、资源与废物、土地、空间形态等作为几个主要方面，建立了中国大学校园可持续评估指标体系。

2) 评估方法相关文献

在评估方法上，朱小雷(2002)以广州某大学校园为研究对象，借助于使用后评估的方法评判校园环境满足使用者需求程度的同时，建立一套校园环境主观评估方法，以平均值分析、方差分析和因子分析三种统计分析方法探索不同专业组间的评估差别和评估因素间的规律，并利用模糊数学对校园总体环境作综合评估。

王晓蕾(2007)和吕斌(2011)均采用了层次分析法(The Analytic Hierarchy Process，AHP)确定各评估指标的权重。利用九分位相对重要性比率标度打分规则，通过专家咨询的方式构建判断矩阵，结合定量指标的现状值和问卷调查结果得到各评估指标值，进而综合加权各指标评分，得到综合评估指数。最后通过实例分析，验证该评估模型的科学性和可行性。

（二）可持续大学的概念

1. 可持续大学概念的提出

关于“可持续发展”的定义，目前尚且没有唯一的界定，迄今最广为接受的“可持续发展”定义，是1978年联合国世界环境与发展委员会（WECD）在报告《我们共同的未来》中提出的定义，认为“可持续发展”是“既满足当代人的需求，又不危及后代人需求的发展”（Brundtland Commission，1987）。可持续发展的理念是世界公认的解决环境和发展问题的有效途径，大学作为科学技术和时代的前沿，关于校园可持续发展问题的研究应运而生。1992年，联合国发布的《21世纪议程》首次提出高等教育可持续发展问题，并由此延伸出可持续发展大学这一概念。随着全球资源和环境问题愈演愈烈，全球对可持续发展的研究不断深入。

2. 可持续大学的概念与含义

由文献综述部分可知，对于“可持续大学”，目前尚无明确的、统一的定义。各不同学科的相关研究大多从不同的方面和角度对其进行了概念解释和内涵阐述。笔者将其总结为以下三个的方面：校园环境的可持续，高等教育的可持续，大学为社会的可持续发展做表率、做贡献。在上述已有文献研究的基础上，笔者认为，“可持续大学”的含义应分为内在和外在两个方面。

可持续大学的内在含义是指将一座大学校园作为研究对象，研究“可持续大学”在校园硬件设施环境以及校园软件运行机制等方面的需求。第一，可持续大学应在硬件环境上是可持续的，一方面体现在绿化、景观规划设计，另一方面体现在校园的资源、能源的使用，废弃物处理、循环利用方面；第二，可持续大学应在软件机制上是可持续的，应拥有精简高效的职能组织机构，应将可持续的思想融入教育中，培养学生的可持续意识；第三，可持续大学应在时间上是可持续的，任何一座校园建成后都不是一成不变的，随着时间的推移和需求的变化，其校园空间环境将不断变化，可持续大学校园应拥有应对未来发展的空间并提前制订发展计划；第四，可持续大学应在文化上是可持续的，文化是一座大学的灵魂，文脉尚存则大学不灭，可持续大学应尊重人文，重视校园文脉的传承。

可持续大学的外在含义是指不只局限于一座校园的尺度，同时考虑校园与城市互利互助的共生关系，考虑校园与周边大环境的和谐交融的需求。世间任何事物都不是独立存在的，都与外界有着广泛的联系，校园也是如此，城市就是大学校园赖以生存的环境。城市为大学校园提供物质环境和后勤服务等条件，大学校园对城市的科技、文化产业发展和文化氛围起到拉动作用，因此城市与可持续大学的校园之间应是互利互助的共生关系，校园应与周边环境和谐交融。

可持续大学的内在、外在两种含义，反映在具体措施上，可归纳为硬件和软件两个方面，且每个方面都包含可持续大学的所有含义：硬件是指校园建设与利用方面，比如校园规划设计时是否考虑了环境上可持续从而采用绿色建筑手段、是否考虑时间上可持续从而预留发展用地、是否考虑文化上可持续从而在设计上注意校园文脉传承等；软件是指校园运营机制与规章制度等方面，比如是否考虑环境上可持续而建立节能节水等环保制度、是否考虑机制上可持续而设立可持续发展组织机构、是否考虑时间上可持续而建立完整的学校整体发展规划等。可持续大学的含义及具体反映之间的关系如图 3-4 所示，本篇的研究范围，就限定于校园建设与利用方面，研究校园可持续情况评估。

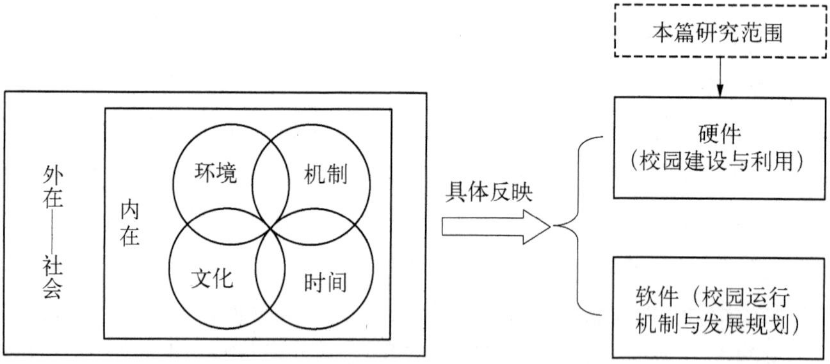

图 3-4　可持续大学含义与反应关系图

3. 对可持续大学的理解

由于"可持续大学"目前尚无明确的、统一的定义，因此对于"可持续大学"的理解存在一定的混乱情况。有学者认为，"可持续大学"就是"节约型校园"，就是"绿色大学"，认为可持续的校园就是注重景观规划和生态环境的校园，建设可持续大学就是解决建筑节能问题，建设可持续的校园就是在校园规划中预留未来发展用地。但笔者认为，以上观点只是可持续大学概念的局部内容，没有触及其核心理念。

首先，可持续大学不等同于节约型校园。可持续大学的一个重要特点确实是节能，且建筑物的绿色节能设计如保温、隔热设计等，确实是实现节能减排、降低校园能耗量的重要技术措施，但不能以偏概全地认为建设可持续大学就是建设节约型校园，节能只是可持续大学的一个特点。

其次，可持续大学不等同于绿色大学。对于绿色大学，不同的学者给予了不同的定义，其共同点在于，绿色大学的理念是在学校的各项工作中体现可持续发展的思想和环境保护的原则，通过完善自我管理、改进教育手段、提高办学效率和效益、开展绿色教育活动等方式实现（王民，2010）。由此可见，绿色大学较为全面地包含了可持续发展的思想理念，可以说绿色大学是可持续大学的一个比较完整的内在体现。与绿色大学相比，可持续大学与其所处环境有着更为紧密和多样的外在联系。

（三）可持续大学的发展历程

1. 国外建设可持续大学的历程

在高校可持续发展的研究与实践经验上，英国是最早开始的国家之一。1993 年由利物浦约翰墨尔大学校长彼得·托尼主持出版了题为《环境的责任——一个继续教育和高等教育的新一城》的报告，也被称为"托尼的报告"，报告主张"在如何解决全球气候变暖、臭氧层破坏以及生物多样性维护方面，大学应该成为社区的榜样"，其可贵之处在于提出了校园规划、建筑设计应围绕校园运行的方式、废物管理以及能源系统等方面，呼吁通过教学为学生提供了解校园生态问题的机会。1999 年，英国诺丁汉大学朱比利分校落成，该项目是利用距离主校园 1.6 千米远的一个废旧自行车工厂改建而成，突出了绿色设计理念，是建设可持续大学的标志性案例（陈占鹏，2004）。随后，英国 25 所高校共同参与了"高等教育 21 规划"（The Higher Education 21，HE－21），意图树立和推介整个高等教育界可持续性的最佳实践案例（李贵节等，2012）。

美国和加拿大也是最早可持续大学研究与实践的国家。1994 年，美国乔治华盛顿大学率先成立绿色大学推动委员会。1996 年起，美国鲍尔州立大学每两年举行一次"校园绿色化"研讨会，会上聚集世界众多大学的校园可持续性理论研究与实际执行者的经验与观念，已成为该领域最具代表性的研讨会。加拿大英属哥伦比亚大学 1998 年成立了加拿大第一个校园可持续发展办公室，是加拿大第一所实施可持续发展政策的大学（高桂娟等，2014）。加拿大滑铁卢大学自 1995 年起意识到校园可持续发展的重要性，随后校方清晰地描绘出校园可持续发展的远景，并期望以此引领周边社区的可持续模式（李贵节等，2012）。

由此可见，随着可持续发展理念的提出，自 20 世纪 90 年代起，欧洲和北美洲的高等院校开始了可持续大学的建设，从绿色建筑开始，逐步向校园规划、组织机构、教育计划等方面发展，建立起各自的校园可持续发展体系，并日趋完善。

2. 国内建设可持续校园的历程

继1992年联合国《21世纪议程》发布之后，我国于1994年发布了《中国21世纪议程——中国21世纪人口、环境、发展白皮书》，首次把可持续发展战略纳入我国经济和社会发展的长远规划，并于中共十五大将可持续发展战略定为"现代化建设中必须实施"的战略，将可持续发展作为科学发展观的重要组成部分。政府相继推出了"绿色校园""绿色大学""节约型校园"等政策推进校园可持续发展的建设。

为响应国家号召，1998年清华大学率先提出建设"绿色大学"的构想，成为我国第一所绿色大学。随后，绿色大学的理念开始受到国内高校的广泛关注。哈尔滨工业大学提出了"建好一个中心、搞好三个推进"的方案；北京师范大学提出"推进绿色教育，建设绿色校园，倡导绿色行动，塑造绿色人格"的建设内容（高桂娟等，2014）；同济大学与联合国环境署合作创办环境与可持续发展学院，积极开展可持续发展理论研究、城市环境可持续发展研究、节能环保新技术开发及产业化等相关研究，创建节约型校园，努力向以可持续发展为导向的大学转型（同济大学新闻网，2016）。

近年来，随着资源与环境问题受到越来越多人的重视，更多的高校开始把可持续发展理念融入校园建设、科学研究、人才培养等方方面面。经过近20年的探索，国内高校在可持续发展方面取得了一定的成就，可持续大学是未来大学发展的一个重要方向。

（四）国外可持续大学建设经验及启示

1. 国外可持续大学建设经典案例

自20世纪90年代起，国外许多高校在可持续大学建设的理论研究和实践探索方面，都做出了许多尝试，其成功的经验值得国内高校借鉴。下面选取两个案例，对国外可持续大学建设进行简单的介绍。

1）哈佛大学

哈佛大学是美国最广泛开展可持续大学建设的大学之一。先后推行了校园节能计划（Campus Energy Reduction）、资源效率计划（Resource Efficiency Program）、学生绿色生活计划（Graduate Green Living Program）和FAS综合能源管理等一系列行之有效的可持续校园发展计划（理查德，2008）。

（1）组织机构

2000年3月至2001年6月，哈佛制订了绿色校园建设战略规划，并正式成立了哈佛绿色校园推进组织(Harward Green Campus Initiative,HGCI),其编制隶属于后勤服务中心,使命是使哈佛成为追求校园可持续发展的现实实验室和学习型组织。2008 年夏天,哈佛大学发表了明确的减排目标,为配合这一承诺,越来越需要有一个中央办公室与各学院和各单位共同努力实现这一目标,绿色校园推进组织(HGCI)正式成为哈佛可持续发展办公室(Office for Sustainability,OFS),直接向执行副校长汇报,继续执行并扩大 HGCI 的使命,帮助学校实现减排目标,是哈佛大学可持续大学建设的核心组织。

OFS 认为,建设可持续大学,要求所有的哈佛成员都贡献一份力量,需要各部门各学院精诚合作。为了方便学校各方参与可持续发展的工作,OFS 建立了许多工作小组、咨询小组作为协作组织。目前已建立了 8 个决策团体,分别为:哈佛绿色校园指导委员会、哈佛绿色校园跨系咨询委员会、Longwood 校区绿色校园倡议指导委员会、Longwood 校区校园能源节约项目咨询委员会、绿色校园贷款基金咨询委员会、FAS 本科资源效率项目筹划指导委员会、绿色实验室咨询委员会、绿色校园网络,每个决策团体都有各自的工作任务和工作沟通制度。

(2) 运行机制

建设可持续大学是一个长期的动态发展过程,这要求大学拥有一个能长期保持活力、适应动态变化、随着目标的变化而调整的运行机制。OFS 的工作模式就是通过一系列基于商业化运作机制的项目、服务、激励和课程来推动的。

哈佛绿色校园借贷基金(GCLF)是 OFS 商业化运作机制的核心。GCLF 于 2001 年成立,是一个 1 200 万美元的可循环的借贷基金,旨在通过为可持续的设计和高校的运行和维护提供资金,由哈佛绿色校园行动组织和一个跨部门的咨询委员会管理。借贷的回报产生于项目的效用和运行费用的节约,其项目回报率超过 20%。GCLF 有两种运作方式:一种是提供无利息的环境信贷基金,任何一个大学成员提出的环保项目只要被认可,就能获得不超过五年的贷款;另一种是将资金用于研究、审计、实验、评估、环境信息系统的发展及项目推广等。

(3) 配套措施

可持续大学的建设不仅仅包含绿色借贷基金的运作内容,还需要配套政策、绿色建筑标准、教育手段等配套措施的支持。

在政策方面,2007 年哈佛大学发布了的《哈佛大学绿色建筑导则》,对 500 万美元以上的新建、主要或部分改造项目和 500 万美元以下的项目分别作出了不同的要求,如 500 万美元以上项目应分别达到 LEED 新建建筑标准要求和 LEED 商业内饰标准要求,并获得最低的绿色建筑银色认证,500 万美元以下的项目应在灯光、供热、绿化、维护等方面满足绩效要求，鼓励达到 LEED 认证标准，但不要求获得认证。

在决策工具方面，哈佛推广了能源模型分析和生命周期成本估算法。能源模型分析可在概念设计阶段作为项目决策和评估的一体化工具，目的在于优化建筑物的能源绩效，提高能源使用效率。全生命周期成本法是在产品的生命周期中考虑在建筑、运行、维修中涉及的所有成本的经济分析方法。哈佛所有的新建或改建项目必须采用生命周期成本估算方法估计运行成本，以帮助哈佛的决策者们对新建、改造、设备更新以及其他涉及先期成本支出和持续支出的项目做出决策。

在教育手段方面，哈佛继续教育学院通过远程教育和课堂教学的方法向全校学生讲授“可持续发展的组织变化管理”和“可持续的建筑：设计、建造和运营”两门课程。哈佛还通过绿色校园网络，让公众对绿色校园建设信息和参与项目的途径有深入的了解，网站还发布了针对不同人群的绿色校园建设可操作性指南“我该如何做”等，为学生了解可持续校园创造了途径。

2）爱丁堡大学

爱丁堡大学（University of Edinburgh）创建于 1583 年，位于英国苏格兰首府爱丁堡市内。面对越来越严重的资源环境问题，爱丁堡大学制定了《社会责任与可持续发展策略（2010—2020）》（*The University of Edinburgh Social Responsibility and Sustainability Strategy 2010—2020*），明确了爱丁堡大学的社会责任和可持续发展策略（余海波，2013）。

（1）组织机构及运行机制

爱丁堡大学的建设可持续大学的核心机构是社会责任和可持续发展委员会（Social Responsibility and Sustainability Committee，SRS）。SRS 的职责在于使大学成员能够明白、理解并传递爱丁堡大学希望成为主要的拥有社会责任感的可持续发展的大学的志向。SRS 通过支持文化多样性、追求创新、与当地社区及全球合作来实现这一目标（The University of Edinburgh，2016）。

SRS 下设四个小组作为协作组织，定期召开工作会议。四个小组分别为：可持续发展工作咨询小组（Sustainability Operation Advisory Group，SOAG）、公平贸易指导小组（Fair Trade Steering Group）、可持续实验室指导小组（Sustainable Laboratories Steering Group）和可持续发展信息和通信技术小组（Sustainable Information and Communication Technology Group）。

可持续发展委员会的总负责人是大学的一位副校长，她每年召集全校有关部门召开有关可持续发展的三次会议，成员是来自大学三大学部的管理人员。可持续发展和环境员会主要为大学中央管理委员会提供可持续发展方面的建议，并提供人力资源和技术等方面的支持，鼓励和支持教师开设有关可持续发展的课程，监督大学后勤部门对资源可持续使用计划的执行，最终促进大学与社会的可持续发展。大学可持续发展策略的执行情况要向专家组汇报，并接受专家组的监督。学校会每年公布可持续发展报告，以反映本年度可持续发展的工作情况。

（2）可持续发展策略

为了更好地履行社会责任和推进可持续发展大学建设，爱丁堡大学制定的《社会责任与可持续发展策略（2010—2020）》中提出了“通过对未来的塑造，吸引世界上最有潜力的学生和出色的教师。通过参与更广阔的社区活动来推动平等、多元化以及社会责任和可持续发展”的策略。

该策略中阐明，要将社会责任与可持续发展的理念融入学校管理、政策制定、人才培养等方方面面，大学要以身作则，培养具有社会责任感和可持续发展理念的学生和教师，让其成为未来可持续发展的实践者和倡导者。

（3）主要措施

设立相关学位及课程。爱丁堡大学给学生提供课程和资源学习有关可持续发展的内容，设立了与可持续发展相关的本科学位和硕士学位。本科开设了可持续发展专业，核心课程为可持续发展概论、可持续发展前景，还有正在变化的世界、环境和群落生物学、可持续社会和环境等课程，学生也能够在社会和政治科学、商学、地理、经济等方面的课程中广泛选择与可持续发展相关的课（The University of Edinburgh，2016）。爱丁堡大学还开设了若干硕士专业，从不同角度更深层次地对可持续发展进行研究，所设硕士专业有：高级可持续发展设计、非洲和国际发展、低碳管理、生态经济学、环境和可持续发展、全球和国际社会学、环境和历史、户外环境和可持续发展教育、公共健康调研、奴隶制和强制劳工研究、可持续能源系统等（The University of Edinburgh，2016）。

开展可持续发展的研究。爱丁堡大学人文与社会科学、科学与工程、医学与兽医三个学部寻找跨学科的合作主题，学校提供专门的研究资金。2009—2010年，大学投入有关可持续发展的经费 9 500 万英镑，占学校当年所有科研经费的45%。学校成立了国际健康研究院、传染疾病中心、公平世界研究所、环境变化和可持续发展中心等，在气候变化、疾病、社会公平以及健康等方面进行研究（余海波，2013）。

通过实践探索可持续发展。爱丁堡大学倡导师生从生活方式和行为改变做起，改善周围的生活环境。制定了《爱丁堡大学可持续发展指导》(*The University of Edinburgh Be Sustainable Guide*)，该指导包含了循环经济、电脑和打印、爱丁堡气候行动、能源、交易公平、食物、实验室、低碳和可再生能源、采购、循环再利用和资源效率、科研和教学、责任投资、出行方式、福利和幸福、社会责任、缺陷反馈和公众参与17个主题，不仅包含了爱丁堡大学在日常生活方面对学生和教职工做出的指导建议，如建议将电脑调至节能模式、鼓励自行车及公共交通出行、优先采购节能产品等，还阐述了爱丁堡大学在气候、资源、经济等方面为可持续发展所做的研究(The University of Edinburgh，2016)。

与社区紧密相连。爱丁堡大学在爱丁堡市经过了几百年的发展，与城市融为一体，已成为城市不可或缺的一部分。同时，学校十分注重与社会的互动。学校主动介入社会各项事务，积极与政府交流，鼓励学生参与社区志愿活动。学校也致力于在社区分享知识，创造良好的科学文化氛围，每逢开放日，公众可参观校园，进入图书馆读书。这些措施使爱丁堡大学与城市之间保持紧密的联系。

2. 对我国建设可持续大学的启示

1) 应注重与城市的互动与交融

欧洲历史悠久的大学，最初基本都建立在小城镇里，几百年来随着大学的发展、扩张，带动了整个城镇的发展，形成了大学校园与城镇相互交融、有机渗透的模式。大学在城镇中处于非常重要的地位，对城镇有着举足轻重的影响，形成了"大学城镇"(University Town)，如上述案例中的爱丁堡大学以及牛津大学、剑桥大学。这是欧洲传统大学的经典发展模式。

再如美国，最初时大学校园受殖民文化的影响趋于封闭，随着美国文化的发展变化，大学校园逐渐开放，与周边城镇建立起紧密的联系。如上述案例中的哈佛大学，已在坎布里奇市有了350多年的发展历史，不仅在空间上紧密依存城市，且为城市提供了大量就业机会，真正实现了校园和城市的共生共荣。再如斯坦福大学利用闲置土地创办斯坦福工业园，开放学校的实验室，吸引高新技术企业来此发展，由此形成了著名的"硅谷"，体现了大学对于城市发展的积极促进作用。

由前文可知，爱丁堡大学和哈佛大学在建设可持续大学的过程中，都非常注重与周边社区的交流，重视自身的社会责任感，希望通过大学的努力，带动社区一起实现可持续发展，这值得我们借鉴。不仅要注重大学校园与城市在空间上的交汇，也要重视与城市的合作，利用自身优势带动城市的发展。

2）应建立推动可持续大学建设的组织机构

由前文案例可知，哈佛大学和爱丁堡大学分别建立了可持续发展办公室（OFS）和可持续发展委员会（SRS）作为建设可持续大学的核心机构，专门负责可持续大学建设的相关工作，并设立了配套工作小组作为协办机构，以推进学校及社会各方的合作。因此国内在建设可持续大学时，应设立专门的组织机构，以避免责任分配不清等情况的发生。

3）应制订可持续发展总体规划与行动计划

古语云“欲行其事，先利其器”，具有指导意义的总体规划和具有实践可操作性的行动计划便是欲行“可持续大学”之事之利器。爱丁堡大学制定了《社会责任与可持续发展策略（2010—2020）》，作为十年间学校建设可持续大学的行动纲领；哈佛大学先后推行了资源效率计划、学生绿色生活计划等行动计划来逐步推进校园可持续发展建设。因此，建设可持续大学首先应有总体规划与各时期的行动计划。其次，制订出规划后，不能纸上谈兵，必须要将行动落到实处，由大化小，化整为零，逐步实现目标。

三、大学校园建设与利用可持续性评估体系

自1993年起到目前为止，世界范围内共有17种绿色校园评估工具，根据内容可将其分为校园环境类、管理教育类和综合类。随着人们对于可持续发展的认识不断深入，评估工具也从早期的仅关注校园环境发展为涵盖环境、管理、教育、社会、经济五个方向的综合类评估体系。但并非所有评估工具均覆盖了这五个领域，不同工具对指标的选择各有其侧重点，但几乎所有的综合类评估体系都选择了环境类和管理类指标，可看出环境及管理是可持续大学的重要影响因素（周天寒，2012）。由于作者水平及精力有限，且经济、教育、社会等因素较难量化评估，因此，在前文研究的基础上，本部分将针对大学校园建设与利用方面尝试建立可持续性评估体系，采用使用后评估的方法，从学生使用者的角度出发对校园建设与利用可持续性进行评估。

（一）评估模式介绍

1. 使用后评估模式

21世纪初是大学新校园兴建的高峰时期，近年来随着各地新建校园的竣工以及我国高等教育的形势趋于稳定，新建大学校园数量明显降低。因此，本篇研

究的评估体系将针对已建成大学校园，采用使用后评估的基本模式，从使用者角度出发进行评估。

使用后评估(Post-Occupancy Evaluation，POE)是通过一定的程序对建成建筑的性能进行测量，检验建筑的实际使用是否达到预期的设想(韩静，2006)。使用后评估更侧重于对使用者满意程度的考察，由此可知被评估物在哪些方面、多大程度满足了使用者的需求，哪些地方存在不足之处，其评估结果可为同类建筑设计提供参考借鉴。

2. 评估体系的确立流程

第一，确立各层次的指标，形成树形评估指标体系；第二，通过德尔菲法，采用层次分析法确定各个层次、各项指标的权重；第三，采用大样本问卷调查的方法，让被调查者对大学校园建设与利用可持续性进行评估打分，确定各项指标的值；第四，通过数学加权运算，对数据进行处理，获得评估结果；第五，对结果进行分析论证(图 3-5)。

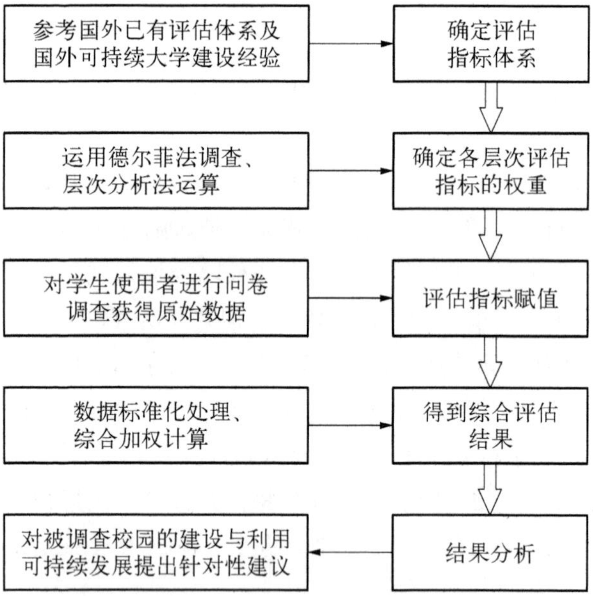

图 3-5 大学校园建设与利用可持续性评估流程

(二) 评估指标体系构成

由于本评估体系将采用层次分析法来确定各指标权重，因此须建立与层次分析法相适应的评估指标体系，即采用“树形结构”，将指标由略到繁分为三个层次：第一层为目标层，反映校园建设与利用可持续的总体目标；第二层为控制层，反映校园建设与利用可持续几个主要的影响方面；最后一层为指标层，需要调查赋值的具体评估指标。

在参考了美国高等教育可持续进步协会（AASHE）的可持续追踪评估及分级体系（STARS）、《绿色建筑评估标准》（GB/T 50378—2014）、《绿色校园评估标准》（CSUS/GBC04—2013）以及文献综述所列举的校园评估体系相关文献后，本篇建立了如表 3-3 所示的评估指标体系。

表 3-3　大学大学校园建设与利用可持续性评估指标体系

目标层	控制层	指标层
大学校园建设与利用的可持续性	校园布局与交通	校园选址是否合理
		校园整体规模是否合理
		校园的总体布局和功能分区是否合理
		校园机动车与自行车停车场是否充足且位置合理
		校园内交通系统通达性
	自然及物理环境	校园绿化数量是否充足
		校园景观种类是否多样
		校园生物种类是否多样
		教学建筑及生活建筑的舒适性
		绿化景观的使用者参与性
	节能措施及运营管理	节电节水情况
		垃圾处理与回收利用情况
		建筑节能情况
		食物浪费情况
		可持续发展宣传教育情况
	与城市的互动关系	校园周围是否拥有功能完善的社区环境
		校园资源与周边社区共享的情况
		校园格局是否便于与社区实现资源共享
		校园道路与城市路网整合及连通情况
		校园封闭性边界与开放性边界是否搭配合理

续 表

目标层	控制层	指标层
大学校园建设与利用的可持续性	校园文脉与传承	校园对历史文化建筑的维护情况
		校园景观及园林设施是否具有文化气息
		新校园是否延续了老校园的传统特色
		校园是否融入了地方建筑特色
		校园是否拥有足够的文化活动场地及设施

由于本篇评估体系采用学生角度的使用后评估方法，要求学生根据其对校园的使用体验完成问卷调查，因此上述指标均为定性评估指标，将其绩效级别分为很好、较好、一般、较差、很差五个级别。在本篇的评估体系中不采用定量分析方法。

（三）评估方法

1. 权重的确定方法

采用层次分析法（Analytic Hierarchy Process，AHP）确定各个指标的权重。

首先，构造阶梯状的多层次结构模型。

其次，构造判断矩阵并计算其权重。运用德尔菲法进行调查，对指标体系中处于同一层次的各项指标进行两两比较，构造如表 3－4 所示的判断矩阵，并对判断矩阵进行一致性检验，一致性检验合格后利用运筹学方法计算得到权重。

表 3－4　AHP 判断矩阵

A	A_1	A_2	…	A_m
A_1	a_{11}	a_{12}	…	a_{1m}
A_2	a_{21}	a_{22}	…	a_{2m}
…	…	…	…	…
A_m	a_{m1}	a_{m2}	…	a_{mm}

资料来源：沈荣芳.运筹学[M].北京：机械工业出版社，2004：249.

其中，a_{ij} 表示对于 A 而言，A_i 与 A_j 的相对重要程度。采用表 3－5 所示 1～9 标度法。

表 3-5　标度含义表

标度值	含　义
1	因素 A_i 与 A_j 比较，具有同等的重要性
3	因素 A_i 与 A_j 比较，前者比后者稍重要
5	因素 A_i 与 A_j 比较，前者比后者明显重要
7	因素 A_i 与 A_j 比较，前者比后者强烈重要
9	因素 A_i 与 A_j 比较，前者比后者极端重要
2，4，6，8	表示上述判断的中间值
倒　数	若因素 A_i 与 A_j 重要性之比为 a_{ij}，则 A_j 与 A_i 的重要性之比为 $1/a_{ij}$

资料来源：沈荣芳.运筹学[M].北京：机械工业出版社，2004：250.

采用和法，得到权重向量。具体公式为

$$w_i=\frac{1}{n}\sum_{j=1}^{n}\frac{a_{ij}}{\sum_{k=1}^{n}a_{kj}}\quad(i=1,\ 2,\ \cdots,\ n) \tag{3-1}$$

得到系数矩阵 $w_i=(w_1,\ w_2,\ \cdots,\ w_n)$，$w_i$ 即为第 i 个因素对应的权重系数。

随后需要进行一致性检验，以检验判断矩阵在逻辑上是否合理。检验过程如式(3-2)所示。把判断矩阵 $\boldsymbol{C}$ 和系数矩阵 $\boldsymbol{W}$ 相乘，在利用式(3-2)

$$\lambda_{\max}=\frac{\sum_{i=1}^{n}C_i W_i}{nW_i} \tag{3-2}$$

求得 $\lambda_{\max}$ 的值，将 $\lambda_{\max}$ 带入式(3-3)，得到一致性检验指标 CI 的值。

$$CI=\frac{\lambda_{\max}-n}{n-1} \tag{3-3}$$

根据判断矩阵的维度 N，在平均随机一致性指标 RI 数值表(表 3-6)中，查出 RI 的数值。

表 3-6　*RI* 数值表

N	1	2	3	4	5	6	7	8	9	10
RI	0.00	0.00	0.58	0.96	1.12	1.24	1.32	1.41	1.45	1.49

资料来源：沈荣芳.运筹学[M].北京：机械工业出版社，2004：253.

最后用式(3-4)计算得出相对一致性指标 CR 的数值。

$$CR=\frac{CI}{RI} \tag{3-4}$$

如果计算得到的 CR 值不大于 0.1,则判断矩阵逻辑合理,求出的权重系数恰当,否则要对判断矩阵进行调整,至 CR 值符合要求为止。

2. 指标数据处理方法

由前文可知,本篇评估体系的指标全部为定性评估指标,运用问卷调查的方法获取评估指标的数值。将定性指标绩效级别分为很好,较好,一般,较差,很差五个等级,分别对应 5 分、4 分、3 分、2 分、1 分,分数越高表明被评估校园在这一方面的可持续性越好。通过大样本的学生问卷调查,得到各个定性指标相关问题的投票情况。再将问卷调查结果做归一化处理,得到每一项评估指标的具体数值。最后对指标值进行综合加权运算,用每个指标的数值乘以其权重后加总,得到大学校园建设与利用可持续性的综合评估数值。如式(3-5):

$$S_j=\sum_{i=1}^{n} W_i P_i \tag{3-5}$$

式中 S_j——上层指标综合评估数值;

W_i——各个下层指标对上层指标的贡献权重;

P_i——下层指标的数值。

综合指数数值越高,表明校园在这方面的可持续性越好。为了便于不同大学校园之间进行横向比较同一校园不同时期的纵向比较,本篇参考了王晓蕾(2007)与郭卫宏(2008)的研究成果,将大学校园建设与利用可持续发展状况综合评估指数分为五个等级,如表 3-7 所列。

表 3-7 大学校园建设与利用可持续发展状况综合评估指数等级划分标准

等级	一级	二级	三级	四级	五级
S值	0～2.0	2.0～3.3	3.3～4.0	4.0～4.5	4.5～5.0

资料来源:王晓蕾,周勤,黄丽,等.大学校园环境可持续发展评估与探讨[J].四川环境,2007,26(3):78.

四、大学校园建设与利用可持续发展状况评估体系实证研究

前文构建了大学校园建设与利用给可持续发展状况评估体系,并确定了指

标权重的获得方法、评估指标的数据处理方法等。据此，本部分将以同济大学四平校区和嘉定校区两个大学校园为评估对象，进行实证调查分析，对两个校园的建设与利用可持续发展状况进行评估和对比。

（一）同济大学校园简介

同济大学四平路校区位于上海市杨浦区四平路1239号。校区总面积(包含

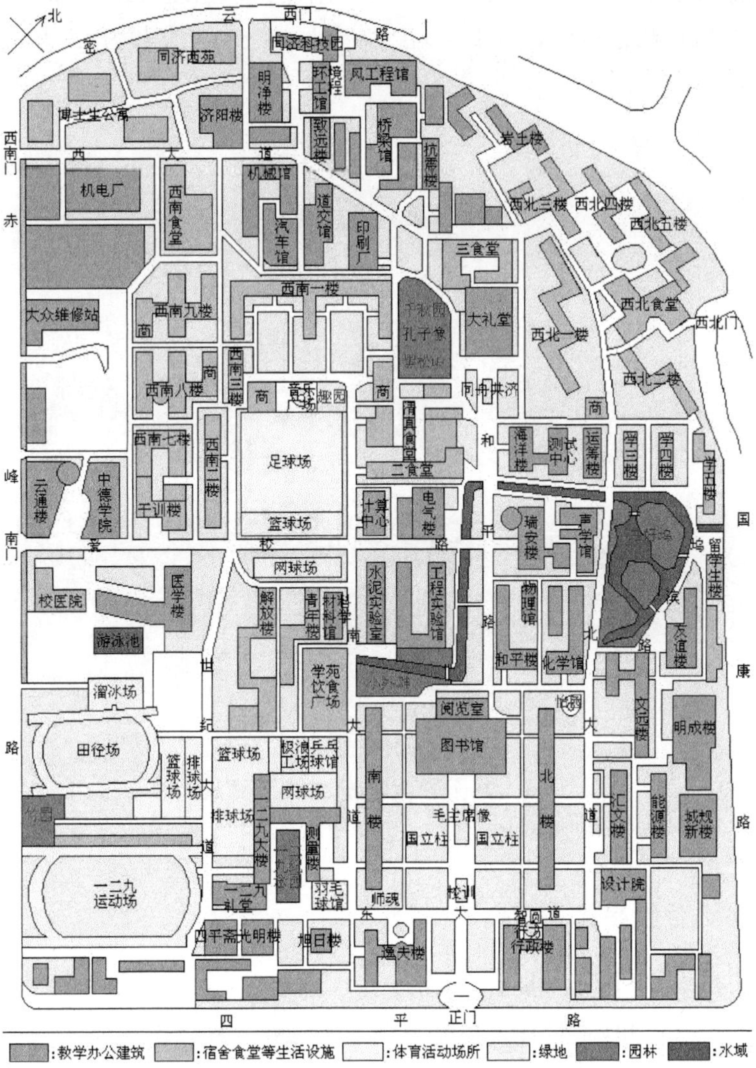

图3-6　同济大学四平路校区平面图

图片来源：http://photo.tongji.edu.cn.

南校区)约 70 公顷。自 1946 年同济大学回沪起开始建设,经过建国初期、大跃进时期、改革开放时期、世纪转折时期,逐渐发展成为目前的校园形态。因此,四平路校区拥有各个时期的建筑物,整体风格更加开放、多元。

同济大学嘉定校区位于上海市嘉定区曹安公路 4800 号,是上海国际汽车城的重要组成部分。校区总面积约 167 公顷,绿化率为 60%,教学区建筑面积为 37.8 万平方米,学生生活区建筑面积为 25 万平方米。嘉定校区采用相对松散的组群式功能布局,形成校前区(图 3－7 A 区)、教学区(图 3－7 B 区)、教研区(图 3－7 C 区)、生活区(图 3－7 D 区)、规划区(图 3－7 E 区)五大功能区,在校学生规模为 1.5 万人左右。

图 3－7　同济大学嘉定校区平面图

图片来源：http://jiading.tongji.edu.cn.

(二) 评估指标权重的确定

1. 建立层次分析结构模型

由表 3－3 可知,本篇评估体系分为三个层次：目标层、控制层和指标层。按照层次分析法的要求,将各层次指标按照其从属关系排列,建立层次分析结构模型,如图 3－8 所示。

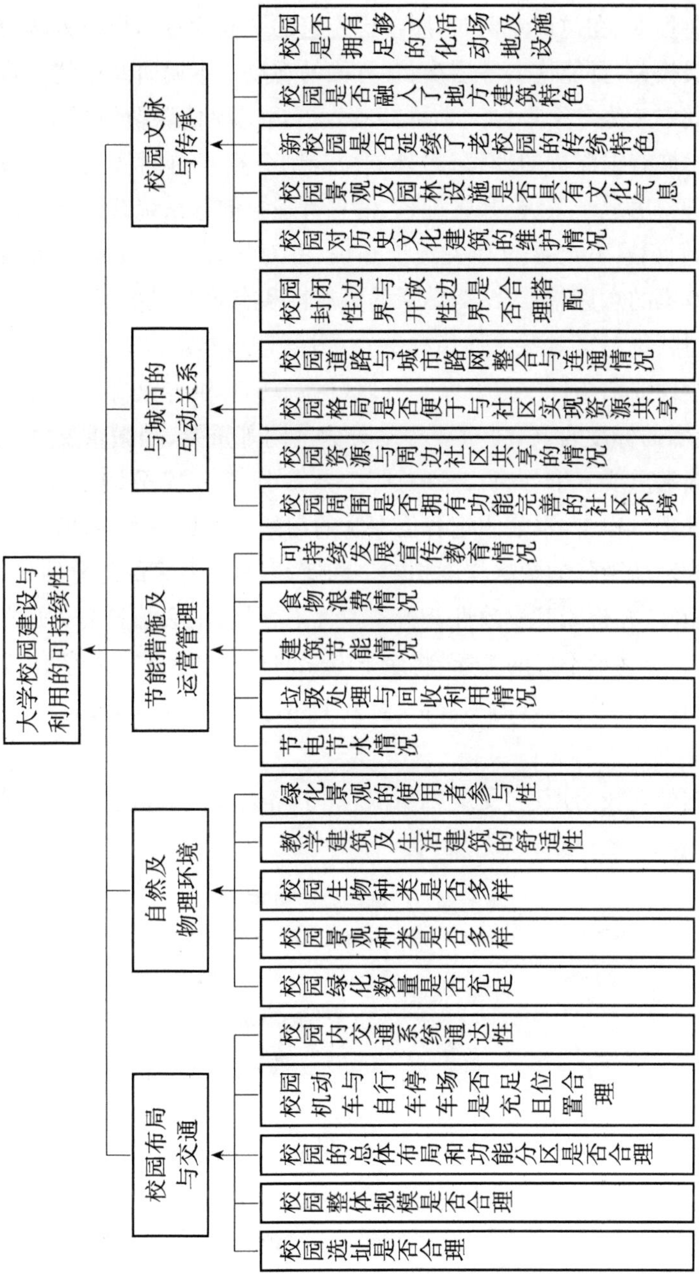

图 3-8 层次分析结构模型

2. 德尔菲法专家调查

首先，为了使数据能够更全面、更客观、更准确地反映各个评估指标对于评估目的的重要程度，在邀请专家时，应考虑专家的专业背景尽量与大学校园建设及可持续发展相关，且能代表各层次、各方面的观点。本调研共邀请了八位专家参与打分。其中三位专家来自大学可持续发展情况评估课题组成员，他们对于校园可持续发展有很深刻的理解；另外五位老师分别来自同济大学经济与管理学院建设管理与房地产系、公共管理系、信息管理与信息系统系以及建筑与城市规划学院，他们积累了丰富的相关理论知识，并对校园可持续发展有独到的见解。两部分专家的意见相结合，为结果的可靠性和有效性提供了保障。

为了获得各位专家对各评估指标的重要性打分，本篇设计了大学校园建设与利用可持续性评估指标权重专家打分表（见附录 A）供专家打分。打分表中采用表 3－5 所示的标度含义，将重要程度分为了同等重要、稍微重要、明显重要、强烈重要和极端重要五个等级，分别对应 1 分、3 分、5 分、7 分、9 分。

在数据处理过程中，本篇假定各位专家的判断能力是一致的，即每位专家的判断对于最终判断矩阵的影响程度相同。因此，取每位专家的打分的平均值，作为最终判断矩阵，并检验其一致性。若一致性不合格，则去掉打分 RI 值最大的专家，即打分一致性最不好的专家，将余下专家的打分结果取平均值作为最终判断矩阵，并检验其一致性，若仍不合格，重复上述过程，直至判断矩阵一致性检验合格。

由于数据处理较为烦琐，受篇幅所限，文中略去具体计算过程，只列出最终判断矩阵，如表 3－8～表 3－13 所列。

表 3－8　控制层判断矩阵

	校园布局与交通	自然及物理环境	节能措施及运营管理	与城市的互动关系	校园文脉与传承
校园布局与交通		2.7	1	1.2	1.3
自然及物理环境			1.2	1.9	1.1
节能措施及运营管理				2.1	1.8
与城市的互动关系					1
校园文脉与传承					

一致性检验指标 $CR=0.0499\leqslant 0.1$，合格。

表 3－9　校园布局与交通因素判断矩阵

	校园选址是否合理	校园整体规模是...	校园的总体布局...	校园机动车与自行...	校园内交通系统通达性
校园选址是否合理		1.8	1.4	3.3	2.4
校园整体规模是否合理			0.6	3	1.4
校园的总体布局和功能分区是否合理				4.9	5
校园机动车与自行车停车场是否充足且位置合理					1.2
校园内交通系统通达性					

一致性检验指标 $CR=0.0337\leqslant 0.1$，合格。

表 3-10 节能措施及运营管理因素判断矩阵

	校园绿化数量是否充足	校园景观种类是否多样	校园生物种类是否多样	教学建筑及生活建筑的舒适性	绿化景观的使用者参与性
校园绿化数量是否充足		3.4	4.2	0.6	1.5
校园景观种类是否多样			2.2	0.4	1.4
校园生物种类是否多样				0.3	0.5
教学建筑及生活建筑的舒适性					3.3
绿化景观的使用者参与性					

一致性检验指标 $CR=0.0349\leqslant 0.1$，合格。

表 3-11 自然及物理环境因素判断矩阵

	节电节水情况	垃圾处理与回收利用情况	建筑节能情况	食物浪费情况	可持续发展宣传教育情况
节电节水情况		3.3	2.3	2.14	2.2
垃圾处理与回收利用情况			1.6	2.5	2.4
建筑节能情况				2.6	2.1
食物浪费情况					1.3
可持续发展宣传教育情况					

一致性检验指标 $CR=0.0600\leqslant 0.1$，合格。

表 3-12 与城市的互动关系因素判断矩阵

	校园周围...	校园资源与...	校园格局是...	校园道路与城...	校园封闭性边...
校园周围是否拥有功能完善的社区环境		3.7	2.1	1.2	1.8
校园资源与周边社区共享的情况			1	1.7	1.4
校园格局是否便于与社区实现资源共享				1.1	2.1
校园道路与城市路网整合及连通情况					1.6
校园封闭性边界与开放性边界是否搭配合理					

一致性检验指标 $CR=0.0571\leqslant 0.1$，合格。

表 3-13 校园文脉与传承因素判断矩阵

	校园对历史文化...	校园景观及园...	新校园是否延续...	校园是否融入了...	校园是否拥有足...
校园对历史文化建筑的维护情况		2.1	2	2.8	1.2
校园景观及园林设施是否具有文化气息			2.6	1.9	1.3
新校园是否延续了老校园的传统特色				2.1	0.6
校园是否融入了地方建筑特色					0.3
校园是否拥有足够的文化活动场地及设施					

一致性检验指标 $CR=0.0355\leqslant 0.1$，合格。

综上，6个判断矩阵的一致性检验全部合格。之后，利用层次分析法对矩阵数据进行处理。作者运用了 YAAHP 0.6.0 软件，得到的权重值最终结果如表 3-14 所示。

表 3-14 评估指标及权重

目标层	控制层	权 重	指 标 层	权 重	总权重
大学校园建设与利用的可持续性	校园布局与交通	0.259 6	校园选址是否合理	0.309 6	0.080 4
			校园整体规模是否合理	0.182 0	0.047 2
			校园的总体布局和功能分区是否合理	0.334 0	0.086 7
			校园机动车与自行车停车场是否充足且位置合理	0.081 2	0.021 1
			校园内交通系统通达性	0.093 2	0.024 2
	自然及物理环境	0.191 9	校园绿化数量是否充足	0.284 9	0.054 7
			校园景观种类是否多样	0.139 5	0.026 8
			校园生物种类是否多样	0.075 0	0.014 4
			教学建筑及生活建筑的舒适性	0.367 3	0.070 5
			绿化景观的使用者参与性	0.133 3	0.025 6
	节能措施及运营管理	0.245 0	节电节水情况	0.366 8	0.089 9
			垃圾处理与回收利用情况	0.222 1	0.054 4
			建筑节能情况	0.194 1	0.047 6
			食物浪费情况	0.111 7	0.027 4
			可持续发展宣传教育情况	0.105 3	0.025 8
	与城市的互动关系	0.142 4	校园周围是否拥有功能完善的社区环境	0.333 0	0.047 4
			校园资源与周边社区共享的情况	0.173 4	0.024 7
			校园格局是否便于与社区实现资源共享	0.193 1	0.027 5
			校园道路与城市路网整合及连通情况	0.177 0	0.025 2
			校园封闭性边界与开放性边界是否搭配合理	0.123 5	0.017 6
	校园文脉与传承	0.161 1	校园对历史文化建筑的维护情况	0.310 1	0.050 0
			校园景观及园林设施是否具有文化气息	0.228 4	0.036 8
			新校园是否延续了老校园的传统特色	0.137 5	0.022 1
			校园是否融入了地方建筑特色	0.088 6	0.014 2
			校园是否拥有足够的文化活动场地及设施	0.235 4	0.037 8

（三）评估指标赋值

由于本篇评估体系采用使用后评估的方法，旨在从学生角度出发，根据使用感受对校园建设与利用可持续发展情况进行评估，因此采用问卷调查的方法对评估指标进行赋值。作者根据评估指标体系设计了调查问卷，每一项指标都有相对应的问题进行衡量。

例如，指标"校园选址是否合理"用以下三个问题衡量。

问题1，您认为校区所在地区交通方便程度如何？

A. 非常方便 B. 比较方便 C. 一般 D. 不太方便 E. 非常不方便

问题2，您认为校区所在地区周边商业配套情况如何？

A. 非常完善 B. 比较完善 C. 一般 D. 不太完善 E. 非常不完善

问题3，您认为校区所在地区周边社区环境如何？

A. 非常完善 B. 比较完善 C. 一般 D. 不太完善 E. 没有社区

其中，A选项记5分，B选项记4分，以此类推。取三个问题得分的平均值，作为指标"校园选址是否合理"的评估数值。其他评估指标的赋值与本例类似。问题指标与问卷问题的对应关系见附录B，问卷调查全文见附录C。

（四）综合评估指数分析

本次问卷调查采用网络发放问卷的形式，调查对象为同济大学在校学生，包含本科生、研究生及博士生。共回收有效问卷237份，其中四平路校区回收129份，嘉定校区回收108份，均属于大样本调查。经初步数据分析，发现参与调查的同学对于同一校区、同一问题的评估差异较小，说明问卷调查结果的一致性较好。下面将分别计算、分析四平路校区和嘉定校区的综合评估结果。

1. 四平路校区

按照前文所述方法对四平路校区的129份问卷数据进行归一化处理后，得到指标层每项评估指标的得分；再根据表3-14所示的指标权重进行加权计算，得到控制层每项指标的得分；利用控制层分数和权重，再次加权计算得到综合评估指数。四平路校区的各项评估指标具体得分情况如表3-15所示。

表 3-15　四平路校区建设与利用可持续发展状况评估综合得分表

目标层	得分	控制层	得分	指　标　层	得分
大学校园建设与利用的可持续性	3.72	校园布局与交通	3.91	校园选址是否合理	4.28
				校园整体规模是否合理	3.78
				校园的总体布局和功能分区是否合理	3.81
				校园机动车与自行车停车场是否充足且位置合理	3.11
				校园内交通系统通达性	4.02
		自然及物理环境	3.79	校园绿化数量是否充足	4.10
				校园景观种类是否多样	3.97
				校园生物种类是否多样	3.66
				教学建筑及生活建筑的舒适性	3.55
				绿化景观的使用者参与性	3.64
		节能措施及运营管理	3.44	节电节水情况	3.60
				垃圾处理与回收利用情况	3.45
				建筑节能情况	3.67
				食物浪费情况	3.69
				可持续发展宣传教育情况	2.17
		与城市的互动关系	3.71	校园周围是否拥有功能完善的社区环境	4.04
				校园资源与周边社区共享的情况	3.65
				校园格局是否便于与社区实现资源共享	3.16
				校园道路与城市路网整合及连通情况	3.99
				校园封闭性边界与开放性边界是否搭配合理	3.39
		校园文脉与传承	3.77	校园对历史文化建筑的维护情况	4.20
				校园景观及园林设施是否具有文化气息	3.91
				新校园是否延续了老校园的传统特色	3.66
				校园是否融入了地方建筑特色	3.43
				校园是否拥有足够的文化活动场地及设施	3.27

由表 3-15 可知，同济大学四平路校区的综合评估指数为 3.72，处于表 3-7 所示的第三级，说明从在校学生的使用感受来看，校园建设与利用方面的可持续发展情况处于中等偏上水平。

从控制层得分来看，学生对于校园布局与交通满意度较高，其得分为 3.91 分；对于节能措施及运营管理满意度较低，其得分为 3.44 分。从指标层得分来看，学生对于四平路校区选址、绿化、周边环境、文化建设几方面满意度较高，其得分均在 4 分以上；对于校园停车场、可持续发展宣传教育情况、文化场地几方面满意度较低，其得分均在 3.3 分以下，尤其是可持续发展宣传教育情况一项得分仅为 2.17，说明学生对于校园可持续发展活动了解与参与的程度较低，可能是由于校方对可持续发展活动及理念的推广力度不够所致。

以上得到的评估结果与四平路校区的事实基本吻合。首先，四平路校区位于上海市内环之内，属于城市中心区，交通条件良好、周边商业配套齐全、周边社区环境良好，便于校园与城市互动；其次，校园内绿化情况良好，国立柱和西南一草坪，以及三好坞、黑松林等建筑小品，既有利于满足生物种类多样性，又增加了使用者参与程度；最后，四平路校区始建于 1946 年，经过半个多世纪的发展，拥有丰富的历史文化底蕴，形成了独具特色的校园文化，而历史文化建筑为节能改造及运营带来了挑战。

2. 嘉定校区

与四平路校区的处理方法相同，对嘉定校区的 108 份问卷数据进行归一化处理后，得到指标层每项评估指标的得分；再根据表 3-14 所示的指标权重进行加权计算，得到控制层每项指标的得分以及综合评估指数。嘉定校区的各项评估指标具体得分情况如表 3-16 所示。

表 3-16 嘉定校区建设与利用可持续发展状况评估综合得分表

目标层	得分	控制层	得分	指标层	得分
大学校园建设与利用的可持续性	3.37	校园布局与交通	3.18	校园选址是否合理	2.42
				校园整体规模是否合理	3.45
				校园的总体布局和功能分区是否合理	3.65
				校园机动车与自行车停车场是否充足且位置合理	3.12
				校园内交通系统通达性	3.56

续 表

目标层	得分	控制层	得分	指标层	得分
大学校园建设与利用的可持续性	3.37	自然及物理环境	3.79	校园绿化数量是否充足	4.17
				校园景观种类是否多样	3.86
				校园生物种类是否多样	3.95
				教学建筑及生活建筑的舒适性	3.62
				绿化景观的使用者参与性	3.30
		节能措施及运营管理	3.22	节电节水情况	3.32
				垃圾处理与回收利用情况	3.44
				建筑节能情况	3.34
				食物浪费情况	3.46
				可持续发展宣传教育情况	1.92
		与城市的互动关系	3.16	校园周围是否拥有功能完善的社区环境	2.74
				校园资源与周边社区共享的情况	3.61
				校园格局是否便于与社区实现资源共享	3.18
				校园道路与城市路网整合及连通情况	3.27
				校园封闭性边界与开放性边界是否搭配合理	3.48
		校园文脉与传承	3.56	校园对历史文化建筑的维护情况	4.08
				校园景观及园林设施是否具有文化气息	3.68
				新校园是否延续了老校园的传统特色	3.06
				校园是否融入了地方建筑特色	3.09
				校园是否拥有足够的文化活动场地及设施	3.24

由表 3 - 16 可知，同济大学嘉定校区的综合评估指数为 3.37，处于表 3 - 7 所示的第三级，说明从在校学生的使用感受来看，校园建设与利用方面的可持续发展情况处于中等偏下水平。从控制层得分来看，学生对于自然及物理环境满意度较高，其得分为 3.79 分；对于校园布局与交通、与城市的互动关系满意度较低，得分分别为 3.18 分和 3.16 分。从指标层得分来看，学生对于嘉定校区功能布局、绿化、生物多样性几方面满意度较高，得分均在 3.6 分以上；对于校区选址、周边配套、可持续发展宣传教育情况、文脉传承几方面满意度较低，得分均在 3.1 分以下，尤其

是校园选址和可持续发展宣传教育情况两项，得分分别为 2.42 分和 1.92 分。

以上得到的评估结果与嘉定校区的事实也基本吻合。首先，嘉定校区位于上海市嘉定区，距离主城区约 20 公里，距离周边较为繁华的城镇约 5 公里，交通条件较差，校园周边多为工业用地或农业用地，配套情况也较差，不利于校园与城市的互动；其次，郊区土地资源充足，校园面积大，有充足的绿化景观面积，绿化情况较好；最后，嘉定校区建于 2004 年，校园建筑较为统一且偏现代化，文化底蕴不如四平路校区深厚，但在兴建过程中融入了可持续发展理念，充分考虑了节能环保，只是在可持续发展的宣传教育方面亟待提高。

（五）评估结果分析及针对性建议

1. 加强对可持续发展活动的宣传推广

通过前文的评估结果可知，同济大学四平路校区和嘉定校区“可持续发展宣传教育情况”指标得分都很低，分别为 2.17 分和 1.92 分。在问卷调查中，我们列举了 9 个同济大学举办的可持续发展活动和 13 个可持续行动品牌项目，通过调查在校生对于上述活动的了解和参与程度来衡量可持续发展宣传教育情况。上述 22 个活动，总共有 36 人从未参加过，占参与调查总人数的 15.19%，其中四平路校区 15 人、嘉定校区 21 人；共有 130 人参与过 2～4 项，占参与调查总人数的 54.85%，其中四平路校区 70 人、嘉定校区 60 人；共有 56 人参与过 5～7 项，占参与调查总人数的 23.63%，其中四平路校区 34 人、嘉定校区 22 人；共有 15 人参与过 8 项及 8 项以上，占参与调查总人数的 6.33%，其中四平路 10 人、嘉定 5 人。如图 3－9 所示，总体来看，四平路校区学生参与可持续发展活动的情况要好于嘉定校区。

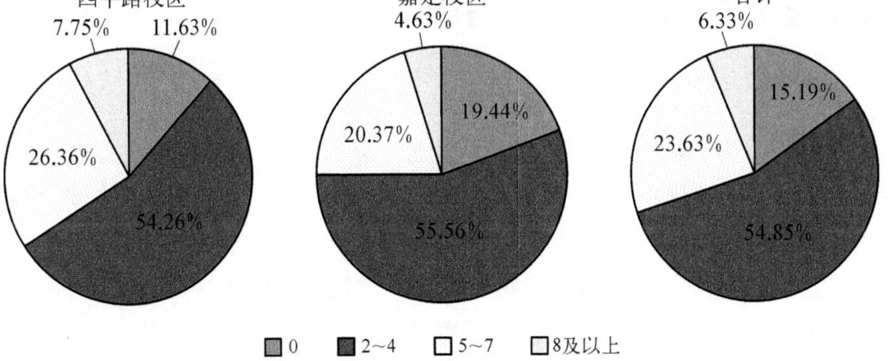

图 3－9　学生参与可持续发展活动情况图

另一方面，学校共举办过 22 项可持续发展活动，参与过 8 项及以上的人仅占总人数的 6.33%，这一数据表明，学校举办了足够数量的可持续发展活动，但学生的参与程度过低。作者认为导致此现象的原因有两个：一是学校对其举办的可持续发展活动的宣传推广力度不够，多数学生不知道这些活动；二是学校举办的活动不够吸引人或受众面窄，学生不愿参与。

因此，笔者提出以下两点建议：一是加强对可持续发展活动的宣传和推广；二是多举行一些受众面广、引人入胜且方便参与的活动。例如，有 30.53%的学生参与过可持续发展公共选修课，有 27.48%的学生使用过校内公益自行车，有 47.32%的学生参与过就餐光盘行动，可从这些成功的可持续发展活动中吸取经验，推出更多优质的活动，提高学生参与程度，使可持续发展理念深入人心。

2. 充分保障学生使用校园设施的权利

调查数据显示，运动场、绿化环境和校医院这些校园设施在与周边社区居民共享时，居民占用情况稍显严重，影响学生的正常使用。有 21.10%的学生认为，社区居民占用运动场过多，影响学生使用；有 16.46%的学生认为，社区居民占用绿化景观过多，影响学生正常生活；有 14.77%的学生认为，社区居民占用校医院资源过多，影响学生的正常使用。另一项数据显示，学生较为愿意与社区居民共享绿化环境、运动场等生活休闲设施，较不愿意共享图书馆、实验室等科研学习设施。

因此，笔者提出以下两点建议：一是校园内运动场地目前多采用预约制，可限定时段、限定场地向社区居民开放，例如仅在周末向公众开放预约，其余时间只允许学生预约，或预留部分场地不对外开放，仅允许学生使用；二是对于图书馆，延续现有的不对外开放政策，以保证同学们拥有安静、安全的学习场所。

五、对建设可持续大学的建议与展望

（一）对可持续大学建设的几点建议

2016 年 2 月，中共中央印发的《关于进一步加强城市规划建设管理工作的若干意见》（以下简称《意见》）指出，城市规划建设应贯彻落实创新、协调、绿色、开放、共享的发展理念，实现城市有序建设、适度开发、高效运行的总体目标。并提出，应坚持共享发展的理念，原则上不再建设封闭住宅小区，已建成的住宅小区和单位大院要逐步打开，推进内部道路的公众化以及服务设施的公众化（中共中央国务院，2016）。

《意见》所提出的问题和目标同样适用于大学校园建设。我们希望新的大学校园是可持续的，具体来说是协调的、绿色的、开放的、共享的。校园规模与需求相协调，校园建筑物之间相互协调，不一味地求新求气派；校园内配有充足且合适的景观绿化设施；校园与城市紧密联系在一起，校园帮助提升周边城市区域的文化氛围，城市为校园提供后勤服务等资源配给，二者和谐共生。

通过上文对国外大学可持续建设经验的总结，以及对大学校园建设与利用可持续性评估体系的研究，笔者发现，目前国内高校在建设可持续大学时尚存在不足之处。因此，对国内可持续大学的建设提出几点建议。

1. 注重总体发展规划，合理控制校园规模、预留发展用地

由前文可知，我国 21 世纪初新建的大学校园存在规模过大、规模与效益不对等的问题。建议校方在规划新校园时，对建设规模有一个合理的把握，可通过注重对校园的整体规划来实现。一方面，大学校园是一个整体，更应强调的是校园整体环境的协调性，并适度展现个性，需要在整体规划时掌握好校园的空间氛围；另一方面，在整体规划时融入可持续发展的思想，高效地利用有限的国家土地资源，不为追求面子工程跟风兴建大广场、大草坪、大水面等维护成本昂贵且不实用的景观，尊重原有的基地环境，适度地进行改造，这些措施比建成后再针对建筑物等实施节能减排等技术更有效果且治本，既尊重原有生态环境，又节约了建设成本。

大学校园的建设是长期的发展过程，随着时间的推移，在校学生人数、学校发展方向、师生需求等都可能会发生变化，因此需要摒弃现有的“一蹴而就”式的校园规划和建设模式，在校园建设之初预留出合理的发展用地以作为后备，这是新建校园土地利用的核心问题。

这就要求校方重视学校的总体发展规划，对于自身的总体发展方向、各个学科建设、招生规模等，有一个事先的规划和把握，为学校长期的良性发展打下坚实的基础。其次要求设计方与校方在新建校园总体规划时达成共识，考虑校园持续生长的特性，预留出合适的弹性发展用地，将预留用地先作为绿化用地或体育活动用地，高效地、节约地利用土地资源。

2. 重视大学校园与城市的共生

城市是大学赖以生存的土壤，大学不能脱离城市独自生存，城市为大学提供物质环境，大学的人才培养和科学研究为城市提供发展的原动力，城市与大学应是和谐交融、共生共荣的关系。因此，大学应重视与城市、与社会的互动关系。

首先，在选址方面，由于多数城市市中心区域都较为拥挤，新校园选址与城

市中心区域分离是无法改变的事实。为了减弱选址原因导致的与城市互动减弱，应在选址时注意与城市的未来发展规划布局相适应，同时注重与城市产业布局相结合，不能单纯地依靠新建大学校园来带动周边区域发展。如同济大学嘉定校区，位于嘉定区上海汽车城区域，可发挥同济大学在汽车科研与教学方面的强大实力，与汽车城当地的产业相结合，推动科技与经济的融合，带动周边区域发展。

其次，在校园规划方面，资源共享是大学校园与城市共生的重要方式之一，而开放性是校园与城市资源共享的基础。但是由于社会治安等实际问题的制约，完全开放的大学并不实际，向社会公众开放一部分校园设施，必然会一定程度上干扰校园秩序，如何把握开放的"度"是关键所在，应在校园总体规划时加以考虑。

最后，校园与城市的共生，反映在日常生活中就是校园资源与周边社区居民共享。若共享程度高，则校园资源可能被过度占用，影响在校学生的正常使用；若共享程度低，则达不到校园与城市和谐共生的理想目标，不利于校园可持续发展。因此，校方需要有一系列完善的规章制度，以把握校园资源与社会共享的程度，即不影响学生正常使用，又能使校园资源得到最高效的利用。

（二）可持续大学建设展望

在当前的时代背景下，可持续大学是未来大学的发展方向。本篇简要分析了国外建设可持续大学的经验及对我国的启示，尝试建立了大学校园建设与利用方面的可持续性评估体系，并进行实证研究，在此基础上为国内高校建设可持续大学提出了几点建议。鉴于笔者水平有限，本篇研究仍不够深入，特做出以下展望。

首先，可持续大学的建设是与环境、社会、经济、教育等多方面相关联的问题，涉及面广且涉及的内容繁杂。本篇仅针对校园建设与利用方面进行了研究，尚未涉及经济、教育等方面的问题。对大学校园可持续性的综合评估体系尚待研究，以便为大学校园建设提供更全面、更科学的依据。

其次，可持续大学的规划策略研究方面有较大发展空间，如何在校园总体规划设计时充分体现可持续发展的思想，如何运用建筑学手段增加校园的可持续性，有待建筑学专业人士进行研究。

最后，本篇在利用层次分析法确定指标权重时，假定各位专家的判断能力相同，直接取平均值作为判断矩阵。而事实是，专家的学术背景、从业经历等对其判断能力有所影响，是否考虑此种影响以及如何量化这种影响，是利用层次分析法评估时须考虑的一个问题。由于笔者水平有限，故只是主观地假设专家判断能力相同。此外，问卷内容的设置，还有待进一步完善。

参考文献

[1] BRUNDTLAND COMMISSION. World Commission on Environment and Development. Our Common Future [M]. New York: Oxford University Press, 1987: 383.

[2] Harvard University. [DB/OL]. http://www. greencampus. harvard. edu/about/index.php.

[3] The University of Edinburgh. About Us [DB/OL]. (2016-2-16) [2016-6-6]. http://www.ed.ac.uk/about/sustainability/about.

[4] The University of Edinburgh. Be Sustainable Guide[DB/OL]. (2015-8) [2016-6-6]. http://www.ed.ac.uk.

[5] The University of Edinburgh. Postgraduate courses [DB/OL]. (2015-6-10) [2016-6-6]. http://www.ed.ac.uk/about/sustainability/about/what-we-do/students/degrees-courses/postgraduate.

[6] The University of Edinburgh. Undergraduate courses [DB/OL]. (2015-6-10) [2016-6-6]. http://www.ed.ac.uk/about/sustainability/about/what-we-do/students/degrees-courses/undegraduate-courses.

[7] United Nations Enviroment Programme. Agenda 21 [EB/OL]. (1992-6-14) [2016-6-6]. http://www.unep.org/Documents.Multilingual/Default.asp? documentid=52.

[8] 陈占鹏.对几所英国大学校园可持续发展实践的分析[J].新建筑,2004,(6): 71-73.

[9] 崔玉晶,赵宗锋.建设可持续发展大学的国际借鉴：以加拿大英属哥伦比亚大学(UBC)为例[J].黑龙江高教研究,2007(6): 75-77.

[10] 高桂娟,蔡文迪."可持续大学"：概念形成与理念阐释术[J].当代教育论坛,2014(1): 53-56.

[11] 桂莲.高校环境与可持续发展教育的现状与对策：以加拿大麦吉尔大学可持续发展模式为例[J].速读,2015(6): 278-279.

[12] 郭卫宏,周勤.可持续发展的大学校园环境建设探讨：以广州某大学为例[J].科技通报,2008,24(5): 12-17.

[13] 海佳.基于共生思想的可持续校园规划策略研究[D].广州：华南理工大学,2011: 20.

[14] 韩静,胡绍学.温故而知新：使用后评价(POE)方法简介[J].建筑学报,2006(1): 80-82.

[15] 何镜堂,窦建奇,王扬.大学城可持续发展评价指标研究[J].湖南大学学报,2006,33(4): 136-140.

[16] 李贵节,张偲,周雅琳,等.国外可持续大学概况[J].重庆教育学院学报,2012,25(3): 74-78.

[17] 理查德.示范作则：从可持续校园到可持续世界[C]//建设可持续发展校园研讨会.上海：同济大学,2008.

[18] 吕斌,阚俊杰,姚争.大学校园可持续性测度及其评价指标体系构建研究[J].当代教育科

学,2011(13):30 - 35.

[19] 潘懋元.可持续发展与高等教育改革[J].高教研究探索,1997(3):1 - 13.

[20] 同济大学新闻网.同济大学与国家可持续发展战略[DB/OL].(2007 - 5 - 15) [2016 - 6 - 6]. http://news.tongji.edu.cn/classid - 5 - newsid - 15969 - t-show.html.

[21] 王民.绿色大学的定义与研究视角[J].环境保护,2010(12B):47 - 49.

[22] 王晓蕾,周勤,黄丽等.大学校园环境可持续发展评估与探讨[J].四川环境,2007,26(3):76 - 79.

[23] 余海波.英国爱丁堡大学可持续发展策略的实践及启示[J].国家教育行政学院学报,2013(2):91 - 95.

[24] 张帆.可持续发展的大学校园:高等学校校园规划与设计方法论的改变与提升[J].福建建筑,2006(5):9 - 11.

[25] 张建华.对当今大学新校园规划设计中若干问题的思考[J].规划师,2005(3):80.

[26] 赵宗锋,崔玉晶.可持续发展大学:从理念到实践[J].黑龙江高教研究,2008(1):38 - 41.

[27] 中共中央国务院.关于进一步加强城市规划建设管理工作的若干意见[DB/OL].(2016 - 2 - 6) [2016 - 6 - 6]. http://www.gov.cn/gongbao/content/2016/content_5051277.htm.

[28] 中国城市科学研究会绿色建筑与节能专业委员会.绿色校园评价标准:CSUS/GBC 04—2013[S],2013.

[29] 周天寒.基于生态足迹方法的绿色校园环境评价体系研究[D].长沙:湖南大学,2012:11 - 29.

[30] 朱小雷,吴硕贤.大学校园环境主观质量的多级模糊综合评价[J].城市规划,2002,26(10):57 - 60.

附录 A 大学校园建设与利用可持续性评价指标权重专家打分表

您好！感谢您参与此次专家打分！为了利用层次分析法确定大学校园建设与利用可持续性评价体系中各项指标的权重，我们组织了此次专家打分。结果将严格保密，请您放心回答，谢谢您的配合！

填写方法

本研究采用两两对比的评价方法，即：将 A 与 B 进行对比评价，如果您认为 A 比 B 重要，所选项就越靠近 A，如下表所列。

对比项目	重要性判断									对比项目
	极端重要	强烈重要	明显重要	稍微重要	同等重要	稍微重要	明显重要	强烈重要	极端重要	
A		√								B

反之，如果您认为 B 比 A 重要，则所选项就越靠近 B，如下表所列。

对比项目	重要性判断									对比项目
	极端重要	强烈重要	明显重要	稍微重要	同等重要	稍微重要	明显重要	强烈重要	极端重要	
A								√		B

1. 控制层比较

对比项目	重要性判断									对比项目
	极端重要	强烈重要	明显重要	稍微重要	同等重要	稍微重要	明显重要	强烈重要	极端重要	
校园布局与交通										自然及物理环境
校园布局与交通										节能措施及运营管理
校园布局与交通										与城市的互动关系

续 表

对比项目	重要性判断									对比项目
	极端重要	强烈重要	明显重要	稍微重要	同等重要	稍微重要	明显重要	强烈重要	极端重要	
校园布局与交通										校园文脉与传承
自然及物理环境										节能措施及运营管理
自然及物理环境										与城市的互动关系
自然及物理环境										校园文脉与传承
节能措施及运营管理										与城市的互动关系
节能措施及运营管理										校园文脉与传承
与城市的互动关系										校园文脉与传承

2. 校园布局与交通指标比较

对比项目	重要性判断									对比项目
	极端重要	强烈重要	明显重要	稍微重要	同等重要	稍微重要	明显重要	强烈重要	极端重要	
校园选址是否合理										校园整体规模是否合理
校园选址是否合理										校园的总体布局和功能分区是否合理
校园选址是否合理										校园机动车与自行车停车场是否充足且位置合理

续　表

对比项目	重要性判断									对比项目
	极端重要	强烈重要	明显重要	稍微重要	同等重要	稍微重要	明显重要	强烈重要	极端重要	
校园选址是否合理										校园内交通系统通达性
校园整体规模是否合理										校园的总体布局和功能分区是否合理
校园整体规模是否合理										校园机动车与自行车停车场是否充足且位置合理
校园整体规模是否合理										校园内交通系统通达性
校园的总体布局和功能分区是否合理										校园机动车与自行车停车场是否充足且位置合理
校园的总体布局和功能分区是否合理										校园内交通系统通达性
校园机动车与自行车停车场是否充足且位置合理										校园内交通系统通达性

3. 自然及物理环境指标比较

对比项目	重要性判断									对比项目
	极端重要	强烈重要	明显重要	稍微重要	同等重要	稍微重要	明显重要	强烈重要	极端重要	
校园绿化数量是否充足										校园景观种类是否多样
校园绿化数量是否充足										校园生物种类是否多样

续 表

对比项目	重要性判断									对比项目
	极端重要	强烈重要	明显重要	稍微重要	同等重要	稍微重要	明显重要	强烈重要	极端重要	
校园绿化数量是否充足										教学建筑及生活建筑的舒适性
校园绿化数量是否充足										绿化景观的使用者参与性
校园景观种类是否多样										校园生物种类是否多样
校园景观种类是否多样										教学建筑及生活建筑的舒适性
校园景观种类是否多样										绿化景观的使用者参与性
校园生物种类是否多样										教学建筑及生活建筑的舒适性
校园生物种类是否多样										绿化景观的使用者参与性
教学建筑及生活建筑的舒适性										绿化景观的使用者参与性

4. 节能措施及运营管理指标比较

对比项目	重要性判断									对比项目
	极端重要	强烈重要	明显重要	稍微重要	同等重要	稍微重要	明显重要	强烈重要	极端重要	
节电节水情况										垃圾处理与回收利用情况
节电节水情况										建筑节能情况
节电节水情况										食物浪费情况
节电节水情况										可持续发展宣传教育情况

续　表

对比项目	重要性判断									对比项目
	极端重要	强烈重要	明显重要	稍微重要	同等重要	稍微重要	明显重要	强烈重要	极端重要	
垃圾处理与回收利用情况										建筑节能情况
垃圾处理与回收利用情况										食物浪费情况
垃圾处理与回收利用情况										可持续发展宣传教育情况
建筑节能情况										食物浪费情况
建筑节能情况										可持续发展宣传教育情况
食物浪费情况										可持续发展宣传教育情况

5. 与城市的互动关系指标比较

对比项目	重要性判断									对比项目
	极端重要	强烈重要	明显重要	稍微重要	同等重要	稍微重要	明显重要	强烈重要	极端重要	
校园周围是否拥有功能完善的社区环境										校园资源与周边社区共享的情况
校园周围是否拥有功能完善的社区环境										校园格局是否便于与社区实现资源共享
校园周围是否拥有功能完善的社区环境										校园道路与城市路网整合及连通情况
校园周围是否拥有功能完善的社区环境										校园封闭性边界与开放性边界是否搭配合理
校园资源与周边社区共享的情况										校园格局是否便于与社区实现资源共享

续 表

对比项目	重要性判断									对比项目
	极端重要	强烈重要	明显重要	稍微重要	同等重要	稍微重要	明显重要	强烈重要	极端重要	
校园资源与周边社区共享的情况										校园道路与城市路网整合及连通情况
校园资源与周边社区共享的情况										校园封闭性边界与开放性边界是否搭配合理
校园格局是否便于与社区实现资源共享										校园道路与城市路网整合及连通情况
校园格局是否便于与社区实现资源共享										校园封闭性边界与开放性边界是否搭配合理
校园道路与城市路网整合及连通情况										校园封闭性边界与开放性边界是否搭配合理

6. 校园文脉与传承指标比较

对比项目	重要性判断									对比项目
	极端重要	强烈重要	明显重要	稍微重要	同等重要	稍微重要	明显重要	强烈重要	极端重要	
校园对历史文化建筑的维护情况										校园景观及园林设施是否具有文化气息
校园对历史文化建筑的维护情况										新校园是否延续了老校园的传统特色
校园对历史文化建筑的维护情况										校园是否融入了地方建筑特色

续 表

对比项目	重要性判断									对比项目
	极端重要	强烈重要	明显重要	稍微重要	同等重要	稍微重要	明显重要	强烈重要	极端重要	
校园对历史文化建筑的维护情况										校园是否拥有足够的文化活动场地及设施
校园景观及园林设施是否具有文化气息										新校园是否延续了老校园的传统特色
校园景观及园林设施是否具有文化气息										校园是否融入了地方建筑特色
校园景观及园林设施是否具有文化气息										校园是否拥有足够的文化活动场地及设施
新校园是否延续了老校园的传统特色										校园是否融入了地方建筑特色
新校园是否延续了老校园的传统特色										校园是否拥有足够的文化活动场地及设施
校园是否融入了地方建筑特色										校园是否拥有足够的文化活动场地及设施

感谢您的参与！祝您生活愉快！

附录B 评估指标与问卷问题对应表

目标层	控制层	指　标　层	对应题目
大学校园建设与利用的可持续性	校园布局与交通	校园选址是否合理	4 5 6
		校园整体规模是否合理	7
		校园的总体布局和功能分区是否合理	8 9
		校园机动车与自行车停车场是否充足且位置合理	10 11
		校园内交通系统通达性	12
	自然及物理环境	校园绿化数量是否充足	13
		校园景观种类是否多样	14
		校园生物种类是否多样	15
		教学建筑及生活建筑的舒适性	16 17
		绿化景观的使用者参与性	18
	节能措施及运营管理	节电节水情况	19 20 21 22 23
		垃圾处理与回收利用情况	24
		建筑节能情况	25
		食物浪费情况	26 27
		可持续发展宣传教育情况	28 29 30
	与城市的互动关系	校园周围是否拥有功能完善的社区环境	6
		校园资源与周边社区共享的情况	31 32 33
		校园格局是否便于与社区实现资源共享	34 35
		校园道路与城市路网整合及连通情况	36
		校园封闭性边界与开放性边界是否搭配合理	37 38
	校园文脉与传承	校园对历史文化建筑的维护情况	39
		校园景观及园林设施是否具有文化气息	40
		新校园是否延续了老校园的传统特色	41
		校园是否融入了地方建筑特色	42
		校园是否拥有足够的文化活动场地及设施	43

附录C　同济大学校园建设与利用可持续性评估调查问卷

1. 您的性别：男　　女

2. 您的专业：□哲学　□经济学　□法学　□教育学　□文学　□历史学
□理学　□工学　□农学　□医学　□军事学　□管理学

3. 您所在的校区：□四平路校区　□嘉定校区

（注：以下问题请您针对您所在的校区，根据直观感受作答）

4. 校区所在地区交通方便程度如何？

A. 非常方便　B. 比较方便　C. 一般　D. 不太方便　E. 非常不方便

5. 校区所在地区周边商业配套情况如何？

A. 非常完善　B. 比较完善　C. 一般　D. 不太完善　E. 非常不完善

6. 校区所在地区周边社区环境如何？

A. 非常完善　B. 比较完善　C. 一般　D. 不太完善　E. 没有社区

7. 你是否同意"校园的整体规模与学校发展相适应"的观点？

A. 完全同意　B. 非常同意　C. 基本同意　D. 不同意　E. 完全不同意

8. 生活区、教学区、运动区等功能分区是否能满足您的需求？

（A. 完全满足　B. 较好满足　C. 一般　D. 有所欠缺　E. 完全无法满足）

生活区（如寝室、食堂、浴室等）	A	B	C	D	E
教学区（如教学楼、学院楼、图书馆等）	A	B	C	D	E
运动区（如篮球场、操场等）	A	B	C	D	E

9. 您对以下地点之间的步行时间感觉如何：

（A. 完全满意　B. 非常满意　C. 一般　D. 不满意　E. 难以接受）

寝室与教学楼之间	A	B	C	D	E
寝室与食堂之间	A	B	C	D	E
寝室与运动场之间	A	B	C	D	E
教学楼与食堂之间	A	B	C	D	E
教学楼与运动场之间	A	B	C	D	E
运动场与食堂之间	A	B	C	D	E

10. 您是否经常见到校园内机动车占用公共道路停放：

A. 从没见到　B. 很少见到　C. 有时候会见到

D. 常常见到　E. 天天见到

11. 您是否同意以下观点：校园内自行车停放处是否数量充足且位置合理

A. 完全同意　B. 比较同意　C. 基本同意　D. 不同意　E. 完全不同意

12. 您是否同意以下观点：仅考虑道路分布，我很容易到达校园内的常去地点

A. 非常同意　B. 比较同意　C. 基本同意　D. 不同意　E. 完全不同意

13. 校园内绿化数量如何：

A. 非常充足　B. 比较充足　C. 一般　D. 比较少　E. 非常少

14. 校园内景观种类的多样性如何：

A. 丰富　B. 较多　C. 一般　D. 较少　E. 单一

15. 校园内的生物种类多样性如何：

A. 丰富　B. 较多　C. 一般　D. 较少　E. 单一

16. 教学建筑(包含教学楼和学院楼等)的舒适性如何：

A. 非常舒适　B. 比较舒适　C. 一般　D. 不太舒适　E. 非常不舒适

17. 生活建筑(包含寝室楼和食堂等)的舒适性如何：

A. 非常舒适　B. 比较舒适　C. 一般　D. 不太舒适　E. 非常不舒适

18. 对于校区内的所有绿化景观，以下现象是否常见：

(A. 天天见到　B. 经常见到　C. 有时候会见到　D. 较少见到　E. 从没见过)

在草坪上休息、玩耍、运动	A	B	C	D	E
河边漫步、河中泛舟	A	B	C	D	E
林中小坐、聊天	A	B	C	D	E

19. 您是否了解学生浴室采用了污水处理、中水回用技术以节约水资源：

A. 完全了解　B. 较多了解　C. 一般　D. 了解得较少 E. 完全不知道

20. 自习室、图书馆内，人走灯仍亮的情况是否常见：

A. 从未有过　B. 偶尔有　C. 一般　D. 很常见　E. 一直存在

21. 据您了解，您自己以及周围人使用节能灯的情况如何：

A. 几乎全部用 B. 大多数人用 C. 部分人用 D. 少部分人用 E. 几乎没人用

22. 您是否支持校方的下列举措：

(A. 完全支持　B. 比较支持　C. 一般　D. 不太支持　E. 完全反对)

中央空调冬季室温低于 9℃方可开启，制热设定不超 20℃，夏季室温高于 32℃方可开启，制冷设定不低于 26℃	A	B	C	D	E
对浴室进行插卡计量收费	A	B	C	D	E
对宿舍用电进行计量收费	A	B	C	D	E

23. 您是否做到了下列行为：
（A. 总是做到　B. 偶尔忘记　C. 一般　D. 较少做到　E. 做不到）

随手关紧水龙头	A	B	C	D	E
寝室、教室里没有人或光线充足时主动关灯	A	B	C	D	E
关闭电器时拔掉插头	A	B	C	D	E
长时间不用电脑时待机或关机	A	B	C	D	E
不用时随手关闭寝室饮水机电源	A	B	C	D	E

24. 您是否做到了下列行为：
（A. 总是做到　B. 偶尔忘记　C. 一般　D. 较少做到　E. 做不到）

将废电池放入寝室楼下废电池箱	A	B	C	D	E
双面打印或双面利用纸张（背面做草稿纸）	A	B	C	D	E
将废纸放入图书馆或教学楼废纸箱	A	B	C	D	E
将可回收与不可回收垃圾分类放入垃圾箱	A	B	C	D	E
配合食堂减少塑料袋的使用	A	B	C	D	E
尽量使用二手书	A	B	C	D	E

25. 您感觉以下建筑节能措施的效果如何：
（A. 非常好　B. 比较好　C. 一般　D. 不理想　E. 无效果　F. 不了解）

大礼堂采用座椅通风、地道送风、外墙保温等技术	A	B	C	D	E
综合楼采用了冰蓄冷空调技术	A	B	C	D	E
学生浴室采用中水回用、余热回收、太阳能智能供热技术	A	B	C	D	E
文远楼采用地源热泵空调、雨水集中处理回收技术	A	B	C	D	E

26. 您与同学在校内用餐时倾向于点菜的数量：

A. 少点一点，不够再加　B. 刚好吃饱

C. 多点一点，保证吃饱　D. 好吃的好多，多点几个菜

E. 点点点，随便点

27. 您用餐剩饭的情况如何：

A. 从不　B. 很少　C. 偶尔　D. 常常　E. 餐餐必剩

28. 您所参加过的同济大学开展的可持续发展的活动有（　　）（可多选）

[1] 参与创业谷训练营

[2] 可持续发展与未来公共选修课

[3] 可持续发展辅修专业

[4] 地球一小时环保活动

[5] 大学生创业大赛

[6] 世界环境日主题活动

[7] 绿色同济青春同行系列活动

[8] 加入与可持续发展相关的社团

[9] 缤纷地球村系列活动

[10] 其他________

[11] 以上都没有参加过

29. 你参加过的同济大学开展的可持续行动品牌项目有（　　）（可多选）

[1] 竞选校园绿色大使

[2] “能见蔚蓝”系列主题活动

[3] 打造无烟同济行动

[4] 大学生创业大赛

[5] “分类一小步，绿色一大步”垃圾分类主题活动

[6] “不纸是环保”校园纸张回收项目

[7] “大学生节能环保创业”主题论坛

[8] 使用校内公共自行车

[9] 就餐光盘行动

[10] 绿色资源循环站

[11] 旧衣服循环公益活动

[12] 与可持续发展相关的调研活动

[13] 暑期专项社会实践活动

[14] 其他________

[15] 以上都没有参加过

30. 您对以下校方举措的了解程度是：

（A. 完全了解　B. 较多了解　C. 一般　D. 了解得较少　E. 不知道）

物业管理人员须对楼宇的能源使用进行巡查管理	A	B	C	D	E
学校组织督察队对各类不合理用能行为进行规范	A	B	C	D	E

31. 您认为以下校园资源与周边社区居民共享的情况如何：

（A. 非常好　B. 比较好　C. 一般　D. 不理想　E. 很差）

运动场	A	B	C	D	E
绿化景观环境	A	B	C	D	E
实验室	A	B	C	D	E
医院	A	B	C	D	E

32. 您在使用下列校园资源时，是否感觉校园资源过多地被外界社区居民所占用：

（A. 完全没有被占用　B. 被占用一点点　C. 占用情况一般，不影响我使用　D. 占用情况较严重，影响我使用　E. 占用情况非常严重）

运动场	A	B	C	D	E
绿化景观环境	A	B	C	D	E
实验室	A	B	C	D	E
医院	A	B	C	D	E
图书馆	A	B	C	D	E

33. 您是否愿意将下列校园资源与周边社区居民共享：

（A. 非常愿意　B. 比较愿意　C. 没感觉　D. 不太愿意　E. 非常不愿意）

运动场	A	B	C	D	E
绿化景观环境	A	B	C	D	E
实验室	A	B	C	D	E
医院	A	B	C	D	E
图书馆	A	B	C	D	E

34. 宿舍区域和教学楼区域是否经常见到校外人员(外卖除外):

A. 从没见到　B. 很少见到　C. 有时候会见到

D. 常常见到　E. 天天见到

35. 您认为校外人员能否顺利找到运动场、医院等共享设施:

A. 非常顺利　B. 比较顺利　C. 一般　D. 有点困难　E. 很困难

36. 从校园内的道路到达城市主干道的容易程度:

A. 非常顺利　B. 比较顺利　C. 一般　D. 有点困难　E. 很困难

37. 您是否支持大学校园采用开放性边界(例如嘉定校区利用嘉实广场商业街连接校园与外界环境,无封闭性围墙边界):

A. 非常支持　B. 比较支持　C. 一般　D. 不太支持　E. 完全反对

38. 您认为校园的封闭性边界(围墙)与开放性边界(例如嘉实广场)搭配是否合理:

A. 非常合理　B. 比较合理　C. 一般　D. 不太合理　E. 完全不合理

39. (仅限四平路校区同学回答此题)您认为以下校园历史文化建筑的维护利用情况如何:(A. 很好　B. 较好　C. 一般　D. 较差　E. 很差)

大礼堂	A	B	C	D	E
文远楼	A	B	C	D	E
本部图书馆	A	B	C	D	E
南北楼	A	B	C	D	E

40. 您是否同意以下观点:校园景观及园林绿化设施具有浓厚的人文文化气息

A. 完全同意　B. 比较同意　C. 基本同意 D. 不太同意　E. 完全不同意

41. (仅限嘉定校区同学回答此题)您认为新校园是否延续了老校园的传统特色(如建筑设计、经典重现等)

A. 完美延续并有所发展　B. 较好延续

C. 基本延续　D. 没有

E. 有所冲突

42. 您是否同意以下观点:校园建筑是否融入了地方特色

A. 完全同意　B. 比较同意　C. 基本同意

D. 不太同意　E. 完全不同意

43. 您认为以下文化活动场地及设施是否充足：

（A. 十分充足　B. 较为充足　C. 基本满足　D. 稍有不足　E. 严重不足）

报告厅等宣讲场地	A	B	C	D	E
大学生活动中心等社团活动场地	A	B	C	D	E
研讨间等小组讨论场地	A	B	C	D	E

第四篇

上海市农村居民点功能及满意度研究

周梦璐

一、引言

（一）研究背景与意义

1. 研究背景

1）现实背景

随着区域经济的快速发展以及各类基础设施和配套服务设施的逐步完善，上海已成为我国农村城镇化和现代化推进最快的地区之一。自 2014 年上海市开始美丽乡村建设以来，农村的居住环境也得到了一定的改善。但是，目前上海农村仍存在镇村规划尚未全覆盖、镇村基础设施和生态环境建设投入相对不足、农村居住分散现象突出、城乡基本公共服务均等化面临制约等短板问题，需要进一步提高农民居住生活的质量。

2004 年，上海郊区农村开始进行宅基地置换试点。2009 年，上海市政府出台了建设用地增减挂钩政策，推进宅基地置换。在此过程中，还颁布了《上海市征收集体土地房屋补偿暂行规定》以及《上海市被征收农民集体所有土地农业人员就业和社会保障办法》。但由于补偿和保障标准不尽合理，未考虑农民原有隐性收入的丧失和生活成本的增加，易导致农民实际生活水平降低。

作为农民生产生活的重要空间，农村居民点建设必须坚持以人为核心，注重发挥农民群众的创造性和积极性，尊重农民意愿，使之真正满足农民需求，提高他们居住的满意度。在进行农村居民点整理、改善居住环境的同时，也需要充分保障农民生活水平，切实维护农民的权益。

2）理论背景

目前国内外学者对农村居民点的相关研究已经获得了大量成果，包括农村居民点规模、空间布局和结构的变化及其驱动力，农村居民点整理的模式、潜力测算和效益评价，以及农村居民点的建设规划，等等。由于上海已经进行了较为广泛的农村居民点整理和宅基地置换的实践，与此相关的实证研究较多。

农村居民点本身具有动态性，与社会经济和城镇建设的发展具有紧密关系。随着社会的进步，农民的收入水平提高，从业结构向非农产业转变，他们对居住质量和功能的要求也在发生变化。因此，对于农村居民点的建设也需要关注农民的意愿和需求，丰富相关的研究。

2. 研究意义

1) 现实意义

通过分析农村居民点的功能及农民的满意度，可以从上海已有的农村居民点整理实践中总结经验教训，发现农村居民点目前存在的问题，并对其未来的发展提供对策建议；进而可以改善农村居住环境，提升农民的生活质量，有助于上海的农村居民点整理和美丽乡村建设；同时加强对农民的社会保障和权益保护，提高农民的满意度。

2) 理论意义

本篇从农民的视角出发，分析农村居民点的内部功能，并根据农民的需求和意愿，探讨农村居民点整理的方向和方式，可以丰富农村居民点的功能并整理相关的理论研究。

（二）研究目的

分析农村居民点具有的功能，并以目前上海市三类典型的农村居民点——城镇化小区、新型农村社区和自然村落为例，研究其人口、家庭和居住情况等的现状特征，居民的满意度以及对未来居民点建设的意愿。通过不同农村居民点所体现的功能和不同农民群体的利益诉求，探讨符合农民需求，尊重农民意愿的农村居住模式。

（三）研究内容

本篇主要分为以下七个部分。

第一部分是引言。主要介绍了研究背景与意义、研究目的、研究的思路和方法以及论文的内容框架。

第二部分是文献综述与理论基础。主要介绍了国内外已有的相关研究成果，并为本篇的研究奠定理论基础。

第三部分是农村居民点的内部功能特征。从农村居民的角度，分析农村居民点的空间承载、资产收益和社会保障三种功能。

第四部分是上海市农村居民点满意度调查设计。选择奉贤区和嘉定区为研究对象，阐述了调查的区域和进行调查的过程，并论述了问卷设计和数据处理的方法。

第五部分是上海市农村居民点满意度调查结果。在分析居民样本基本情况的基础上,对不同类型的农村居民点、本地和外来人口以及不同年龄群体的满意度进行评价,并分析了所在居民点尚未进行整理的农村对于未来居住情况的意愿,总结了上海农村居民点的现状与问题。

第六部分是对上海市农村居民点发展的措施建议。

第七部分是结论与展望。

(四) 技术路线与研究方法

1. 技术路线

本篇技术路线如图 4-1 所示。

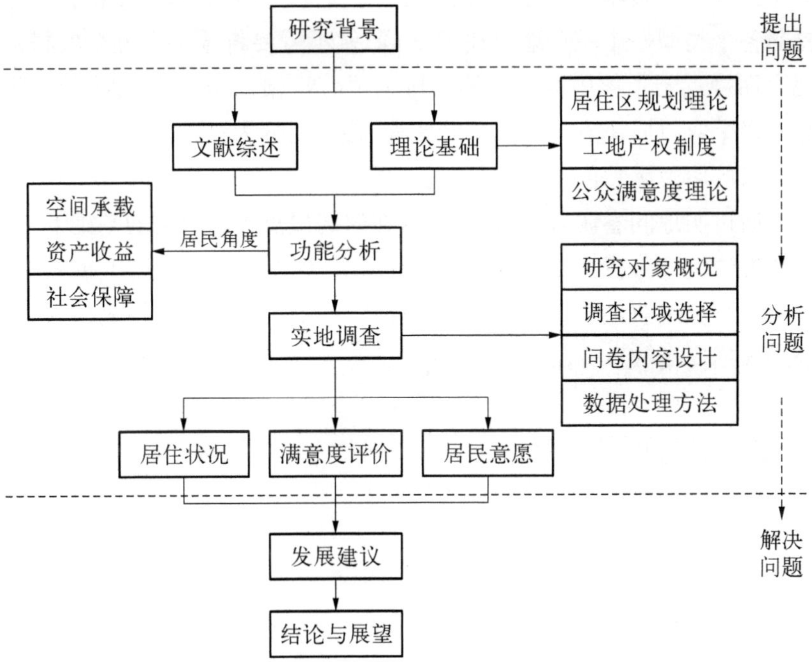

图 4-1　技术路线

2. 研究方法

1) 文献分析与实地调查相结合

文献分析法是通过搜集、鉴别、整理并研究文献,形成对事实的科学认识的方法。本篇在研究过程中,查阅了与农村居民点功能和类型、农村居民点整理以及农民的居住满意度和意愿有关的文献,借鉴了已有研究的相关表述和方法。

实地研究是一种最显著的观察方法，通过观看、感受甚至参与其中，能够使人深入地了解某一事件；在此过程中，提出问题并记录人们的答案则是更主动的研究行为。本篇在分析现状的基础上，对不同农村居民点的居民进行了问卷调查。鉴于农村的网络通信不够完善，农民的文化水平普遍较低，调查采用面对面口头提问的方式，由调查者记录受访者的回答，既符合实际情况，也提高了问卷数据的准确性和可靠性。此外，还对政府规划建设部门的工作人员进行访谈，了解居民点建设情况以及存在的问题，从基层工作者的视角发现问题，寻找思路，更具有现实意义。

2）定性研究与定量分析相结合

本篇对农村居民点的类型和功能进行了定性研究。在分析居民满意度时，采用类型比较法。费孝通在《怎样做社会研究》一书中说："如果用比较方法将中国农村的各个类型一个一个地描述出来，那就不需要将千千万万个农村一一地加以观察而接近于了解中国所有的农村了。"（费孝通，2013）因此本篇选择了上海郊区的多个农村居民点进行统一的调查，将其划分为三种类型，通过比较不同类型农居点的居民满意度来进行研究。

对于通过实地问卷调查获得的数据，在对居民点进行分类的基础上，进行描述统计和推论统计分析。由于满意度是一个广泛和在一定程度上模糊的概念，本篇中用来测算满意度的指标属于主观评价指标，具有一定的模糊性，因此对数据的处理采用模糊数学方法。

二、文献综述与理论基础

（一）文献综述

1. 农村居民点功能研究

农村居民点不仅是农民的居住用地，而且是与农户生产和生活息息相关的多功能复合单元，是农村人地互动关系的核心。陈诚（2014）认为，农村聚落功能是指聚落为满足农村居民的各种需求所提供的各类服务的总和，包括农业、工业、商业贸易等生产功能，居住、医疗卫生、文化教育、休闲娱乐等生活功能以及自然和人文景观维护的生态功能三大类。张佰林等（2014）从土地分类的角度指出，农村居民点内部的商服用地和工矿仓储用地承载非农生产功能，公共管理与公共服务用地、交通运输用地承载了生活功能，而住宅用地承载着生活功能和农业或非农生产功能。唐承丽（2014）将乡村聚落的空间功能类型划分为生计维持型(农业生产与居住)、产业发展型(工业生产、观光旅游、贸易服务等)与品质提升型(公共服务、文化休闲等)三类,并以生活质量为导向,指出乡村聚落空间功能优化的重点在于提升生计维持型功能,整合产业发展型功能,植入品质提升型功能,实现聚落内部空间类型比例合理化与组合最优化。

农村居民点的功能随着城市化的发展、农户生计类型的改变等而演变。姜广辉(2007)指出,随着社会经济发展,农村居民点的生产功能逐渐减弱、生活功能逐渐增强;而在社会经济发展阶段高的区域,尤其是区位条件优越或者有特殊资源的区域,农村居民点用地的收益功能则有所体现,且农村居民点正由多功能混合走向功能分异。朱凤凯(2014)对北京郊区的研究表明,在城乡二元结构下,农村居民点自发地对城市蔓延产生响应,从近郊城乡接合部到远郊山区,有商、住、工业和旅游接待等农户自住用途之外的功能衍生。周婧等(2010)研究了重庆市云阳县农户兼业活动的重心(务农或从工)对居民点用地功能配置的影响,发现随着非农业水平的提高,农村居民点用地配置趋于公寓化,即住房和休憩型用地增加,生产性用地减少。

一些学者专门研究了农村居民点中宅基地的功能。王静(2016)将宅基地功能归纳为社会保障功能、生产功能、资产功能和心理功能。张德元(2011)指出,随着现代化进程的加速,农村宅基地在社会经济生活中发挥的作用逐步由过去的保障性功能向资产性功能转变。对此,朱凤凯和张凤荣(2012)研究了在乡村旅游发展的驱动下宅基地的功能演变,说明宅基地除了承载农户日常的居住生活,还承担起接待游客、住宿、餐饮等商业经营活动的功能;朱凤凯(2014)还注意到,随着外来人口的不断聚集,北京郊区的农村宅基地被改建、扩建并出租给外来人口居住,农村居民通过改变宅基地的原有用途实现土地升值带来的财产性收益。

总的看来,已有对农村居民点功能的研究多从客观角度,或从宏观上划分农村居民点的生产、生活和生态等功能并研究其演变特征,或聚焦于宅基地使用过程中发挥的功能以探讨宅基地制度改革,而缺乏从居住者的需求角度,对其内部功能进行深入剖析和合理配置。

2. 农村居民点的类型与整理研究

长期以来,我国农村居民点存在着人均占地超标、空心村和闲置土地多,规模小而分散、布局混乱,建筑层次低、集约利用程度低,规划落后、基础设施不完善,缺乏生态环保意识等问题。对此,理论和实践中对农村居民点整理已有广泛探索。根据张正峰和赵伟(2007)的定义,农村居民点用地整理是在一定的社会经济条件下，针对农村居民点用地零散、无序的状态，对其空间结构和布局实施整治、改造等的土地工程的过程，同时配合公共基础设施改造，以优化土地利用结构，提高土地利用效率，改善农村生产、生活环境。

学者普遍认为，不同类型的农村居民点应当选择不同的整理方式。张佰林等(2012)以山西省长治市为研究对象，从农村居民点的土地利用结构、产业结构、人口结构、建筑形态等功能表征选取指标，将其划分为5个一级类型和18个二级类型，认为政府理性决策行为应遵循农村居民点的演变轨迹和当前的主导功能来引导其发展。陈兰(2011)根据地形和经济发展水平将酉阳县的五个村分成平坝、低山和中山三种类型，发现不同类型村庄的农户住房条件和居住环境存在差异，主要用地整理潜力也不同，进而分别提出了公寓化模式、村庄内部改造模式和整体搬迁模式。荣联伟等(2016)根据经济发展水平、社会环境水平和生态环境水平将长河流域农村居民点分为中心村、核心村、自然村和零星村四种类型，并提出了城镇化型、重点建设型、限制发展型、迁移合并型和政策保留型的优化策略。马文涵等(2009)分析了特大城市周边农业产业及相应的农村居民点空间布局特征，根据城市近、中、远郊的产业和人口特征，提出了城市社区型、集中归并型、整理完善型和特色营造型四种发展模式。

对于目前农村居民点整理的实践模式，张正芬和王德(2009)将上海农村居民点拆并和整理归纳为拆除、归并、内部整理三种策略，包括宅基地征用、宅基地置换、渐进归并和整治改造四种操作方式，并认为应长期坚持通过鼓励农民参与集体建房，逐渐消灭分散零乱的小村居点的渐进归并方式来对农村居民点进行整理。张正峰等(2012)着重研究了以嘉定区外冈镇为代表的“宅基地置换模式”和以奉贤区庄行镇为代表的“村庄归并模式”，并从地域特征、整治目标、整治内容、运作方式、驱动机制和配套政策六个方面对其进行比较，从而为差异化的农村居民点整治提供帮助。金昕(2011)考察了上海奉贤的农民居住模式，总结为宅基地置换、村庄归并和自然村改造三种模式，认为村庄归并(建设中心村)是一种较为有效的途径。

不同的农村居民点整理模式又形成了不同类型的农村社区。徐莹等(2011)比较了上海郊区土地征收过程中形成的城市化安置小区、半城市化社区和农村自然村落，发现它们不仅在空间形态和土地利用结构上不同，而且社会、经济、文化和组织特征等也有差异。黄宁(2012)研究了厦门市半城市化地区三种城市化程度由低到高的社区，即农村村落、城乡过渡型社区以及集中居住小区的建筑、林地、草地等景观格局，认为城市化总体上促进了社区人居环境质量的提高，但对于环境质量、人文环境等方面具有一定的负面影响。景晓芬和马红霞(2010)将中国城市化进程中的乡村社区分为传统的农村社区、新近由农村转化来的社区和集镇社区三类，认为它们都仍具有较强的传统社区的特征。张青(2003)以上海嘉定区的一个小区为例，分析了随着农民的居住形态从村落向集中居住区转变，所发生的空间秩序重构、日常生活转型和观念世界变化，提出居住区的规划必须重视农民参与。

总体而言，对于农村居民点分类和整理的研究均已有较多成果，但它们多从宏观的自然和经济因素出发，以节约集约利用土地、置换建设用地指标为目标，而较少从微观角度，以农民的生活习惯和需求为依据研究农村居民点整理的方向和途径。

3. *农民集中居住意愿和满意度研究*

在农村居民点整理时，要将自然村的农户集中到小区或中心村居住，核心问题是农民的参与意愿。孔艳芳等(2014)对山东进行了实证研究，指出农民的集中居住意愿取决于其经济状况(人均年收入及其来源)、自身特征(年龄和受教育程度)、购房压力(新型社区的购房价格和补贴)及当地的公共服务水平等因素。吴云青等(2013)对天津、谢正源等(2012)对江苏扬州和湖北荆州农村的调查还发现，地区发展程度、政策宣传力度、是否为村干部以及故土情结等因素也会影响农民集中居住意愿。白莹和蒋青(2011)对成都市郫县的研究表明，农民对集中居住的意愿及方式的选择以其生产方式的现状为基础，以既有利益的价值补偿为判断条件，进而提出应当分层次、分阶段地推动农民向城镇集中，让农民根据自身条件选择不同的居住方式。

为增强农民集中居住的意愿，从以人为本的角度出发，需要提高农民对集中居住社区的满意程度。蔡弘和黄鹂(2016)对安徽省 10 个农民集中居住社区的研究表明，近 80%的农民对集中居住的生活感到满意，发现政府服务、生活便捷、经济收入、社区适应、人际关系和社区参与是影响集中居住区农民生活满意度的主要因素。李鹏和瞿忠琼(2010)对江苏三市、郎海如(2010)对南京市高淳县分别进行了实证研究，认为农户个体及家庭特征(年龄、受教育程度和家庭人数)、家庭经济状况(收入来源和支出)、居住条件和环境状况以及邻里关系变化、补偿款和政府工作等方面影响农民的满意程度。刁述军和吴平(2014)运用功能和能力福利理论构建了农村社区居民福利水平评价指标体系，并对成都市 10 个农村社区的居民进行调查，认为其居住条件未得到根本性改善，城乡社会保障制度的二元化降低了农村社区居民福利水平。

可以看出，农民对集中居住的意愿和满意度受到个体和家庭情况、基础设施和公共服务以及政策等多种因素的共同作用。已有的相关研究大都采用实证方法，对于数据的处理，既有一般的描述性统计分析(郎海如，2010)，也有主成分分析法(蔡弘和黄鹂，2016)、层次分析法(李鹏和瞿忠琼，2010)、模糊综合评价法(刁述军和吴平，2014)和回归模型(吴云青等，2013)等数学方法。但它们多关注集中居住后农民的满意度水平，而较少对不同类型的农村居民点进行横向比较；仅分析农民是否愿意集中居住，而未进一步研究他们对集中居住的具体需求。

4. 评述

农村居民点是我国城乡建设用地的重要组成部分，其功能应符合社会经济发展和人们生产生活的需要。综上所述，目前对农村居民点的功能和农村居民点整理的研究多从客观角度出发，而缺乏从农民的利益和生产生活需求的主观视角进行的研究。需要注意的是，利益需求是行为主体作出某种行为选择的内在驱动力，以农民的利益需求为基础能够增强他们对农村居民点整理的意愿。因此，在总结已有实践经验的基础上，未来研究应结合农村发展现状，进一步探索更能满足农民需求的农村居住模式。

另外，从研究对象上来看，目前对农村居民点的研究多以中西部地区为研究对象，而对上海这样城市化水平较高、农业占比较低、外来人口较多的大城市郊区的研究相对较少，相关文献多聚焦于上海的农村居民点整理实践。实际上，上海作为一个国际化的大都市，其农村居民点必然具有其独有的特征；而从上海农村居民的角度，他们对城市化的认同程度、对农村居民点的认知状况和对社会保障的需求等也会呈现出不同于中西部地区的特征，从而存在不同的利益需求、主观偏好和意愿表达。因此，上海市农村居民的居住状况及其满意度值得进一步探究。

(二) 理论基础

1. 居住区规划理论

居住区是被道路或自然界限所围合的具有一定规模的生活聚居地，它由基本的物质与精神要素构成，为居民提供生活居住空间和各类服务设施(朱家瑾，2009)。城市与农村则是在历史发展过程中形成的产业结构、人口规模和集居密度不同的两种居住区(施建刚，2014)。

18世纪末，为克服工业化和城市化带来的人口急剧增长、无计划修建高密度住宅等问题，对于居住区的规划，西方学者进行了从空想社会主义到霍华德的田园城市再到柯布西耶的“现代城市”设想的许多探索。1928年成立的国际现代建筑协会(Congre's International d'Architecture Modern，CIAM)认为“城市规划是集体生活的各项功能组织，对乡村地区和城市地区，道理都是一样”(2009)；在1933年的第四次会议上，该协会发表了《雅典宪章》，提出了功能分区的思想，认为城市规划应当处理好居住、工作、游憩和交通的关系。这种做法在当时缓解和改善了工业化发展带来的各种问题(王宝君，2005)。

进入20世纪后，由于现代工业和交通的发展，原有居住区的组织形式渐渐不再适应。1929年美国建筑师C. A.佩里以控制居住区内部的车辆交通来保障居民的安全和环境的安宁为出发点，提出了邻里单位的理论。他认为区内应拥有足够的生活服务设施，以活跃居民的公共生活，利于社会交往，密切邻里关系。随后，苏联产生了小区规划的概念。小区是被城市道路所包围的居住地段，有完善的日常使用的生活福利文化设施，形成完整的建筑群并创造便于生活的空间(白德懋，2000)。

鉴于城市越来越复杂的性质，1977年，CIAM以《雅典宪章》为出发点，总结了城市发展和规划的思想、理论和方法，签署了《马丘比丘宪章》。它摒弃了以前的机械主义和物质空间决定论，认为城市中各人类群体的文化、社会交往模式和政治结构对城市生活起决定作用；提出功能分区破坏了城市的有机联系，应努力创造一个综合的、多功能的环境；强调城市规划的过程性和动态性，并鼓励公众参与(陈占祥，2009)。

虽然上述理论以城市规划为主，但其理念也适用于农村。居住区以居住功能为主，兼容服务、交通、休憩等多种功能，无论空间尺度大小，都必须满足居民日常物质和精神生活的需求。

2. 土地产权制度理论

从法律的角度，《牛津法律大词典》对产权(property right)的定义是“对财产的各种权利的总称，包括占有权、使用权、出借权、转让权、用尽权、消费权和其他与财产有关的权利”。而经济学家更多地从产权功能的角度来理解产权的概念，舒尔茨认为产权是一种通过社会强制而实现的对某种经济物品的多种用途进行选择的权利，用来界定人们在经济活动中如何受益、如何受损以及他们之间如何进行补偿的规则(邵绘春，2010)。

产权制度是制度化了的产权结构和产权关系，规定了产权如何安排、界定、运行和保护等。产权具有激励功能、约束功能和分配功能三种基本功能，因此，一项有效的产权制度安排能够有效克服搭便车、偷懒行为及败德行为，使外部性内部化(叶剑平，2000)。

土地产权是有关土地这种财产的一切权利的总和，包括土地的所有权、使用权、收益权、处置权和抵押权等，其中每一项权利的行使都能带来相应的收益。在我国城市化过程中，随着土地利用变化，土地产权体系中的各项权能在不同层次和范围进行交易，随之带来了土地产权交易的公平与效率、农民的土地权益是否得到充分保护等问题(邵绘春，2010)。

一定社会的土地产权结构与土地产权关系的总和构成土地产权制度，随着权能结构的变化，农民的土地权益发生了相应变化。根据产权的基本功能，在构建土地产权制度时，应遵循产权明晰、责权利一致、产权结构合理化、有效保障和效益最大化的原则。合理的土地产权制度应该能够充分调动土地产权主体的积极性，充分保护土地资源，使土地增值和土地产出最大化(王志彬，2009)。

3. 公众满意度理论

公众满意度是一个以公众为核心、以公众感受为评价标准的概念。公众满意的程度，取决于公众接受某项产品或服务后的感知与其在接受之前的期望相比较后的结果，比值越大，则公众越满意，即公众满意度越高。

公众满意度建立在公众情感体验基础上，具有主观性，与公众的知识与经验、社会阶层、生活习惯、价值观等密切相关。因为满意度是期望和事后感知相比较的结果，而不是感知本身，所以对于一个评价对象，不同的评价者由于对评价对象有不同的期望而得到不同的满意度分值。

公众满意度作为人们的一种心理活动，在反映评价对象客观差异方面并没有明确的界限，而具有一定的模糊性。通过运用模糊集合理论和模糊测评方法，在确定民众满意度的基础上，可以得出其具体的量化数值。因此，公众满意度具有可测性。但它是一个动态的，非绝对的概念，作为一种指数，只有用于横向或纵向的比较分析，公众满意度才有实际意义。

公众满意度作为一种公众的综合的心理体验，可以划分为不同层次(因素)和不同层次上的不同属性(因子)。因此，公众满意度具有可分性。随着时间、空间以及民众偏好的变化，公众满意度的变量结构也会不断地调整，包括构成的变量及其相互关系(张文方，2008)。

借鉴公众满意度的相关理论，在建设农村居民点时应了解农民的需求和期望，并以此为依据，创造符合农民理想的聚居环境。

三、农村居民点的内部功能特征

功能，是指事物或方法发挥的有利作用，它在很大程度上取决于使用者的主观需要。本篇基于农村居民点的使用者，即农村居民的角度，将其功能分为空间承载、资产收益和社会保障三类。

（一）农村居民点的空间承载功能

农村居民点由宅基地、村民管理机构用地、服务设施用地和闲置用地等组成，从土地的资源属性上，它体现了空间承载的特性，具体包括居住、生产和服务功能等。

（1）居住功能。农村居民点作为房屋等建筑物的承载者，满足了农民最基本的居住需求。在我国现行的土地制度下，农村的居住用地主要是宅基地。

（2）生产功能。农村居民点中的仓库、庭院、沼气池、畜禽舍等承载了部分辅助生产功能，如畜禽养殖、蔬菜种植等。

（3）服务功能。农村居民点的商业、医疗、道路用地等为居住者提供了与日常居住和生产生活相关的各种服务设施和活动场所。

随着上海城镇化的快速发展，一方面大量农民涌入城市，导致农村的实际居住人口减少；另一方面，农村常住人口中从事农业的人数也大量减少（图4-2）。因此，农村居民点承载生产的功能弱化，为用地减量、集中居住提供了可能性。但同时，对于仍居住在农村的人口，有必要改善他们的居住环境，完善基础设施和公共服务，满足他们的生产生活需求。

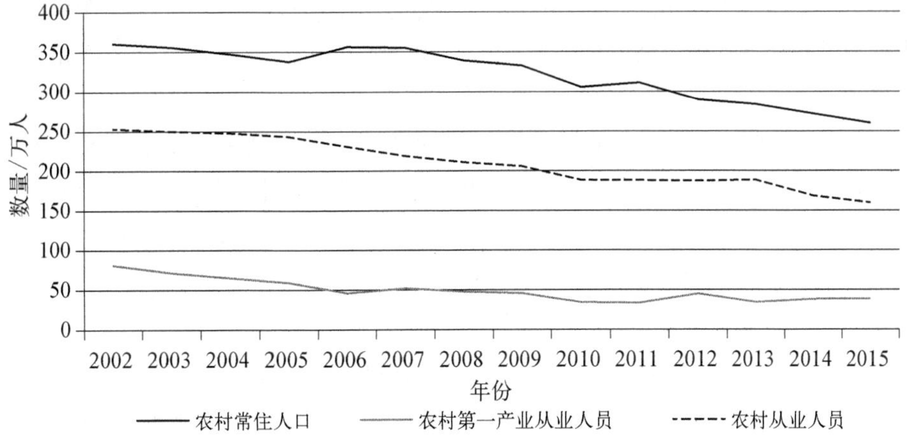

图4-2　2002—2015年上海市农村常住人口与从业人数

数据来源：2003—2016年上海统计年鉴。

（二）农村居民点的资产收益功能

资产收益功能是指农村居民点所具有的价值交换和资产增值功能，主要体现在以下两个方面。

1. 通过农村住房出租获取租金收益

上海郊区农村居民点普遍存在的出租现象可以从供需两个角度解释。从供给角度，农村居民点自身的用地和建筑面积大，人均居住面积大，存在可以提供租赁的空间；而且由于本地农村人口逐步减少，年轻人多在镇区或市区工作生活，部分老人也随子女一同居住，造成大量宅基地和农村住宅空置。而从需求角度，上海发达的经济和郊区快速发展的工业吸引了大量外来务工人员，他们由于收入水平低，承租能力有限，因而选择在工厂周边租金较低的农村地区居住；此外，上海郊区还存在相当多的外来务农人员，除了无力承担较高的租金外，他们也希望居住在离承包的土地较近的地方，自然村落中的农民房屋就成了他们的最佳选择。

因此，在大量的租赁需求的驱动下，上海的农村居民点中存在大量住房甚至违章建筑用于出租的现象，房屋租金已成为部分农村本地人口的重要收入来源。

2. 通过农家乐等乡村旅游业获得经营收益

利用宅基地发展乡村旅游的模式起源于四川郫县友爱乡农科村，随后得到了全国各地的效仿。从产业发展的角度，农业与旅游业的融合有利于提升发展质量；而从人民需求的角度，都市人群对田园风光、农民生活体验的需求与日俱增，部分特色乡村聚落成为城市居民休闲娱乐的重要场所。有调查数据显示，关于上海市内的旅游意愿，52.9%的受访市民喜欢去古镇、农家乐等，选择比例为各类市内旅游景点之首；市民对郊外田野的旅游兴致也较高，选择比例达31.1%（图4-3）。

在强烈的市场需求驱动下，农民们或被动或主动地利用自家宅基地开展旅游接待经营，旅游接待收益在农民人均纯收益中所占的比例呈现增长趋势。从最初的路边歇脚店，到种地同时兼业的旅游接待户，再到如今大量出现的专业的农家乐、休闲农庄，郊区农民逐渐从农业转向收益更高的第二、第三产业，农村居民点的经营资本和收益功能得以体现。

综上所述，随着市场经济的不断发展，农村居民点的资产收益功能日益凸显，这在经济发展水平较高、城镇化速度较快或拥有特殊资源条件的地区尤为突出。而一旦进行农村居民点整理，农民的这部分收入将大大减少甚至失去，但目前的征地补偿和保障标准却未对此进行合理补偿。

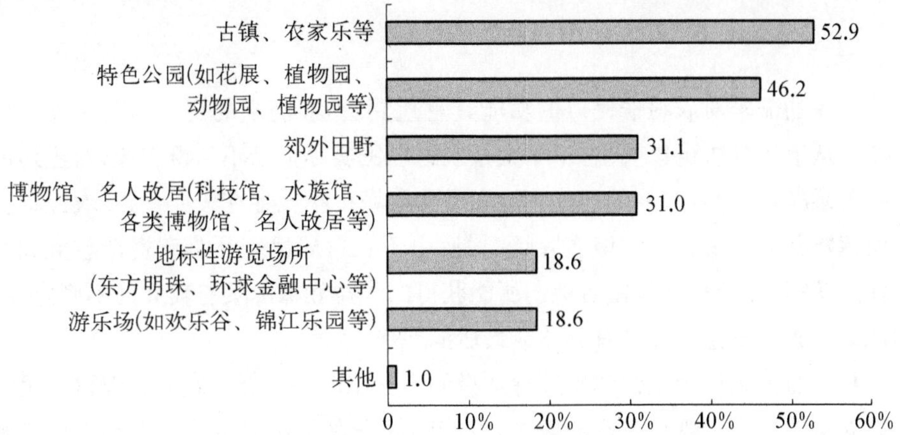

图 4　3　上海市民喜欢去的市内游览景点排序

数据来源：上海统计局《2016 年市民市内旅游意愿调查报告》. http://www.stats-sh.gov.cn/fxbg/201605/288755.html.

（三）农村居民点的社会保障功能

农村居民点的社会保障功能是从土地的基本功能衍生出来的，是指土地凭借自身的自然、经济、社会属性所承载的生活、就业、养老等保障功能。

在我国现行的宅基地使用权制度下，宅基地使用权具有特定主体、无偿取得和数量有限等特点，主要是为集体成员提供住房保障。对于从事非农产业的农村居民来说，由于无法和城市居民享受同等的教育、医疗和养老保险等城市公共服务，农村居民点成为外出劳动力应对各种不确定性和外部风险的主要手段，为他们提供了一种失业保障。而对于老人来说，由于农村的养老保险和服务有限，加之留在农村的老人往往缺乏安全感，农村居民点发挥着养老保障的作用。

农村居民点的保障功能还体现在心理保障上，它承载了传统的农耕文化和生产生活方式，可以说是农民的精神家园。宅基地还拥有特殊的象征意义和伦理功能，作为继承的重要财产被赋予了家族的象征，保持传统土地信仰的农民对宅基地具有家庭归属感和心理依赖感。

随着经济社会的发展，农民的收入水平提高，越来越多的农民进城买房，农村宅基地的住房保障功能有所减弱。但由于城乡二元的社会保障体系、农村的人口老龄化和空巢化以及传统观念的影响，农村居民点的失业保障、养老保障和心理保障功能不可忽视，需要在农村居民点整理的过程中合理替代，以保障农民的生活水平。

（四）小结

居民的需求对农村居民点的功能具有重要影响，需求的变化继而引发功能演变。从上述分析可以看出，由于大量农村居民实际上已不从事农业，对土地的依附关系减弱，而且农村的居住环境和条件与城市相比存在较大差距，农民存在向城镇转移的主观愿望。但实际情况是，由于农村居民点还具有资产收益和社会保障功能，而转移到城镇后他们所能获得的收益和保障具有较大的不确定性，因此许多农民不愿放弃既有利益或最后的保障。

利益需求是行为主体作出某种选择的内在驱动力。保障农民对农村居民点各方面功能的需求既是政府的职责，也能够促进农民对农村居民点整理和宅基地退出的意愿。为进一步分析农民的需求和意愿，本篇接下来对上海市农村居民点进行了实证研究。

四、上海市农村居民点满意度调查设计

根据 2016 年上海农村统计年鉴，上海农村统计口径包括市郊八个区县：闵行区、宝山区、嘉定区、金山区、松江区、青浦区、奉贤区、崇明区；浦东新区农村部分；市属农业生产经营单位以及其他在上海地区的中央属和军委系统的农业生产单位。鉴于以下三个因素：① 目前奉贤区和嘉定区已经进行了较为广泛的农村居民点整理和宅基地置换实践，并已编制了村庄布点规划[①]；② 十七届三中全会以来，奉贤区被确定为上海市唯一一个统筹城乡发展的试点区；③ 同济大学嘉定校区位于嘉定区，调查实施较为方便。本篇以奉贤和嘉定两个行政区为研究对象。

（一）奉贤区和嘉定区概况

奉贤区位于上海南部，东与浦东新区接壤，西与金山区和松江区毗邻，南临杭州湾，北与闵行区相隔黄浦江。区内地势平坦，全区土地面积 720.44 平方公里，区属耕地面积为 21 225 公顷。2016 年奉贤区全年实现增加值 729.3 亿元，其中完成农业总产值 40.4 亿元。至 2016 年年末，全区常住人口 116.74 万人，其中外来常住人口为 60.09 万人，占 51.5%。户籍总户数 19.87 万户，户籍总人口为 53.19 万人。据住户抽样调查，2016 年奉贤区农村常住居民人均可支配收入

① 《嘉定区村庄布点规划(2014—2040)》和《奉贤区村庄布点规划(2016—2040)》。

为 25 565 元，人均消费支出为 16 289 元，人均住房面积为 50.5 平方米[①]。

嘉定区位于上海西北部，东与宝山、普陀两区接壤；西与江苏省昆山市毗连；南襟吴淞江，与闵行、长宁、青浦三区相望；北依浏河，与江苏省太仓市为邻。总面积 463.55 平方公里。可耕地面积为 10 603.2 公顷。2016 年，嘉定区全年共实现增加值 1 875.9 亿元，其中实现农业增加值 4.2 亿元，三次产业结构比重为 0.3∶55.5∶44.2。至 2016 年年末，全区常住人口 157.96 万人，其中外来常住人口 90.68 万人。全区户籍人口为 61.2 万人，其中城镇人口为 50.5 万人[②]。

（二）奉贤区和嘉定区农村居民点现状

1. 外来人口多

2015 年末，在上海市 2 415.27 万常住人口中，981.65 万人是外来人口，占 40.64%[③]。而在奉贤区和嘉定区的农村常住人口中，外来人口占比均达到 60% 左右（图 4－4、图 4－5）。

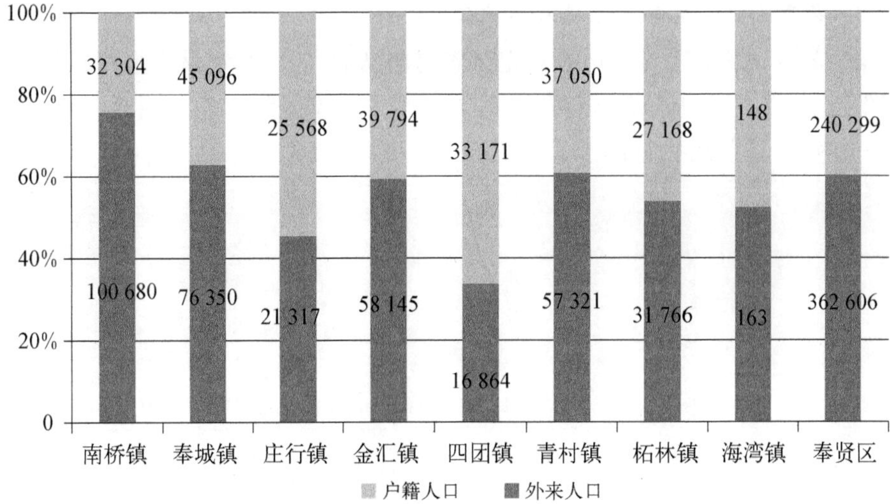

图 4－4　奉贤区农村常住人口(按户籍分)

数据来源：2016 年上海农村统计年鉴。

① 来自上海奉贤 http://www.fengxian.gov.cn/shfx/subzjfx/和 2016 年上海市奉贤区国民经济和社会发展统计公报。

② 来自上海嘉定 http://www.jiading.gov.cn/qqpd 和 2016 年上海市嘉定区国民经济和社会发展统计公报。

③ 来自 2016 年上海统计年鉴。

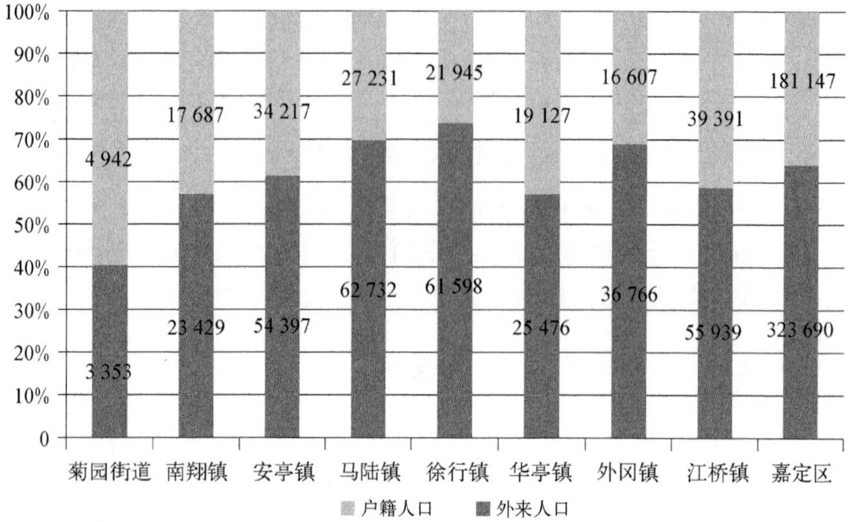

图 4-5 嘉定区农村常住人口(按户籍分)

数据来源：2016 年上海农村统计年鉴。

2. 农业从业人员和农业收入占比低

2015 年，上海市在奉贤区和嘉定区农村的从业人员中，农业从业人员所占的比例分别为 11.13%和 1.68%(图 4-6、4-7)。在对奉贤区 200 户农村住户进行的抽样调查中，其家庭农业年收入为 942 元，仅占全年总收入的 3%(表 4-1)。

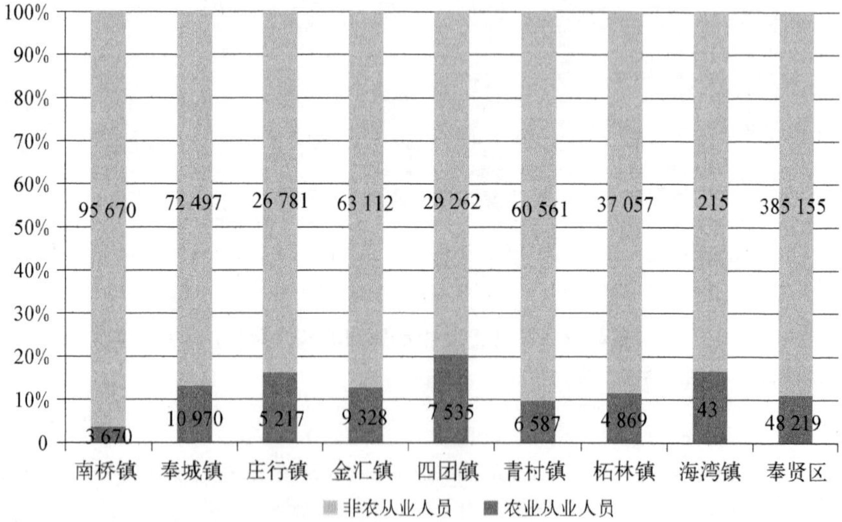

图 4-6 奉贤区各镇农村从业人员(按产业分)

数据来源：2016 年上海农村统计年鉴。

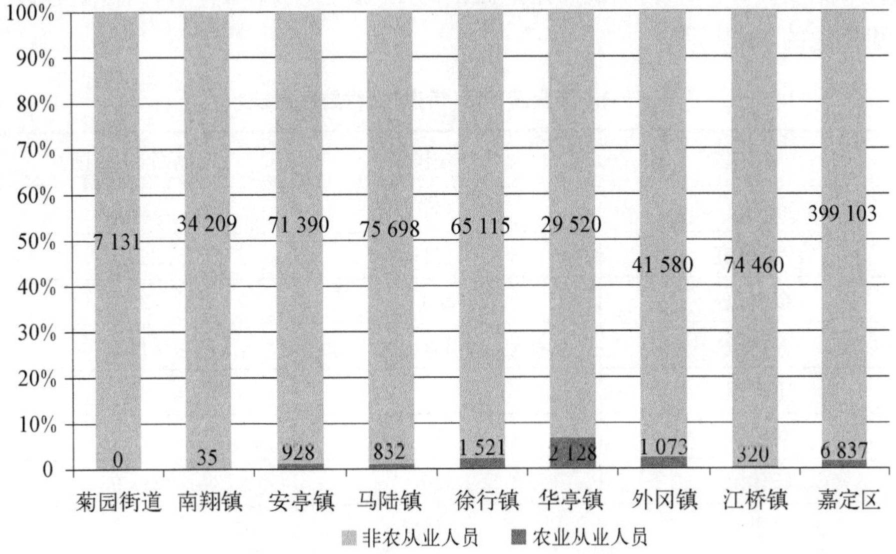

图 4－7　嘉定区各镇农村从业人员(按产业分)

数据来源：2016 年上海农村统计年鉴。

表 4－1　奉贤区农村住户收入情况　　单位：元

一、全年总收入	31 592
（一）工资性收入	20 637
（二）家庭经营性收入	4 682
其中：(1) 农业收入	942
(2) 牧业收入	46
(3) 渔业收入	1 661
（三）财产性收入	663
其中：(1) 利息	26
(2) 租金	583
（四）转移性收入	5 610

数据来源：2016 年奉贤统计年鉴。

3. 用地总量大，布局散乱

根据第二次全国土地调查，截至 2013 年年底，奉贤区域现状城乡建设用地面积为 25 540 公顷，其中集建区外建设用地面积为 10 427.04 公顷。全区共有村民小组2 698个，农村居民点用地面积约4 826公顷（表4－2），约占集建区外建设用地的46.3%[①]。

表4－2　奉贤区各镇（街道）农村居民点现状

镇（街道）	村民小组（个）	用地面积（公顷）
南桥镇	141	231.63
西渡街道	141	265.32
金汇镇	346	629.50
青村镇	301	644.71
庄行镇	374	382.11
奉城镇	619	1 117.73
柘林镇	350	689.93
四团镇	426	864.64
合　计	2 698	4 825.57

在空间布局上，农居点呈现“散、多、小”的格局。集建区内居民点呈散乱布局于城镇建设用地之间，集建区外的农村居民点则大多数沿河布局，或团状、或点状分散于农田之中。

（三）调查区域选择

本篇以上海市奉贤区和嘉定区为研究对象，研究的基础数据主要来自社会调查。由于人力和物力有限，考虑地区的建设发展情况并结合实际（表4－3），本篇采取判断抽样的方法，选择在奉贤区庄行镇、四团镇和嘉定区华亭镇、安亭镇发放问卷。

表4－3　调查区域情况分析

调查区域	美丽乡村建设	城镇体系规划	特殊条件	其他因素
奉贤区庄行镇	潘垫村、新叶村分别为2014年度、2015年度上海市美丽乡村示范村	奉贤区五个新市镇之一[①]	上海宅基地置换试点；上海新郊区新农村建设先行试点地区之一；2017年全国重点镇之一	—

① 数据来源：《奉贤区村庄布点规划（2016—2040）》。

续　表

调查区域	美丽乡村建设	城镇体系规划	特殊条件	其他因素
奉贤区四团镇	—	奉贤区五个新市镇之一	四团镇拾村被列为奉贤区四个保护村之一②	联系到四团镇政府规划部门进行访谈和发放问卷
嘉定区华亭镇	毛桥村被评为2014年度上海市美丽乡村示范村	嘉定区四个新市镇之一③	上海新郊区新农村建设先行试点地区之一	—
嘉定区安亭镇	2016年进行了以环境综合整治、公共配套设施建设与改造为主的美丽乡村村庄改造	嘉定新城核心区的组成部分	2017年全国重点镇之一	同济大学嘉定校区所在地，便于进行实地调查

①《奉贤区国民经济和社会发展第十三个五年规划纲要》。
②《奉贤区村庄布点规划(2016—2040)》。
③《上海市嘉定区区域总体规划纲要》。

首先在庄行镇利用配额抽样，在其下辖三个社区和16个行政村中分别选取了2～5个样本(图4-8)。为了比较不同农村居民点的满意度，在实地调研后，根据居住形态将庄行镇的农村居民点分为如下三类(表4-4)。

表4-4　庄行镇三类农村居民点对比

类　型	城镇化小区	新型农村社区	自 然 村 落
建筑类型	多层楼房	两层(或三层)别墅	多为两层
建设方式	政府统一建造	集体建造或农民自建	农民自建
建筑面积	90平方米、130平方米等	180平方米、225平方米等	大小不一，多为200平方米左右
容积率	1.2左右	0.8左右	1.0左右
代表社区	庄行新苑	庄行镇新叶村	庄行镇潘垫村

1. 城镇化小区

该类农村居民点即通常所说的“上楼”，以庄行新苑和庄行茗苑为代表。前者为叠加户型，即一、二两层为一户，三、四两层为一户，每户面积为130平方米左右；后者为六层楼房，建筑面积从80平方米到130平方米不等。这类农居点与城镇中的居住小区基本相同，除了常规的商业配套外，还专门建设了用于操办

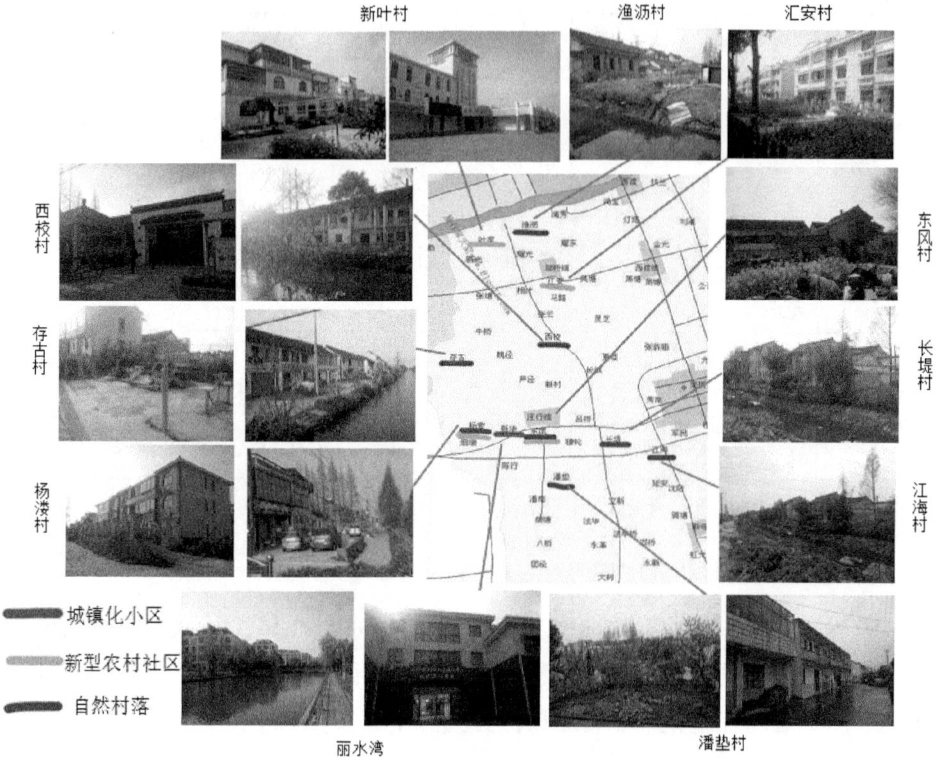

图 4-8　奉贤区庄行镇部分调查区域分布与景观

红白喜事的农家会所、提供休闲娱乐场所的老年活动中心等。

2. 新型农村社区

该类农居点以新叶村为代表，是对原村庄进行平移归并，促进农民集中居住。新叶村为整村归并，建筑类型为双拼别墅，共有 867 套；其他如庄行镇东风村、千汇小区等则是由于受到高压线等影响而进行部分归并，分别为独立和联排别墅。该类居民点用地性质仍为宅基地，只集中不上楼，较大程度地保留了农民原有的生活方式，同时又改善了居住环境和配套设施。

3. 自然村落

该类居民点以庄行镇潘垫村、西校村等为代表，均为自然状态下分散居住的村落。前者已被列为奉贤区保护村，后者则是传统的自然村落，目前仅进行了村庄改造和整治。

在此分类的基础上，随后在四团镇、华亭镇(图 4-9)和安亭镇(图 4-10)仍采用判断抽样方法，分别选择三类农村居民点进行问卷调查。

图 4-9　嘉定区华亭镇调查区域分布与景观

图 4-10　嘉定区安亭镇调查区域分布与景观

调查共完成问卷194份，所涉及的农村居民点见表4-5。由于农民文化水平有限，在庄行镇、华亭镇和安亭镇的问卷调查均采用访谈法，采取口头提问的方式，由调查者记录受访者的回答；考虑到时间成本，在四团镇的问卷由当地政府部门委托村(居)委会当场发放和回收。因此每份问卷的数据均较为完整，有效率为100%。

表4-5 奉贤区和嘉定区农村居民点调查情况汇总表

类　　型	行 政 区 域	居民点名称	问卷数量
城镇化小区	—	—	58
	奉贤区庄行镇	庄行茗苑	3
		丽水湾	1
		贝港花苑	6
	奉贤区四团镇	滨河新苑	18
	嘉定区华亭镇	华亭佳苑(原联华村)	24
	嘉定区安亭镇	春盛苑	6
新型农村社区	—	—	34
	奉贤区庄行镇	新叶村	5
		东风村	4
		汇安村	1
		杨溇村	1
		庄行新苑	2
	嘉定区华亭镇	北新村	9
	嘉定区安亭镇	联西村	6
		菊园别墅	6
自然村落	—	—	102
	奉贤区庄行镇	潘垫村	6
		渔沥村	2
		长堤村	2
		杨溇村	3
		存古村	3

续 表

类 型	行政区域	居民点名称	问卷数量
自然村落	奉贤区庄行镇	穗轮村	1
		庄行老街	2
		江海村	7
		西校村	3
	奉贤区四团镇	杨家宅村	11
		拾村村	10
		三坎村	18
	嘉定区华亭镇	北新村	12
		毛桥村	15
	嘉定区安亭镇	东街村	7

（四）问卷内容设计

基于研究目的，调查问卷主要由调查对象的基本信息、居住信息、满意度和未来居住意愿四部分内容构成，其中对居住意愿的调查仅针对所在居民点尚未进行整理的受访者。结合前文对农村居民点功能的分析，问卷设计见表 4 - 6。问卷首先在庄行镇进行试填，最终内容见附录。

（五）数据处理方法

根据满意度理论，居民的满意度用来反映其需求的满足程度。本篇采用“李克特五点量表”法对满意度进行调查，分为非常满意、比较满意、一般、比较不满意和非常不满意五种状态。对数据的处理采用模糊数学方法（钱瑛瑛等，2016）。

1. 满意度的模糊函数设定

将农村居民的满意度表示为模糊集 X，设本篇测度的各项满意度指标为 X 的子集 W，则第 n 位居民的满意度函数可表示为 $W(n)=\{x,\ \mu(x)\}$，其中 $x \in X$，$\mu(x)$ 则是 x 对 W 的隶属度，$\mu(x) \in [0,\ 1]$。隶属度越大表示农民的满意度水平越高。

表 4-6 上海市农村居民点功能满意度与意愿调查问卷设计

<table>
<tr><th>类别</th><th>指　标</th><th>对应功能</th><th>类别</th><th>指　标</th><th>对应功能</th></tr>
<tr><td rowspan="8">个人与家庭信息</td><td>性　别</td><td rowspan="5">（基本信息）</td><td rowspan="9">满意度</td><td>居住空间</td><td rowspan="8">空间承载</td></tr>
<tr><td>年　龄</td><td>公共交通</td></tr>
<tr><td>户　籍</td><td>医　疗</td></tr>
<tr><td>教育程度</td><td>教　育</td></tr>
<tr><td>职　业</td><td>商　业</td></tr>
<tr><td rowspan="3">家庭收入
及其构成</td><td rowspan="3">社会保障/
资产收益</td><td>休闲娱乐</td></tr>
<tr><td>环境卫生</td></tr>
<tr><td>邻里关系</td></tr>
<tr><td rowspan="6">居住信息</td><td>所在居民点类型</td><td rowspan="4">空间承载</td><td>社会保障</td><td>社会保障</td></tr>
<tr><td>家庭居住结构</td><td rowspan="5">居住意愿</td><td>居住地点</td><td rowspan="3">空间承载</td></tr>
<tr><td>宅基地面积</td><td>房屋类型</td></tr>
<tr><td>居住面积</td><td>建设方式</td></tr>
<tr><td>房屋拥有情况</td><td rowspan="2">资产收益</td><td rowspan="2">主要诉求</td><td rowspan="2">社会保障/
资产收益</td></tr>
<tr><td>房屋出租情况</td></tr>
</table>

2. 隶属函数的设定

对满意度的五种状态依次赋值 $x_i=\{5, 4, 3, 2, 1\}$，值越大表示满意度越高。隶属函数为：

$$\mu(x_i)=\begin{cases} 0, & x_i \leqslant x_i^{\min} \\ -\dfrac{x_i-x_i^{\min}}{x_i^{\max}-x_i^{\min}}, & x_i^{\min}<x_i<x_i^{\max} \\ 1, & x_i \geqslant x_i^{\max} \end{cases} \tag{4-1}$$

易知五种状态下满意度的隶属度分别为 1，0.75，0.5，0.25，0。

3. 指标权重的计算

本篇选取的不同指标对满意度水平的影响程度各不相同，因此需要对各指标赋予不同的权重，权重结构为：

$$W_i=\ln\left[\frac{1}{\mu(x_i)}\right] \tag{4-2}$$

其中，
$$\overline{\mu(x_1)}=\frac{1}{n}\sum\nolimits_{p=1}^{n}\mu(x_i)(p)。\tag{4-3}$$

该权重公式可保证给予隶属度较小的变量以较大的权重，在评价满意度时更关注满意程度较低的指标。

五、上海市农村居民点满意度调查结果分析

（一）居住情况分析

1. 个体情况分析

调查结果显示，受访者中男性占 62.9%，女性占 37.1%；户口性质为非农业的人约占 60%，约有 14%的受访者为外来人口（表 4-7）。

1）年龄结构老龄化

从年龄上来看，为保证问卷数据的有效性，调查对象均为 20 岁以上的农村居民。居民样本的年龄主要为 46～60 岁（38.1%）和 60 岁以上（35.1%），约占总人数的四分之三，反映出农村人口老龄化严重。这种情况在自然村落和新型农村社区中更为突出，60 岁以上的人分别占其调查对象的三分之一和一半以上。

2）退休和无工作者多

与人口老龄化对应的是，在全部样本中，近一半人处于退休或无工作状态；41.2%的人从事服务业、个体经营等第三产业，且多为环卫、保安等低端服务业；仅有约 6%的人从事农业，且他们均居住在自然村落，这与奉贤区和嘉定区总体农业从业人员占比较低的情况一致。在新型农村社区和自然村落的受访者中占比最大的是退休或无工作的人，而城镇化小区中 62%的人从事第三产业。

3）教育程度多为初中以下

教育程度为初中及以下的受访者占样本总数的近七成，大学专科及以上学历的人数较少。相比而言，自然村落中的居民教育程度更低，初中及以下的受访者占 80%以上。

表 4-7　奉贤区和嘉定区农村居民样本的个体情况

指标	选项	城镇化小区（人）	新型农村社区（人）	自然村落（人）	合计（人）	占比
性别	男	36	18	68	122	62.9%
	女	22	16	34	72	37.1%

续 表

指 标	选 项	城镇化小区(人)	新型农村社区(人)	自然村落(人)	合计(人)	占 比
户口性质	农 业	11	20	46	77	39.7%
	非农业	47	14	56	117	60.3%
户籍所在地	上海市	46	34	87	167	86.1%
	外省市	12	—	15	27	13.9%
年龄	20～30 岁	7	2	2	11	5.7%
	31～45 岁	15	—	26	41	21.1%
	46～60 岁	22	12	40	74	38.1%
	60 岁以上	14	20	34	68	35.1%
教育程度	小学及以下	5	16	29	50	25.8%
	初 中	25	12	47	84	43.3%
	高 中	13	4	11	28	14.4%
	大学专科	4	2	9	15	7.7%
	大学本科及以上	11	—	6	17	8.8%
工作行业	第一产业(农/林/牧/渔业)	—	—	12	12	6.2%
	第二产业(工业、建筑业)	11	2	6	19	9.8%
	第三产业(服务业、个体经营等)	36	4	40	80	41.2%
	退休或无工作	11	28	44	83	42.8%

2. 家庭情况分析

1) 收入水平中等偏下,依赖社会保障

关于家庭收入情况,约 85%的受访者家庭的人均年收入在 30 000 元以下,处于中低收入水平。在新型农村社区和自然村落中,人均年收入低于 20 000 元的低收入家庭占比超过一半。

多数农村居民的主要收入来源是工资(占 47.9%)或退休金等社会保障(占 36.6%)。新型农村社区中 70%以上的受访者表示收入主要来自退休金等,而城镇化小区中近 70%的人以工资为主要收入来源。

在自然村落中，除了工资或退休金，还有部分受访者的家庭收入主要来自农业生产或房屋出租。在167个本地居民样本中，有十户家庭出租房屋给外来务工人员；而在27个外来人口样本中，仅有一人所住的房屋是自有，其他26人均租住在农民房屋中。据调查情况，奉贤区农村房屋的平均租金为200～300元/间/月。以一户出租了十间房屋的农户为例，其出租房屋是利用自留地违章建造的四层楼房，每个月的房屋租金收入达到2 000～3 000元，占其家庭总收入的一半左右。

2）居住结构空巢化

从居住结构来看，三类农村居民点中，四分之三以上的农民家庭人数为三人及以下。调查区域的家庭空巢化较为严重，30%以上的家庭是老人独居或老人与"留守儿童"同住，子女只在节假日前来看望，且这种现象在自然村落更为突出（表4-8）。

表4-8 奉贤区和嘉定区农村居民样本的家庭情况

指标	选项	城镇化小区（人）	新型农村社区（人）	自然村落（人）	合计（人）	占比
家庭人均年收入	15 000元以下	18	8	27	53	27.3%
	15 000～20 000元	9	12	30	51	26.3%
	20 001～30 000元	16	12	34	62	32.0%
	30 001～45 000元	13	2	11	26	13.4%
	45 000元以上	2	—	—	2	1.0%
家庭收入主要来源	农业生产和农产品销售	—	—	9	9	4.6%
	工资收入	40	10	43	93	47.9%
	个体经营收入	7	—	8	15	7.7%
	房屋出租	—	—	6	6	3.1%
	退休金或低保等社会保障	11	24	36	71	36.6%
家庭人数	1人或2人	18	14	41	73	37.6%
	3人	32	6	38	76	39.2%
	4人	5	—	8	13	6.7%
	5人及以上	3	14	15	32	16.5%

续 表

指 标	选 项	城镇化小区(人)	新型农村社区(人)	自然村落(人)	合计(人)	占 比
家庭结构	老人(60岁以上)独居	13	14	34	61	31.4%
	夫妻二人	5	2	11	18	9.3%
	一家三(四)口	36	2	42	80	41.2%
	老人+留守儿童	2	—	—	2	1.0%
	三代同堂	2	16	15	33	17.0%

3. 居住情况分析

1) 居住面积差异较大

在人均居住面积上,各面积段的人数分布较为均匀,但样本极差较大。家庭人均居住面积最小的仅为10平方米,而最大的达到170平方米。不同类型居民点之间也有所差异,城市化社区中一半以上的家庭人均居住面积小于35平方米,而另外两类居民点中均有50%左右的家庭人均居住面积大于50平方米(表4-9)。

表4-9 奉贤区和嘉定区农村居民样本的居住面积

指 标	选 项	城镇化小区(人)	新型农村社区(人)	自然村落(人)	合计(人)	占 比
人均居住面积	35平方米以下	34	8	19	61	31.4%
	35～50平方米	15	10	26	51	26.3%
	51～90平方米	7	8	36	51	26.3%
	90平方米以上	2	8	21	31	16.0%

2) 宅基地使用面积超标,房屋老旧

关于自然村落的居民使用宅基地的情况,在87位受访的本地人口中,七成以上家庭的人均宅基地使用面积超过规定的45平方米,有1/4的家庭人均宅基地面积超过90平方米(图4-11)。宅基地上的房屋有近七成建造于1990年以前,仅有11%的家庭在2000年之后翻建或扩建了住房(图4-12)。

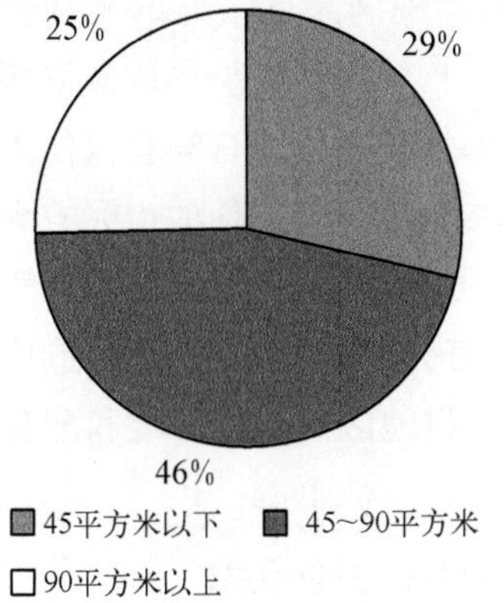

图 4-11　自然村落居民人均宅基地面积

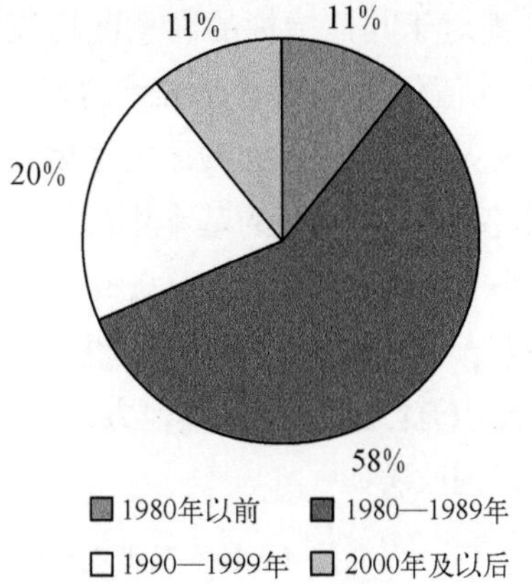

图 4-12　自然村落居民住房建造年代

（二）满意度分析

1. 同一类居民点内各项指标的满意度分析

首先对三类农村居民点的各项满意度指标分别进行描述性统计，结果见表 4-10。

1）城镇化小区居民均比较满意

总体来看，城镇化小区的居民对各项指标均较为满意，满意度均值均在 4.0 左右。但除了邻里关系和谐程度外，其他指标的标准差均大于 0.8，对公共交通方便性的满意度的标准差最高为 1.03，说明不同样本的满意度之间的差异较大，存在部分小区的住房面积、配套设施和社会保障不能满足需求。

2）新型农村社区居民对居住面积最满意，社会保障最不满意

新型农村社区的居民对住房面积最为满意，满意度的均值为 4.94。根据样本数据，新型农村社区中人均居住面积达到 56.3 平方米。但他们对社会保障的满意程度最低，均值仅为 3.88，且标准差达到 1.11。从访谈中了解到，由于村庄归并的实施主体不同，部分新型农村社区的居民得以享受“镇保”，其他农民仍只有保障水平较低的“农保”，而目前奉贤区的农保约为每人每月 900 元，与镇保（约每人每月 1 500 元）、社保差距较大。另外，买菜购物和看病买药方便程度指标的标准差也大于 1，主要是因为一些规模较小的社区如东风村等需要依靠附近镇区的商业、医疗等配套服务，给居民生活带来了不便。

3）自然村落居民对邻里关系最满意，社会保障最不满意

在各项指标中，自然村落的居民满意度最高的是邻里关系和谐程度，均值为

4.0。而对于其他指标的满意度均值均小于 4.0，其中满意度最低的是社会保障方面，均值仅为 3.6，且标准差达到 0.98，原因在于自然村落的居民的家庭年收入差距较大，特别是老人独居的家庭，几乎都依靠每月 900 元左右的农保作为收入来源，仅能维持较低的基本生活水平。此外，该类居民对其他各项指标的满意度也均小于 4，标准差均大于 0.8。在住房面积方面，主要是因为租住在自然村落的外来人口的居住面积有限，也存在部分家庭没有分家，由于人口较多造成人均居住面积有限的情况。其他方面则是因为部分农村地区的居住环境和配套设施仍未得到改善。

表 4-10　三类农村居民点各项满意度指标描述性统计

指　　标	城镇化小区		新型农村社区		自然村落		P 值
	平均值	标准差	平均值	标准差	平均值	标准差	
住房面积大小	3.97	0.82	4.94	0.24	3.78	1.09	0.000 1
公共交通方便程度	4.03	1.03	4.65	0.61	3.71	1.01	0.001 9
看病买药方便程度	4.09	1.00	4.47	1.07	3.88	0.89	0.068 6
孩子上学方便程度	4.00	0.98	4.06	0.90	3.75	0.95	0.315 4
购物买菜方便程度	4.06	0.91	4.24	1.20	3.85	0.87	0.256 9
休闲娱乐方便程度	4.06	0.88	4.24	0.83	3.62	0.88	0.008 5
环境卫生整洁程度	3.94	0.88	4.41	0.80	3.79	1.09	0.077 2
邻里关系和谐程度	4.00	0.62	4.82	0.39	4.03	0.77	0.000 1
社会保障满意程度	3.94	0.98	3.88	1.11	3.60	0.98	0.242 5

2. 不同居民点间各项指标的满意度分析

根据表 4-10，从横向来看，除了对邻里关系和谐程度的满意度从高到低依次为新型农村社区、自然村落、城镇化小区，对社会保障的满意程度为城镇化小区、新型农村社区、自然村落，对于其他指标的满意度，均呈现新型农村社区、城镇化小区、自然村落依次降低的规律。

为了进一步比较不同农村居民点对各项指标的满意度的差异，进行单因素方差分析，发现在住房面积、邻里关系、公共交通和休闲娱乐四项指标上，三者存在显著差异（P 值小于 0.01）。这种差异主要体现在新型农村社区与其他两类农村居民点的差异上。

一般认为，城镇化小区的各种配套设施条件应当优于其他农村居民点，但实际上，新型农村社区的居民对公共交通、休闲娱乐以及医疗、教育和商业等设施服务的满意度均高于城镇化小区，这一方面与不同居民点的客观建设情况有关，另一方面也受到居民样本的需求不同、主观感受不同的影响。这也是部分满意度指标的标准差较大，其均值不能很好地代表总体情况的原因。

3. 不同样本群体的满意度分析

按照性别、户籍所在地、年龄、职业、教育程度和收入水平等个体特征对三类农村居民点的样本分类，并分别进行 T 检验或单因素方差分析，发现本地和外地人口、不同年龄的人对某些指标的满意度具有差异。

1) 外来人口的满意度普遍低于本地人口

在 194 个农村居民样本中，有 27 个外地户籍人员，分别居住在城市化小区和自然村落。与本地人口相比，这些租住在农村的外来人口的满意度普遍偏低，其中住房、教育等社会保障问题是影响上海农村外来人口满意度的主要原因（表 4－11）。

表 4－11　三类农村居民点本地人口和外来人口的满意度

指　标	城市化小区			自 然 村 落		
	本地人口	外来人口	*P* 值	本地人口	外来人口	*P* 值
住房面积大小	4.12	3.33	0.033 4	3.87	2.60	0.010 9
公共交通方便程度	4.12	3.67	0.345 0	3.70	3.80	0.830 2
看病买药方便程度	4.15	3.83	0.486 2	3.87	4.00	0.761 3
孩子上学方便程度	4.15	3.33	0.064 5	3.86	2.40	0.000 7
购物买菜方便程度	4.15	3.67	0.245 3	3.86	3.80	0.888 6
休闲娱乐方便程度	4.15	3.67	0.226 0	3.65	3.20	0.274 3
环境卫生整洁程度	3.85	4.33	0.226 0	3.78	4.00	0.663 2
邻里关系和谐程度	4.04	3.83	0.475 7	4.10	3.20	0.011 5
社会保障满意程度	3.96	3.83	0.778 3	3.70	2.40	0.003 6

在城市化小区中，除了环境卫生整洁度外，外来人口对各项指标的满意度均值均低于本地人口，其中对于孩子上学方便程度指标的满意度差距最大。住房面积指标的 P 值小于 0.05，说明外来人口与本地人在这一方面的满意度有显著差别。

在自然村落中，外来人口对公共交通、医疗和环境卫生的满意程度高于本地人口，但在住房面积和邻里关系指标上，P 值小于 0.05，呈现显著差异。他们对住房的满意度均值仅为 2.60，与本地人口相差近 2。孩子上学和社会保障两项指标的 P 值小于 0.01，具有极显著差异，这是因为外来人口难以得到与当地人同等的入学条件、农业补贴和社会保障等待遇。

2) 不同年龄群体的满意度分析

按照年龄将三类农村居民点的样本划分为 20～45 岁、45～60 岁及 60 岁以上三个群体进行分析，结果见表 4 - 12。

表 4 - 12　三类农村居民点不同年龄居民的满意度

指　标	城镇化小区				新型农村社区			自 然 村 落			
	20～45 岁	45～60 岁	60 岁以上	P 值	45～60 岁	60 岁以上	P 值	20～45 岁	45～60 岁	60 岁以上	P 值
住房面积大小	3.83	3.92	4.33	0.489 0	4.83	5.00	0.207 1	3.22	3.70	4.30	0.004 8
公共交通方便程度	3.42	4.31	4.67	0.021 0	5.00	4.40	0.057 2	3.67	3.63	3.83	0.780 7
看病买药方便程度	3.67	4.31	4.67	0.087 2	4.83	4.20	0.276 6	3.61	3.93	4.04	0.291 9
孩子上学方便程度	3.42	4.23	4.67	0.018 5	4.50	3.70	0.082 4	3.28	3.85	4.00	0.039 9
购物买菜方便程度	3.92	4.00	4.50	0.444 9	4.67	3.90	0.237 2	3.39	4.00	4.04	0.027 4
休闲娱乐方便程度	4.00	4.00	4.33	0.726 9	4.50	4.00	0.259 4	3.33	3.63	3.83	0.207 6
环境卫生整洁程度	4.00	3.92	3.83	0.934 9	4.33	4.40	0.879 2	3.61	3.59	4.17	0.118 9
邻里关系和谐程度	3.83	4.00	4.33	0.295 8	4.83	4.80	0.879 2	3.61	4.00	4.39	0.004 2
社会保障满意程度	3.75	4.23	3.67	0.382 8	4.17	3.60	0.339 4	3.50	3.52	3.78	0.563 2

(1) 城镇化小区和自然村落的中青年居民满意度较低

在城镇化小区，除了环境卫生和社会保障外，对其他指标的满意度随着年龄的增加而提高。原因在于这类居民点虽然在物质形态上与城市中的居住区没有太大区别，但商业、教育、公共交通和休闲娱乐等配套设施仍然难以满足年轻人的需求。其中,年龄对公共交通和孩子上学方便程度指标的满意度具有显著影响(P 值小于 0.05),可见这两个方面对于 20～45 岁的居民尤为重要。

在自然村落,年龄因素对教育和购物的满意度均有显著影响(P 值小于 0.05);不同年龄的人对住房面积和邻里关系两项指标的满意度具有极显著差异(P 值小于 0.01),这与自然村落中的部分年轻人是外来务工者有关。

(2) 新型城镇社区中老年居民满意度较低

在新型农村社区,除了住房面积和环境卫生外,60 岁以上的居民样本对各项指标的满意度均低于 45～60 岁的人,尤其是公共交通、就医和购物指标的满意度差距较大。说明随着年龄的增长,新型农村社区的各类设施难以满足老人的需求,养老服务有待增强。

4. 总体满意度分析

根据前文所述的数据处理方法,计算农村居民各项满意度指标的隶属度及其平均值,进而得出各项指标相应的权重,最终求得三类农村居民点的总体满意度水平(表 4 - 13)。

(1) 城镇化小区和新型农村社区的总体满意度的隶属度均大于 0.75,即居民均比较满意,表明上海的新农村建设取得了较大成就;但自然村落居民的总体满意度仅为 0.691,说明传统农村村庄的居住质量有待提高。

(2) 三类农村居民点的总体满意度从高到低依次为新型农村社区、城镇化小区和自然村落。通过与居民的访谈,笔者认为这主要是因为新型农村社区的建筑形式和居住形态相比于城镇化小区更符合农民居住生活习惯,而其基础设施和公共配套又优于自然村落。

表 4 - 13　三类农村居民点满意度模糊性评价

指　标	隶属度			权重		
	城镇化小区	新型农村社区	自然村落	城镇化小区	新型农村社区	自然村落
住房面积大小	0.742 2	0.985 3	0.694 9	0.298 2	0.014 8	0.364 1
公共交通方便程度	0.757 8	0.911 8	0.676 5	0.277 3	0.092 4	0.390 9
看病买药方便程度	0.773 4	0.867 6	0.720 6	0.256 9	0.142 0	0.327 7
孩子上学方便程度	0.750 0	0.764 7	0.687 5	0.287 7	0.268 3	0.374 7
购物买菜方便程度	0.765 6	0.808 8	0.713 2	0.267 1	0.212 2	0.337 9

续 表

指 标	隶属度			权重		
	城镇化小区	新型农村社区	自然村落	城镇化小区	新型农村社区	自然村落
休闲娱乐方便程度	0.765 6	0.808 8	0.654 4	0.267 1	0.212 2	0.424 0
环境卫生整洁程度	0.734 4	0.852 9	0.698 5	0.308 7	0.159 1	0.358 8
邻里关系和谐程度	0.750 0	0.955 9	0.757 4	0.287 7	0.045 1	0.277 9
社会保障满意程度	0.734 4	0.720 6	0.650 7	0.308 7	0.327 7	0.429 7
总体满意度	0.751 8	0.804 3	0.691 0	—	—	—

（三）居民意愿分析

对目前居住在自然村落的 87 个本地居民样本进行了未来居住意愿的调查，结果如下。

1. 近半数居民偏好新型农村社区

对于未来居住地点，选择到新建的农民新村居住的人数最多，占 46%；其次为到镇区或新城，占 29%，且其中 92%为 45 岁以下的中青年居民；其余 25%的人希望留在原地，对现有房屋进行翻建(图 4 - 13)。因为大多数农村居民已经不从事农业，对土地的依附程度有所松动，所以他们有意愿改善居住环境，到城镇化更发达、配套更完善的地区居住。

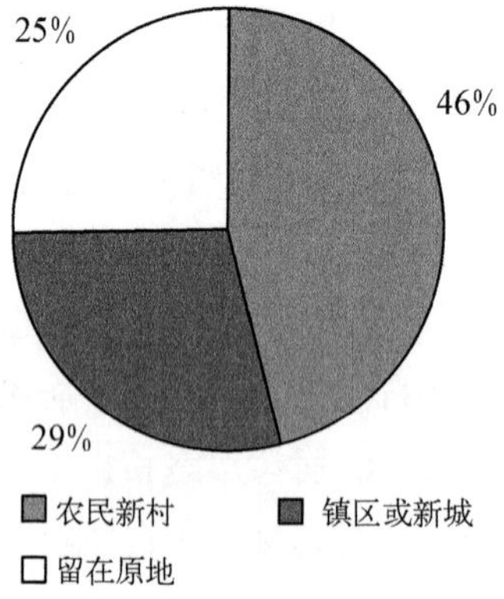

图 4 - 13 村民对未来居住地点的选择

2. 多数居民希望建造联排别墅

对于未来住房类型，超过一半(60%)的村民选择双拼或联排别墅，其中大多数人考虑到现有房屋的建造年代久远，且受到庄行镇新叶村等典型村庄的影响，希望能住上新建的“小洋楼”；29%仍选择传统的独门独户的住房；仅有 11%的人希望居住在多层楼房小区中(图 4 - 14)。总的来说，大多数村民不愿改变原有的生活方式和居住习惯。

3. 大部分居民赞成政府或集体统一建房

对于建房方式，六成以上的受访者希望政府统一建房，其中以老年人居多，由于自身年龄和身体健康状况等原因，认为自己建房太过麻烦；而希望批地自建

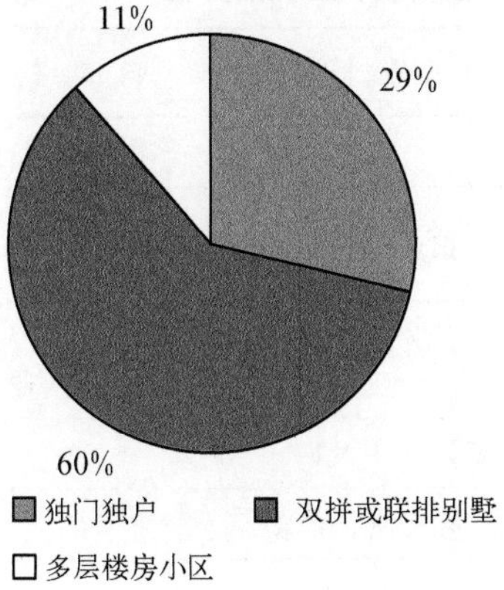

图 4－14　村民对住房类型的选择

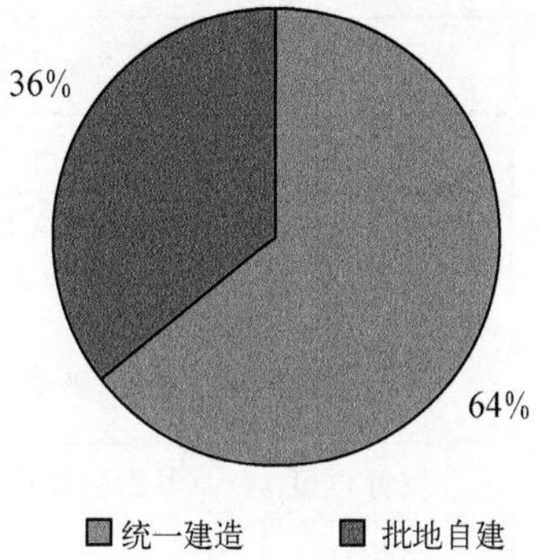

图 4－15　村民对建房方式的选择

的人则多为 60 岁以下，家庭经济基础较好，对房屋质量、建筑风格等有较高要求（图 4－15）。

4. 农村居民对社会保障的诉求最强

对于农村居民点整理过程中的主要诉求，近一半的村民要求解决镇保，23%的人则提出需要养老服务，仅有 13%的人认为补偿款的多少最为重要，其余 18%的受访者则提出了新建房屋类型、改善居住环境等其他诉求（图 4－16）。由此可见，农村居民对社会保障的需求最为强烈，这是在农村居民点整理过程中需要得到替代的重要功能。

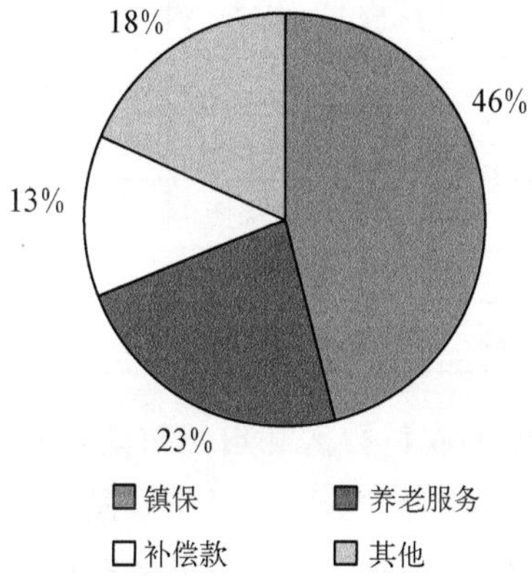

图 4－16　村民的主要诉求

总而言之，大部分农村居民希望改善居住质量和环境，提高社会保障水平。与此同时，他们也希望尽可能保留原有的居住方式和生活习惯。

（四）小结

根据上述对上海市奉贤区和嘉定区农村居民点的调查，将其现状和居民满意度的分析概括为表 4－14。可以发现，上海农村居民点主要存在以下问题。

1. 农村居民点规划及配套设施未能满足需求

随着社会主义新郊区新农村的建设，上海市农村居民点的居住和生活条件与以前相比有了明显的改善。从客观情况来说，城镇化小区的配套设施一般优

表 4-14 上海市奉贤区和嘉定区三类农村居民点分析

功能	指标	城镇化小区	新型农村社区	自然村落
(居民特征)	年龄	中青年相对较多	老龄化严重	
	户籍	外来人口和非农业人口多	农业人口多	有部分外来人口
	职业	多从事第三产业	多为退休或无工作	多为退休或无工作,有农业从业人员
	教育程度	多为初高中及以上	多为初中及以下	
空间承载	居住结构	老人独居者多		
	居住面积	一半以上小于35平方米	多大于35平方米	多大于50平方米
	住房面积满意度	3.97	4.94	3.78
	配套设施和服务满意度	较高	最高	最低
资产收益	家庭收入水平	多数低于30 000元/人	—	—
	主要收入来源	工资	退休金	工资/退休金
社会保障	社会保障满意程度	3.94	3.88	3.60

于新型农村社区和自然村落,但商业、教育、医疗和休闲娱乐等设施和服务仍无法与城市相提并论,且与农民日益增长的物质文化需求存在较大差距,因而导致了居民,尤其是中青年群体对相关方面的满意程度较低,也是他们不愿居住在农村的一个重要原因。另一方面,一些配套设施的规划和建设未能考虑到农村居民的生活习惯也导致满意度较低。根据城乡二元结构理论,农村与城市在技术水平、生产方式、消费习惯和分配制度等方面都存在差异,在农村居民点中则主要体现为生活方式的不同。例如,在实地调查中发现,对于农村居民而言,室外空间是他们洗衣择菜、人际交流的重要活动场所,但在一些新建的多层居住小区,许多居民聚集在单元楼下聊天打牌,而社区中心的会所则人迹罕至。

因此,居民点的规划和设计必须从居住者的角度出发,尊重他们的生活习惯和居住需求。

2. 农村居民点整理导致隐性收入降低和生活成本增加

由于人口老龄化、教育程度和就业层次低、社会保障水平有限等造成农民收入水平的低下，变相导致了他们需要通过扩建房屋用于出租等手段寻找新的收入来源。但对于已经搬迁到城镇化小区或新型农村社区的农民，失去宅基地使他们丧失了获取房屋租金的机会，收入水平降低。另一方面，搬迁到城镇化小区或新型农村社区的农民增加了物业费、燃气费等支出；因为不再有自留地，失去了种植和养殖空间，农村居民还必须到市场上购买蔬菜、蛋类和鸡鸭等食物。这些都导致了生活成本的增加。

从上述两个方面，农村居民点整理后，虽然居住条件得到一定改善，但易造成农民的实际收入和生活水平下降。

3. 农村社会保障体系有待健全

首先，从居民样本的个体特征来看，城镇化小区的居民以中青年群体为多，大部分从事第三产业，收入水平较高，对社会保障的依赖性较低，因而满意度相对较高。而其他两类农民居民点中由于人口老龄化、家庭空巢化严重，居民年龄较大，教育程度较低，没有工作或从事低端行业的人较多，因而家庭收入有限，对提高社会保障水平有较强的诉求。其次，较低的收入水平和农村尚不完善的养老服务也使大量的农村老龄居民对养老问题存在担忧。在访谈中，许多农民表示，目前的退休金收入仅能维持基本生活，但难以支付养老机构的较高费用。最后，自然村落的居民样本对住房面积和社会保障的满意度较低也受到外来人口评价的影响。根据实地调研的情况，外来人口租赁的农村房屋以间为单位，人均居住面积仅为 15 平方米左右，且他们在子女教育、农业补贴等方面均难以享受与本地人同样的待遇，因此满意程度较低。

可见，在农村居民点建设过程中，需要建立全方位的农村社会保障体系，尤其是加强对老年群体和外来人口的社会保障。

综上所述，在上海市三类农村居民点中，城镇化小区体现了空间承载的主导功能，而新型农村社区和自然村落的资产收益及社会保障功能更强。结合居民的满意度和未来居住意愿，农村居民点的空间承载功能要求改善居住的面积、配套设施和服务等各个方面，而其资产收益功能和社会保障功能则可以通过完善农村保障体系，提高农民收入水平得到替代。

六、上海市农村居民点发展的措施建议

根据以上对上海市奉贤区和嘉定区农村居民点进行的实地调查，以及对其功能特征、居民的满意度和意愿的分析，对上海农村居民点的发展提出如下建议。

（一）尊重农民意愿，分类整理和科学规划农村居民点

从上文的分析中可以看出，职业、收入、年龄等因素通过影响个体的需求进而影响他们的满意度和对农村居民点整理的意愿。因此，对于尚待进行农村居民点整理的地区，除了以往研究指出的以自然、经济、社会等因素为依据，还应当结合微观层面的个体特征，科学确定整理的方向。

根据上述的实地调查，新型农村社区的居民满意度最高，希望未来能够新建农民新村的居民占比也最多，说明从居住的角度来看，以双拼或联排别墅形式的新型农村社区是较为合适的农村居民点整理方向，符合农民，尤其是习惯传统农村生活方式的居民的意愿。而对于大部分中青年群体和另外一些从事非农产业的人，他们对居住环境和配套设施的要求更高，也更愿意到城镇化小区居住。因此，除了部分具有特殊条件、需要保留的自然村落外，未来的农村居民点整理可以农村居民的个体特征为依据，尽量尊重他们的意愿，分类将其迁移到新型农村社区和城镇化小区。

在目前奉贤区和嘉定区的三类农村居民点中，城镇化小区的配套服务设施有待完善；新型农村社区根据实施政策不同，在社会保障和医疗、商业设施等方面存在不同程度的问题；自然村落的居民，则需要提高社会保障水平，改善居住环境。因此，在未来的农村居民点建设和发展过程中，针对这三类居民点须分别解决相应的问题或在规划中予以避免。

（二）保护农民产权，优化土地征收补偿标准和利益分配

农村居民点除了空间承载外，还具有资产收益的功能。这是农民财产价值的体现。但目前集体建设用地征收和房屋拆迁的补偿标准偏低，未考虑农民的隐性收入降低、生活成本增加等问题。因此，需要改革现有的征地补偿机制，取消参照耕地年产值为基础的补偿标准，以该土地按最高、最佳使用原则所能形成的土地市场价格进行补偿；同时还要考虑实际情况，针对因农村居民点整理或宅基地退出导致的失业、收入减少或生活成本增加等问题，合理制定补偿标准，保护农民的这部分财产性收入，避免实际生活水平下降。

进行农村居民点整理后，节约出来的建设用地指标可以通过出让等方式获得增值收益。农村集体经济组织作为农村居民点用地的所有权主体，其在集体土地转为建设用地的过程中应获得更高比例的收益分配，用于改善地区配套设施和提高农民生活水平。

优化补偿标准和利益分配,根本在于改革土地产权制度。要赋予集体土地所有权和国家土地所有权平等的权利;明晰农村土地产权,使农村集体土地的用益物权人,即农民真正享有对土地的占有权、收益权、处分权和发展权;明确国家、集体和农民对土地产权的经济关系,分清在补偿、安置、保障中,国家、地方政府和农民的责、权、利,不能用农民基本的社会保障代替补偿安置(邵绘春,2010)。同时,尊重农民的财产权利,还须建立完善通畅的公众参与机制,注重农民的意见表达。

(三) 缩小城乡差距,完善农村居民的社会保障体系

在农村居民点整理过程中,农村居民对社会保障的诉求最强,这主要是由目前城乡二元的社会保障体系造成,也与农村居民点所具有的失业保障、养老保障等功能有关。

首先,在生活方面,目前农村居民的收入水平仍普遍不高,因此,要提高他们的社会保障水平,逐步将其由依靠土地转变为依靠社会和制度,缩小城乡差距。在农村居民点整理过程中,政府应给予乡镇或村以财政资金支持,建立统一、稳定的社会保障政策,尽量避免不同地区、不同时期农村居民点整理时保障水平的差异,造成农民心理上的不公平和不满意。

其次,在就业方面,对于农民来说,教育和技能的短缺极大地制约了他们获得就业机会和收入的能力。因此,需要加强对农民的教育培训,提高农民素质和生产经营能力,以满足他们非农就业和自主创业的要求,化被动的风险防御为主动的风险防控。同时,对于流向城市的农村人口,要完善对他们的住房保障及失业保险等政策,免除其后顾之忧,降低生活风险。

最后,在养老方面,尽管在农村居民的传统观念中更偏好家庭养老。但鉴于目前农村人口老龄化和空巢化的现实状况,不能忽视社区养老和社会养老的重要作用,尤其是社区居家养老服务的提供,这需要政府的资金、政策支持和村(居)委会的具体实施,为老年农村居民提供生活、医疗、精神等各方面的照顾。

此外,对于大量居住在农村的外来人口,可以通过在农村或镇区建立廉租房,或通过企业向他们提供租房补贴等方式,保障他们的居住需求。

七、结论与展望

(一) 结论

本篇在分析农村居民点功能的基础上,研究了上海市奉贤区和嘉定区的三

类农村居民点，并对其居民进行了关于满意度和未来意愿的问卷调查，主要结论如下。

(1) 随着社会经济的发展，除了基本的物质空间承载功能以外，农村居民点的资产收益和社会保障功能有所加强。农民可以通过出租房屋、经营乡村旅游等途径获得收益；其社会保障功能体现在养老保障、失业保障和心理保障等方面。

(2) 根据居住形态，上海农村居民点可以划分为城镇化小区、新型农村社区和自然村落三种类型。根据对奉贤区和嘉定区的实地调查，这三类农村居民点的总体满意度从高到低依次为新型农村社区、城镇化小区、自然村落，外来人口的满意度普遍低于本地人口，不同年龄的居民的满意度也有差异。

(3) 通过实地调研发现，目前上海市农村居民点主要存在规划和配套设施不完善、整理过程中农民生活水平降低及社会保障体系不健全等问题。结合多数农民偏好统一建造的新型农村社区，并希望加强社会保障的意愿，提出了分类整理和规划农村居民点、优化土地征收补偿标准和利益分配以及完善农村社会保障体系等建议。

（二）展望

未来的研究可以在以下几个方面深入。

(1) 本篇通过问卷调查对不同类型农村居民点的满意度进行了评价，但由于时间、精力有限，样本容量较小，仅以奉贤区和嘉定区部分居民点为例，未来可以对上海其他郊区农村进行研究，探索更具有普遍性的农村居民点类型；且评价满意度的指标较为笼统，有待进一步建立细化的指标体系，提高结论的准确性。

(2) 本篇依据上海市农村居民的满意度，对农村居民点的建设提出了定性的建议，但在实际制定和实施规划时，需要进一步定量研究农村居民点的适宜规模和布局，以满足居民的需求，同时实现公共设施和服务配置的效率。

(3) 在研究过程中发现，上海农村存在大量的外来务工务农人员。由于收入低、房价高，他们租住在农村居民点甚至违章建筑中，居住环境较差，生活质量不高。深化研究如何建立健全覆盖这部分人口的住房保障体系，并推进教育、医疗等公共服务，建设就业、养老等社会保障制度，对营造和谐友善、包容平等的社会氛围十分必要。

参考文献

[1] XU Y, CHAN H W. The "Community Question" in Transitional China, a Case Study of State-Led Urbanization in Shanghai [J]. Journal of Urban Planning and Development, 2011,173(4): 416-424.

[2] XU Y, TANG B S, CHAN H W. State-led land requisition and transformation process of rural villages in transitional China: a case study of Shanghai [J]. Habitat International, 2011,35(1): 57-65.

[3] 白德懋.居住区规划与环境设计[M].北京: 中国建筑工业出版社,2000: 1-44.

[4] 白莹,蒋青.农民集中居住方式的意愿调查与分析: 以成都市郫县为例[J].农村经济, 2011(7): 111-114.

[5] 蔡弘,黄鹂.农民集中居住满意度评价体系建构: 基于安徽省1121个样本的实证研究[J].安徽大学学报(哲学社会科学版),2016,40(1): 137-147.

[6] 陈诚.农村聚落功能评价研究: 以启东市为例[J].长江流域资源与环境,2014,23(10): 1425-1431.

[7] 陈兰.不同村庄类型的农村居民点整理研究[D].重庆: 西南大学,2011.

[8] 陈占祥.雅典宪章与马丘比丘宪章述评[J].国际城市规划,2009,(S1): 41-42.

[9] 刁述军,吴平.基于森的功能和能力福利理论的农村社区居民福利水平评价: 以成都市10个农村社区为例[J].改革与战略,2014(5): 130-133.

[10] 费孝通.怎样做社会研究[M].上海: 上海人民出版社,2013: 103-111.

[11] 黄宁,崔胜辉,刘启明,等.城市化过程中半城市化地区社区人居环境特征研究: 以厦门市集美区为例[J].地理科学进展,2012,31(6): 750-760.

[12] 姜广辉.社会经济转型加速期农村居民点用地形态演化及其调控[D].北京: 中国农业大学,2007.

[13] 金昕.上海郊区新农村农民居住点模式研究[D].南京: 南京农业大学,2011.

[14] 景晓芬,马红霞.城市化进程中的乡村社区形态转变: 从"村社性"到"城市性"的轨迹[J].理论月刊,2010(2): 164-167.

[15] 孔艳芳,张海鹏,贾庆英,等.农民集中居住意愿的影响因素分析: 基于山东省26个乡镇的调查研究[J].山东大学学报(哲学社会科学版),2014(6): 27-35.

[16] 郎海如.征地拆迁背景下农民集中居住意愿研究: 以南京市高淳县为例[J].现代农业科技,2010(18): 399-400.

[17] 李鹏,瞿忠琼.基于层次分析法的农民集中居住满意度研究: 以南京、常州、镇江为例[J].安徽农业科学,2010,38(10): 5472-5474,5499.

[18] 马文涵,张晓达,黄晓芳,等.特大城市周边的农业产业布局和农村居民点发展模式的探讨[J].城市规划学刊,2009(S1): 253-256.

[19] 钱瑛瑛,孙思竹.土地征收前后农民福利水平变化研究：以上海市嘉定区安亭镇的两个小区为例[J].中国房地产(学术版),2016(18)：52-64.
[20] 荣联伟,师学义,李炳意,等.黄土山丘区农村居民点类型划分与优化策略[J].水土保持研究,2016,23(06)：271-277.
[21] 邵绘春.城市化进程中农民土地权益变化研究[D].南京农业大学,2010.
[22] 施建刚.房地产开发与管理[M].上海：同济大学出版社,2014：6-7.
[23] 唐承丽,贺艳华,周国华,等.基于生活质量导向的乡村聚落空间优化研究[J].地理学报,2014,69(10)：1459-1472.
[24] 王宝君.从《雅典宪章》到《马丘比丘宪章》看城市规划理念的发展[J].中国科技信息,2005(8)：204-212.
[25] 王静.我国农村宅基地功能与受偿价格实证研究：基于不同类型农户宅基地功能偏好的分析[J].价格理论与实践,2016(7)：93-96.
[26] 王志彬.农民土地权益立法保护研究[D].杨凌：西北农林科技大学,2009.
[27] 吴云青,张再生,蔡为民.农民移居中心村集中居住的意愿及影响因素：基于对天津农民的问卷调查[J].现代财经(天津财经大学学报),2013(3)：46-55.
[28] 谢正源,谢拜池,何雯雯,等.影响农民集中居住意愿因素的调查[J].浙江农业科学,2012,1(9)：1347-1349.
[29] 叶剑平.中国农村土地产权制度研究[M].北京：中国农业出版社,2000：53-106+176-183.
[30] 张佰林,张凤荣,高阳,等.农村居民点多功能识别与空间分异特征[J].农业工程学报,2014,30(12)：216-224.
[31] 张佰林,张凤荣,朱凤凯,等.黄土高原区农村居民点类型划分初探：山西省长治市的实证[C]//中国自然资源学会 2012 年学术年会论文集.2012：1201-1201.
[32] 张德元.农村宅基地的功能变迁研究[J].调研世界,2011(11)：21-23+54.
[33] 张青.城市化进程中农村居住形态的转变研究：从村落到农民集中居住区[D].上海：华东师范大学,2008.
[34] 张文方.中国地方政府整体绩效评价：理论方法与"广东试验"[M].北京：中国经济出版社,2008：152-207.
[35] 张正芬,王德.经济发达地区农村居民点拆并和整理模式实践与评价：上海的经验[J].规划师,2009,25(4)：14-18.
[36] 张正峰,杨红,吴沅箐,等.上海两类农村居民点整治模式的比较[J].中国人口.资源与环境,2012,22(12)：89-93.
[37] 张正峰,赵伟.农村居民点整理潜力内涵与评价指标体系[J].经济地理,2007,27(1)：137-140.
[38] 周婧,杨庆媛,信桂新,等.贫困山区农户兼业行为及其居民点用地形态：基于重庆市云阳县 568 户农户调查[J].地理研究,2010,29(10)：1767-1779.

[39] 朱凤凯.北京市郊区农村居民点用地转型与功能演变研究[D].北京：中国农业大学,2014.

[40] 朱凤凯,张凤荣.乡村旅游驱动下农村宅基地功能演变与管理利用对策：以北京市门头沟区为例[C]//2012 年中国土地学会学术年会论文集.2012：373 - 381.

[41] 朱家瑾.居住区规划设计[M].北京：中国建筑工业出版社,2009：1 - 40.

附录　上海市农村居民点满意度调查问卷

您好！我们是同济大学经济与管理学院的学生，本次调查是为了了解上海市农村居民对居民点的满意度。调查结果仅用于学术研究，不会泄露任何个人信息，请您根据自己的真实情况作答。感谢您的配合！

1. 您的性别

□男　□女

2. 您的户口性质是

□农业户口　□非农业户口

您的户籍所在地

□本区　□上海其他区　□其他省市

3. 您的年龄

□20～30 岁　□31～45 岁　□46～60 岁　□60 岁以上

4. 您的教育程度

□小学及以下　□初中　□高中(含职高和中专)　□大学专科

□大学本科及以上

5. 您现在是否有工作

□是　□否

如果您现在有工作，您所从事的行业是

□农业种植　□林业/牧业/渔业　□工业　□建筑业

□商业　□服务业　□公务员　□其他

6. 如果您家中有人从事农业，请回答：

您家共承包农地　亩，年租金为　元/亩。

7. 您的家庭年收入为

□30 000 元以下　□30 000～45 000 元

□45 001～55 000 元　□55 001～65 000 元

□65 000 元以上

8. 您家庭收入的最重要来源是

□农业生产和农产品销售　□工资收入

□个体经营收入　□房屋出租

□农田出租　□退休金或低保等社会保障

□其他

9. 关于您的居住情况

(1) 您目前居住在　　　　区　　　　镇　　　　村(小区)。

(2) 您的家庭目前为　　人(包括您本人)长期共同居住,居住模式为

□三代同堂　　　　　　□一家三(四)口　　　　　□夫妻二人

□老人(60 岁以上)独居　□老人+儿童　　　　　　□其他

(3) 如果您有宅基地,请填写:

您家的宅基地面积为________平方米,房屋建筑面积________平方米,建造于________年,自留地(小菜地)________平方米。除了宅基地上的房屋外,您在别处还拥有________套住房,总建筑面积________平方米。

对于未来居住情况:

① 您最希望到哪里居住

□新建的农民新村　　　□镇区或新城　　　　　□现在的地方

② 您最喜欢哪种住房类型

□独门独户

□双拼或联排住宅

□多层居住小区(4~6 层)

③ 如果进行宅基地置换,您最希望

□政府集中建房后搬迁　　　　　　□置换为宅基地自行建房

④ 如果进行宅基地置换,您认为最重要的是

□镇保　　　　□补偿款　　　　□养老服务　　　　□其他

(4) 如果您没有宅基地,请填写:

您目前居住的房屋为________室________厅,建筑面积________平方米。除了您自住的房屋外,您在别处还拥有________套住房,总建筑面积________平方米。

(5) 您的家庭所有的房屋中有________平方米出租,(若无请填 0)月租金收入为________元,出租对象是________

□从事农业的外来人员　　　　　　□从事工业的外来人员

□从事其他产业的外来人员　　　　□不清楚

(6) 请选择您对目前居住地及周边各个方面的满意度(请在相应的满意程度下打"√")

	非常满意	比较满意	一　般	比较不满意	非常不满意
住房的面积大小					
公共交通方便程度					
看病买药方便程度					
孩子上学方便程度					
买菜购物方便程度					
休闲娱乐方便程度					
环境卫生整洁程度					
邻里关系和谐程度					
社会保障满意程度					

10. 您对居住环境的改善有什么其他建议

11. 您对新农村建设有什么其他建议

再次衷心感谢您的配合！祝您生活愉快！